本书获得哈尔滨工程大学——中央高校基本科研业务费专项资金资助（项目编号：3072020CF1601）

AMOS 结构方程模型在体育学研究中的应用

焉 石 著

北京工业大学出版社

图书在版编目（CIP）数据

AMOS 结构方程模型在体育学研究中的应用 / 焉石著．
— 北京 ：北京工业大学出版社，2021.4（2022.10 重印）
ISBN 978-7-5639-7844-1

Ⅰ．①A… Ⅱ．①焉… Ⅲ．①统计模型－应用－体育科学－研究 Ⅳ．①G80-05

中国版本图书馆 CIP 数据核字（2021）第 034142 号

AMOS 结构方程模型在体育学研究中的应用

AMOS JIEGOU FANGCHENG MOXING ZAI TIYUXUE YANJIU ZHONG DE YINGYONG

著　　者：焉　石
责任编辑：李俊焕
封面设计：知更壹点
出版发行：北京工业大学出版社
（北京市朝阳区平乐园 100 号　邮编：100124）
010-67391722（传真）　bgdcbs@sina.com
经销单位：全国各地新华书店
承印单位：三河市元兴印务有限公司
开　　本：710 毫米 ×1000 毫米　1/16
印　　张：14.25
字　　数：285 千字
版　　次：2021 年 4 月第 1 版
印　　次：2022 年 10 月第 2 次印刷
标准书号：ISBN 978-7-5639-7844-1
定　　价：75.00 元

版权所有　　翻印必究

（如发现印装质量问题，请寄本社发行部调换 010-67391106）

内容介绍

本书共分为八章。第一章“AMOS结构方程模型简介”主要介绍结构方程模型的定义、AMOS结构方程模型的定义，AMOS结构方程模型的优点、AMOS结构方程模型涉及的专业名词与符号、AMOS结构方程模型中的测量模型与结构模型等。第二章“AMOS软件的基本操作”主要介绍AMOS软件分析界面的常用功能、测量模型和结构模型的绘制，以及数据的多元正态性检验等。第三章“一阶因素的结构方程模型分析”主要介绍不同类型的一阶因素进行测量模型分析时的组成信度、收敛效度、区别效度的检验，以及结构模型的路径关系检验等。第四章“二阶因素的结构方程模型分析”主要介绍不同类型的二阶因素测量模型之间的比较，以及具有二阶因素的结构模型的路径关系检验等。第五章“结构方程模型的中介效应分析”主要围绕单因子中介、多重中介，以及远程（链式）中介的结构方程模型等进行介绍。第六章“结构方程模型的调节效应分析”主要介绍不同类型的调节效应检验，以及中介效应的调节效应分析等。第七章“共同方法偏差检验”主要介绍两种目前常用的检验数据是否存在共同方法偏差的方法，一种是哈门氏单因子检验，另一种是单因子CFA的CMV检验。第八章“结构方程模型拟合度修正”主要介绍两种模型拟合度不佳时最常用的修正方法，一种是删除题项法，另一种是Bollen-Stine p correction模型拟合度修正法。

作者简介

焉石，1981年生，2005—2011年就读于韩国国立体育大学体育教育学专业，分获硕士、博士研究生学位，2014—2017年在北京体育大学与哈尔滨体育学院联合成立的我国首个冬季运动项目博士后工作站学习。目前在哈尔滨工程大学体育部担任本科生及研究生教学工作，副教授，硕士研究生导师，科研办主任。

长期致力于体育教育训练学研究工作，并在体育量化研究方面取得了一定的科研成果：先后在国内外刊物上发表论文30余篇，其中SSCI、SCI收录2篇，EI收录4篇，CSSCI收录5篇，北大核心期刊收录5篇，KCI收录2篇。主持课题：黑龙江省哲学社会科学基金1项，黑龙江省教育科学规划课题1项，黑龙江省教育厅人文社科课题1项，中央高校基础科研项目5项。出版专著3部，编著2部。

获黑龙江省第四届归国留学人员“报国奖”、黑龙江省高校人文社会科学优秀成果“二等奖”、黑龙江省高等教育学会第二十二次优秀教育科研成果“二等奖”。

社会兼职：中国体育科学学会体育统计分会常务委员、黑龙江省体育统计学会主任、教育部学位论文与研究生教育发展中心论文评审专家、黑龙江省高校体育教学教研指导专家。

序 1

随着体育事业的飞速发展和统计方法的广泛应用，定量分析已成为体育科研工作的基本需要，定量分析方法的普及和研究将是伴随体育事业发展的永恒课题。

结构方程模型是一种实证分析模型，通过寻找变量间内在的结构关系，可以验证某种结构关系或模型的假设是否合理、模型是否正确，并且针对模型存在的问题，可以指出如何修改。它是反映潜变量和显变量的一组方程，其目的是通过显变量的测量推断潜变量，并对假设模型的正确性进行检验。对于体育工作者和研究生而言，学习结构方程模型需要将实践性极强的体育学和理论性极强的方法学完美结合，找到理论与实践的结合点，这样才能真正在体育科学研究中发挥作用。

这本书的作者焉石是韩国国立体育大学博士，北京体育大学、哈尔滨体育学院博士后，现为中国体育科学学会体育统计分会常务委员。近年来，该书作者致力于结构方程模型的应用和研究，运用结构方程模型方法先后在国内外核心期刊发表论文 10 余篇。这本书是作者多年来探索和研究的结晶。该书结构合理、内容恰当、脉络清晰、逻辑性强，在强调理论的基础上，紧密联系体育中的实际问题，结合体育相关案例，重点介绍操作过程，注重实际能力培养。另外，该书的内容已录制成线上 MOOC，采用线上线下相结合的方式，有利于读者更加深入地掌握 AMOS 结构方程模型分析的理论与操作，特别能使初学者少花时间和精力，且学到结构方程模型的精髓。

结构方程模型等定量方法产生于应用，也将在应用过程中发展壮大。目前，学习和运用结构方程模型的人越来越多，误用和误解的现象也时有发生，希望该书能成为初学者学习结构方程模型的有力工具，在体育科学研究中发挥重要作用。

中国体育科学学会体育统计分会秘书长、西安体院教授　雷福民

序 2

近年来，结构方程模型受到越来越多学者的关注，且方法也日趋多元，各类软件的功能也不断完善。但相比其他学科领域，在体育学领域，采用结构方程模型进行的研究仍略显不足。该书作者通过多年海外留学，一直致力于结构方程模型的应用和研究，运用结构方程模型方法先后在国内外核心期刊发表论文多篇，并通过不断学习及总结，整理出一套适合初学者全面系统掌握结构方程模型的方法，并撰写此书。因此，该书尤其适合对结构方程模型完全陌生的初学者，以及略懂该方法的研究者。

该书以目前最容易学习的 AMOS 作为学习结构方程模型的载体，并秉承着生动通俗、清晰易懂、循序渐进的原则，通过结合体育学研究中的实际案例，按照论文写作的方式，在强调结构方程模型理论的基础上，着重系统介绍 AMOS 软件的常用操作。另外，为了使初学者能够更好地掌握结构方程模型研究方法，作者还将该书的内容录制成线上 MOOC，使初学者可通过线上线下相结合的形式，自主巩固学习 AMOS 的理论与实践操作，从而有效地保障了初学者学习的正确性与有效性。望该书的出版，能够促进体育学量化研究的发展，也能为广大体育学研究者提供方法保障。

西安交通大学体育中心教授　陈善平（曾主持完成 3 项国家社科基金）

前　言

结构方程模型（Structural Equation Modeling, SEM）由朱里斯考克与范·西罗于1972年首次提出，其思想源于1921年赖特斯韦尔提出的路径分析。尽管结构方程模型在国外发展已经非常成熟，但该方法在我国起步相对较晚，仅于1993年才由心理学者张建平首次引入国内，至今已被广泛应用于社会学、管理学、经济学、教育学等领域，并被称为近年来应用统计学三大进展之一。

作者在国外留学期间，偶然接触到了结构方程模型，并对该方法产生了浓厚兴趣，最终采用该方法顺利完成了博士学位论文。2011年回国后，作者采用结构方程模型的方法先后发表国内外核心论文10余篇，与此同时，作者也发现在国内体育学领域广大学者对该方法的研究仍处于起步阶段，所以便萌生了将自身所了解的关于结构方程模型的知识整理成书的想法，力争为国内广大体育学者提供参考与借鉴，并为量化研究的未来发展贡献绵薄之力。

近年来，无论是在国家社科、国家自然科学、教育部人文社科等重要国家级课题立项方面，还是在SSCI、CSSCI等核心期刊发表等方面，采用结构方程模型的研究都呈直线上升趋势。但通过调查发现，在体育学领域采用结构方程模型的研究仍相对匮乏，截至目前，在北大核心、南大核心等国内核心期刊上发表的体育学相关研究论文仅80余篇，相比较其他学科专业仍存在着巨大差距。究其原因，其一，由于结构方程模型被称为第二代统计技术，属于高级统计学范畴，所以需要研究者既要具备一定的基础统计学知识，还要掌握各类复杂统计软件的操作等，这对于初学者极为困难，尤其对于体育学领域更是难上加难。其二，目前国内所出版的结构方程模型相关书籍较少，且内容较为“曲高和寡”，大多比较注重数理统计讲解，即使偶尔有作者从实际应用角度出发，但内容叙述上对初学者仍不够“友好”，而且忽略了结构方程模型的分析流程与结果的整理、呈现及解读等具体细节，这对初次接触结构方程模型并想通过自学来独立完成结构方程模型分析论文撰写的“小白”也是非常不利的。

综上，本书旨在结合体育学相关案例，秉着生动通俗、清晰易懂、循序渐进的原则，全面系统地介绍如何正确开展AMOS结构方程模型研究，并解释结构方程模型所涉及的艰涩难懂的理念，力争使广大体育学者及初学者能够初步掌握AMOS软件的正确使用方法，提升自身量化科研能力。当然，作者相信本书仍存在很多不足，所以非常欢迎广大读者对本书提出批评指正，相信学术思想只有通过碰撞与交融才能不断得到提升。另外，为了能够使初学者更加深入地掌握 AMOS 结构方程模型的理论与操作，作者还将以本书为基础录制线上慕课，并将在学堂在线进行讲授，届时欢迎您的倾听并提出宝贵意见。相信通过理论与实践、线上与线下相结合的方式，一定能够带您走进结构方程模型的世界。

最后，提示本书主要面向的对象为刚接触 AMOS 结构方程模型的“小白”，如果您已经具备结构方程模型相关知识的话，您完全可以略过。

邮箱：yanshi1981@sina.com

附件教学资源链接：https://pan.baidu.com/s/1Cc5JX4ewGB9RvwLMdEk34w

提取码：AMOS

目　录

第一章　AMOS 结构方程模型简介

第一节　结构方程模型的定义

结构方程模型全称为 Structural Equation Modeling，是一种多变量统计分析方法，它早期主要应用在心理学与经济学等领域，之后，逐渐受到社会学、教育学、管理学、体育学等专业的重视，而且未来它还会在更多研究领域被广泛使用。结构方程模型被称为第二代统计技术，相比较方差分析、线性回归等第一代统计技术更为严谨而且更具有说服力，因此结构方程模型也被归类于高等统计学范畴，它整合了因素分析与路径分析两种统计方法，同时检验模型中包含了显性变量、潜在变量、干扰或误差变量之间的关系，进而获得自变量对因变量影响的直接效果、间接效果或总效果。

第二节　AMOS 结构方程模型的定义

AMOS 是 Analysis of Moment Structures（矩结构分析）的简写，矩结构与协方差矩阵内涵类似，实务应用于结构方程模型的分析，此种分析又称为协方差结构分析或因果分析。AMOS 是一种容易使用的可视化模块软件，只要使用其提供的绘图工具中的图像按钮便可以快速绘制 SEM 图形、浏览估计模型图与进行模型图的修改，评估模型的配适与参考修正指标，输出最佳模型。

第三节　AMOS 结构方程模型的优点

一、功能强大，科学严谨

作为第一代统计分析方法，SPSS、SAS 等传统统计分析方法，只能分析观察变量，不能分析潜变量，而且只能分析变量与变量间的直接效应，无法对间接效应进行分析，同时在路径分析方面也不能一次性直接完成，而是需要经过多次检验才能得出，从而导致了 I 型错误的增加，也降低了模型的整体置信水平。而 AMOS 结构方程模型分析方法既可以对观察变量间的关系进行分析，又可以对潜变量间复杂关系进行分析，还可以一次性将变量间的直接或间接效应同时呈现，有效地防止了 I 型错误的产生，也提升了模型的整体置信水平。

二、图文并茂，易于理解

AMOS 结构方程模型分析软件是一种可视化统计分析软件，注重以图表的方式进行相关设置，从认知心理学的角度看，这对初学者非常有帮助，既便于厘清研究者的逻辑思路，又便于其他学者快速了解该研究的具体思路。

三、操作简单，便于学习

相较于 LISREL、MPLUS 等结构方程模型分析软件，AMOS 主要以绘图方式进行设置，然后软件会自动将图表转化为语法执行程序，这种方式对于刚学习结构方程模型的人来说既简单直观，又容易学习。

四、“显著性”判定指标多元

传统多变量统计分析结果主要以 P 值为评价指标，但当样本量达到一定程度时，即使影响很小仍会出现显著性的结果。而 AMOS 结构方程模型则不仅提供了 P 值，还参照其他 25 种评价指标进行了综合评价，同时还可以判定假设模型与研究样本间的拟合优劣。

五、完整信息分析，贴近客观实际

AMO 结构方程模型是一种完全信息估算，可以将每个潜变量下的观测变量、潜变量与潜变量间的关系，以及潜变量与观测变量的误差统统纳入统计分析，可以说是牵一发而动全身。无论哪一个环节出现了问题，都会导致整个模型无法拟合，所以 AMOS 结构方程模型分析比较客观。而类似 SPSS、SAS 的第一代多变量统计分析，由于无法实现对潜变量的分析，所以需要将潜变量通过加总平均的方式转化为观测变量，从而导致与实际情况出现一定偏差，同时也会大大降低研究的可信度。

六、可重复他人研究，保障学术真实性

在 SPSS 等传统统计分析中，若想检验他人的研究成果，则需要原始数据才能够实现。而 AMOS 结构方程模型则不需要原始数据，只要掌握其研究的协方差矩阵，便可重现其具体指标。

第四节　AMOS 结构方程模型涉及的专业名词与符号

一、潜变量

潜变量是指理论上存在，但无法被直接测量或观测，这需要通过一定的方法加以综合的变量，测量的方法可以通过调查或各种测验呈现。心理学领域的变量如自尊、自信、自我效能等基本都属于潜变量。在 AMOS 结构方程模型路径图里主要以圆形或椭圆形表示，如图 1-1 所示。

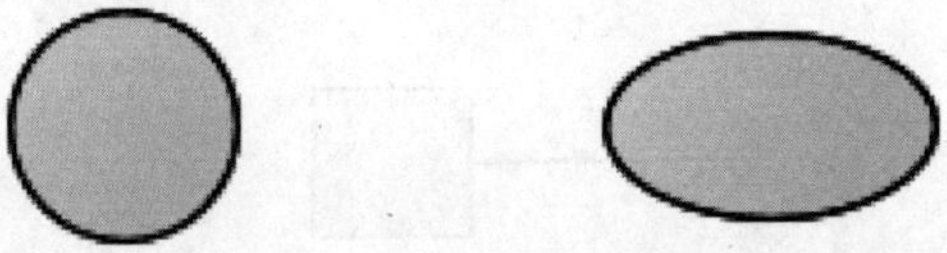

图 1-1

二、观察变量

观察变量是指可以通过直接观察或测量得到的变量。生理学领域的各种身体机能测试指标如血压、身高、体重等属于观察变量。在 AMOS 结构方程模型路径图里主要以正方形或长方形表示，如图 1-2 所示。

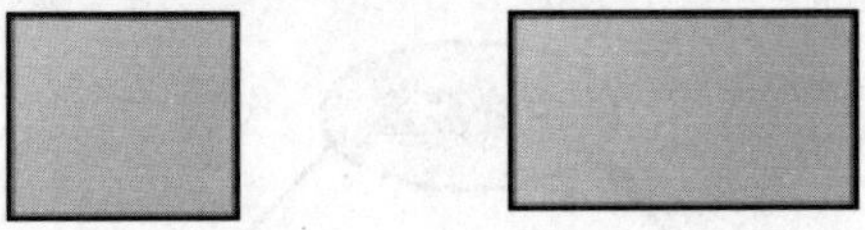

图 1-2

三、外生变量

外生变量是指在结构方程模型中不受任何其他变量影响的前置变量，如自

变量、预测变量等。在 AMOS 结构方程模型路径图中外生变量的箭头永远指向其他变量，如图 1-3 所示。

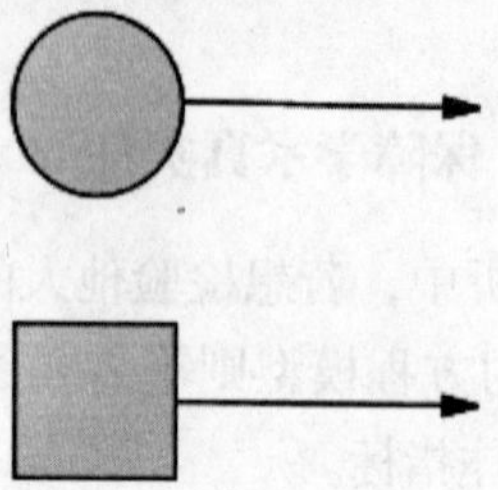

图 1-3

四、内生变量

内生变量是指在结构方程模型中受其他变量影响的后置变量，如因变量等。在 AMOS 结构方程模型路径图中内生变量永远是被其他变量指向的变量，如图 1-4 所示。

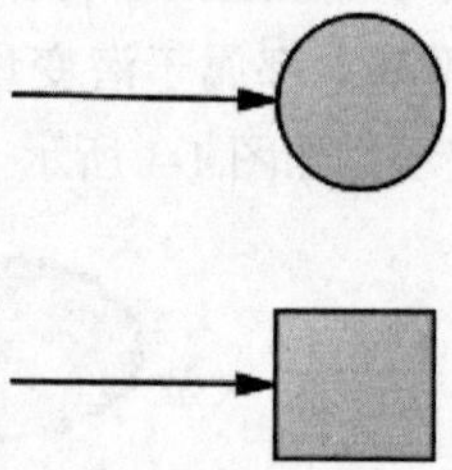

图 1-4

五、中介变量

中介变量既具有自变量特点，又具有因变量特点，能够使外生变量与内生变量产生某种关系，且具有单方向递进作用。中间变量类似生活中的各类中介机构，如房屋中介、婚姻中介等，主要起到桥梁作用（图 1-5）。

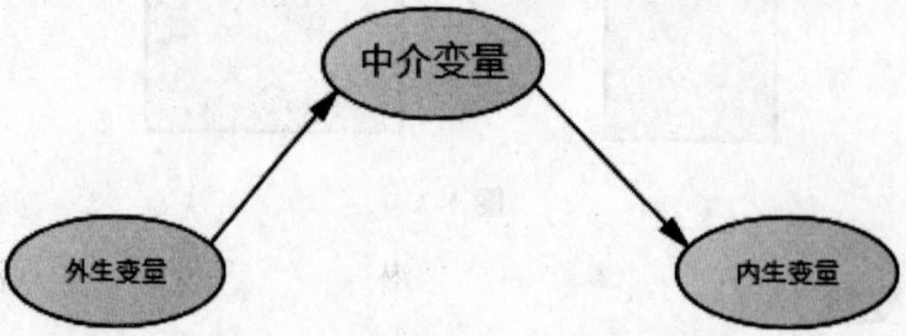

图 1-5

六、调节变量

调节变量是指在外生变量与内生变量之间起到调节二者关系强弱的变量，又称干扰变量（图 1-6）。

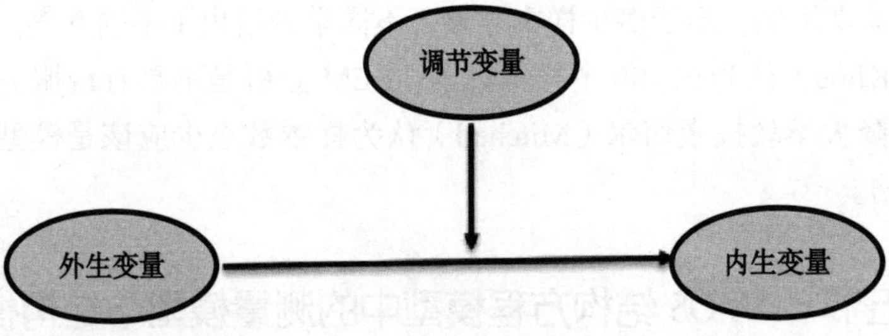

图 1-6

七、反映型指标

反映型指标是指反映潜变量特征的各观察变量。反映型指标同时包含以下特点：因果关系必须是从潜变量到观测变量；测量的误差在观察变量上；观察变量间具有内部一致性且相互高度相关；一个潜变量至少需要 3 个观察变量组成；观察变量间可以相互替代；潜变量随着分数的高低具有一定意义。

八、形成型指标

形成型指标，又称效果指标，与反映型指标恰好相反，它主要以观察变量为因，去影响潜在变量。而且各观察变量间不具有一致性，也不能相互取代，只要其中有某一个指标成立，结果便会成立。在 AMOS 结构方程模型路径图中始终是从观察变量指向潜变量。例如，如果一个人醉酒，不一定是红酒、白酒和啤酒一起喝才会醉，只要其中一种酒过量就会醉，所以形成型指标不具有一致性，而且只要一个原因成立，结果就会成立。

九、模型的参数估计辨识

模型的参数估计辨识是指在进行结构方程模型估计前，首先要掌握研究模型的参数估计与辨识情况。一共分为三种情况：恰好辨识、过度辨识和不足辨识。恰好辨识指模型参数与估计参数相等（一个潜变量下只有 3 个观测变量时）。过度辨识指模型参数大于估计参数（一个潜变量下有大于 3 个观测变量时）。不足辨识指模型参数少于估计参数（一个潜变量下有少于 3 个观测变量时）。因此，当模型参数不足时，AMOS 将无法进行估计，只有当满足恰好辨识和过度辨识时才可进行统计分析。

十、SEM 样本量需求

SEM 是一种大样本的分析技术，样本数不应该太小，如此才能取得稳定的参数估计及标准误差（样本均数的标准差），这是因为协方差矩阵大小的差异对样本数非常敏感。至于多少样本才够，不同学者给出了不同答案。美国学者克莱恩（Kline）认为在 100 个样本以下，SEM 分析是不具有说服力的。美国卡内基梅隆大学教授米切尔（Mitchell）认为样本数至少应该是模型变量数的 10 ～ 20 倍。

第五节　AMOS 结构方程模型中的测量模型与结构模型

一个完整的结构方程模型主要由两部分组成：一部分是测量模型，其主要检验潜变量与观察变量之间的关系，即变量的信效度；另一部分是结构模型，其主要验证两个或多个潜变量之间的因果关系、中介效应及调节效应等。

第六节　AMOS 结构方程模型的拟合度指标

AMOS 结构方程模型分析与传统的统计分析不同，例如，SPSS 统计分析在评价是否具有统计差异或关系的判定上，主要依据的是 P 值的大小。而 AMOS 结构方程模型分析则需要通过众多配适度指标，综合判定样本协方差矩阵与提出的模型协方差矩阵之间的拟合程度。若达到学者建议指标要求，则表明假设模型对样本数据的解释性良好，反之，则要对模型进行重新修正，并要结合一定理论作为依据。目前，常用的模型拟合度指标如表 1-1 所示：

表 1–1　常用的模型拟合度指标

拟合度指标	指标值	指标建议学者
卡方自由度比（Chi-square/df）	＜5	凯丁格等（1994）
拟合优度指数（GFI）	＞0.9	斯科特（1994）
调整的拟合优度指数（AGFI）	＞0.8	斯科特（1994）
比较拟合指数（CFI）	＞0.9	巴戈齐，尤杰伊（1988）
增值拟合指数（IFI）	＞0.9	本特勒，博内特（1980）
规范拟合指数（NFI）	＞0.9	

续表

拟合度指标	指标值	指标建议学者
近似误差均方根（RMSEA）	＜0.08	扎文帕（2000）
标准化均方根误差（SRMR）	＜0.1	本特勒等（1999）

第七节　结构方程模型分析流程图

结构方程模型分析流程如图 1-7 所示。

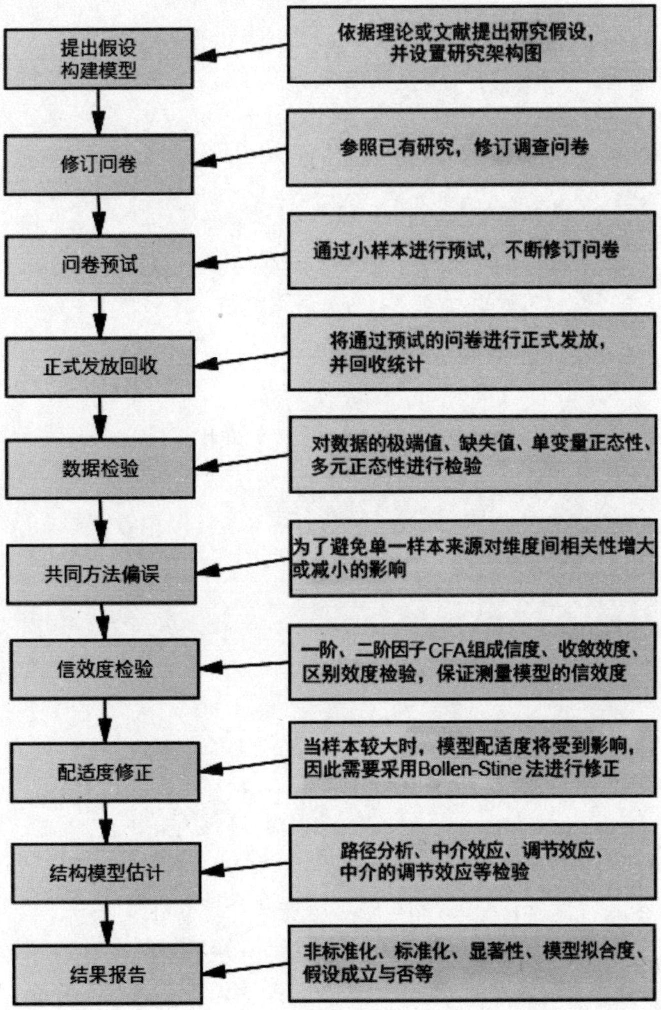

图 1-7

本章要点：

（1）明确掌握潜变量、观测量、中介变量、调节变量的概念。

（2）区别反映型指标与形成型指标，以及各自的特点。

（3）了解 AMOS 结构方程模型的两大组成部分。

（4）牢记评价结构方程模型拟合度的关键指标。

第二章　AMOS 软件的基本操作

目前在国内出版发行的关于 AMOS 结构方程模型的书籍并不多见，常见的主要有吴明隆、荣泰生两位学者撰写的相关著作。但从内容看，理论性较强，而实际应用性较弱，对于一个初学者来说过于复杂，不便于初学者按部就班地依照规范化程序展开研究，更不利于 AMOS 软件的进一步普及与推广。本章主要从实际应用角度出发，以体育学领域相关研究为案例，尽可能将常用的各种功能以通俗易懂的表达方式进行系统化介绍，从而增加初学者的学习兴趣，提升初学者的实践操作能力。

AMOS 软件的安装在此就不过多加以介绍了，目前市面上还没有专门的中文版，主要有英文版和日文版两个版本。AMOS 软件由于已被 IBM-SPSS 公司收购，目前已被嵌入 IBM-SPSS26 版本中，也可以单独下载安装。本章主要对一些常用的快捷功能进行介绍。

第一节　AMOS 软件常用功能介绍

从界面看，大致可以分主功能表、绘图快捷键、模型资料视图、测量模型和结构模型绘制区 4 个区域（图 2-1）。其中，由于主功能表和绘图快捷键两个区域有很多功能重复，所以重点对绘图快捷键展开详细介绍，而在介绍主功能表时则只对一些分析中实用的功能进行介绍。

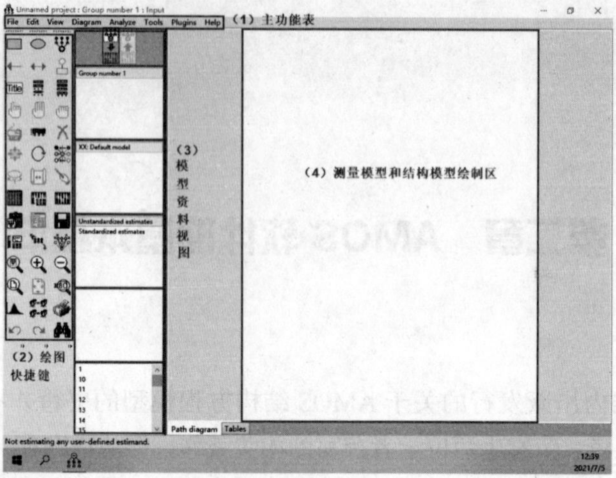

图 2-1

一、主功能表

主功能表下分别有 File、Edit、View、Diagram、Analyze、Tools、Plugins、Help 8 个窗口，但初学者实际使用的只有 File、View、Plugins 这 3 个窗口下的部分功能。

【File】（图 2-2）

New：建立新档案

Open：开启档案

Save：储存档案

Save As：另存新档

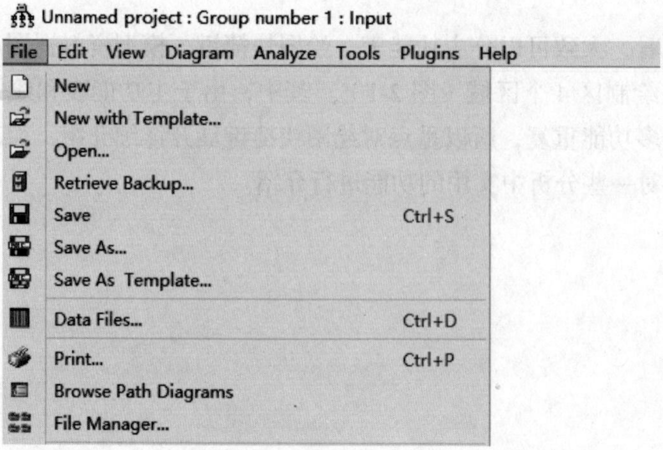

图 2-2

【View】（图 2-3）

Interface Properties：界面的属性，通过此功能可以设置模型绘图区的格式，在模型的绘图环节非常实用。

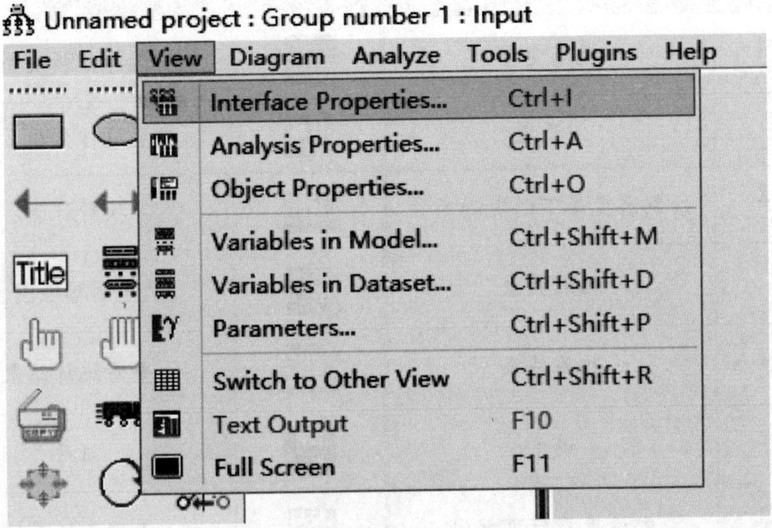

图 2-3

【Plugins】（图 2-4）

Draw Covariances：选取变量后，点击此选项可对相关线同时进行绘制。

Name Unobserved Variables：可同时自动命名所有绘图区域内未命名的误差项和潜变量。

Standardized RMR：计算 SRMR 值。

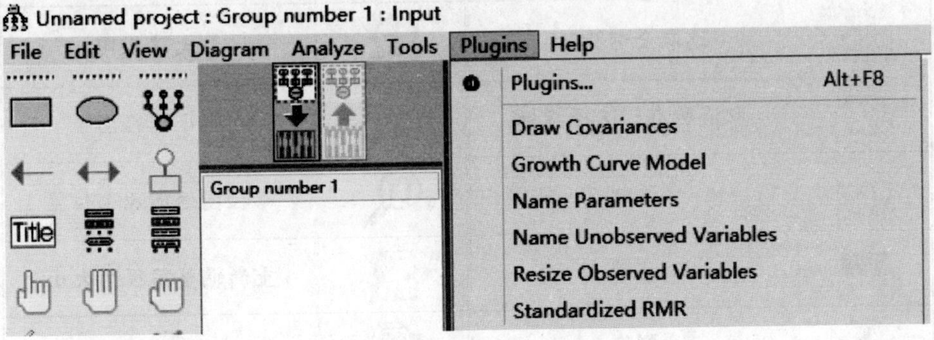

图 2-4

二、绘图快捷键

相较于主功能表，绘图快捷键（表 2-1）是 AMOS 分析过程中最重要也是最实用的区域，所以对本区域的功能掌握应反复练习。

表 2-1 绘图快捷键

图标	功能	图标	功能
	观测变量		选择分析资料
	潜变量		设置统计分析方法
	绘制潜变量下的观测变量		执行计算
	因果关系		复制路径图
	相关关系		查看统计结果
	误差		储存
	配适度指标可视化		设置指标属性
	模型变量		指标间属性复制
	资料变量		保持对称性
	选取单一指标		选择放大区域
	选取全部指标		放大路径图
	取消所有已选择指标		缩小路径图
	复制		路径图返回原来位置
	移动		重新调整路径图大小
	删除		放大镜
	改变形状与大小		贝式估计

续表

图标	功能	图标	功能
	旋转观测指标方向	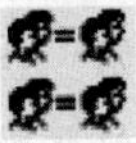	多群组比较
	反射观测指标方向		打印所选路径图
	移动估计参数		上一步
	移动整体路径模型图		下一步
	调整图形最佳化		搜索最佳模型

三、模型资料视图

模型资料区域一共分为结果展示区、不同群组展示区、模型展示区、非标准化和标准化系数展示区、计算摘要展示区、已储存档案 6 个展示区，如图 2-5 所示。

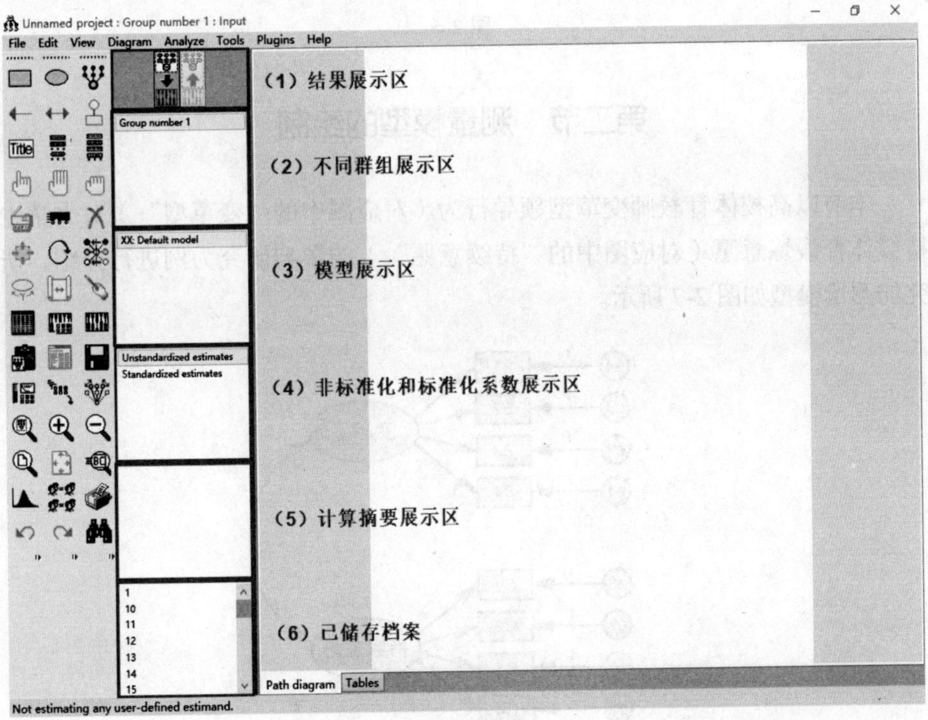

图 2-5

四、测量模型和结构模型绘制区

该区域是依据研究假设分别绘制测量模型和结构模型的区域，能够直观将潜变量、观察变量，以及自变量、因变量、中介变量及调节变量等用绘图的方式呈现，便于读者直观了解研究者提出的假设模型，如图 2-6 所示。

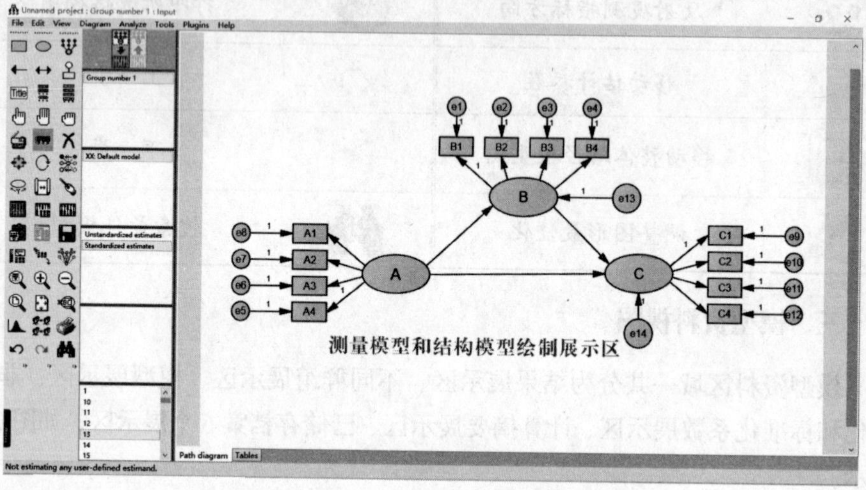

图 2-6

第二节 测量模型的绘制

本节以高校体育教师变革型领导行为（对应图中的“变革型”）对大学生持续体育锻炼意愿（对应图中的“持续意愿”）的影响研究为例进行介绍，研究的测量模型如图 2-7 所示。

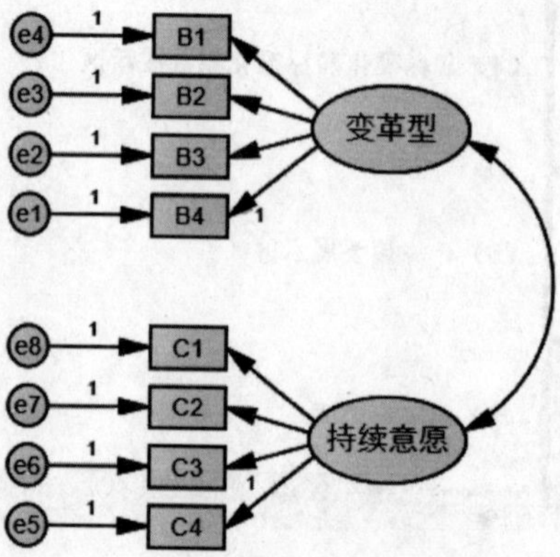

图 2-7

具体操作步骤如下：

（1）在绘图快捷键区单击潜变量图标按钮，然后在模型绘图区绘制大小适度的两个潜变量图形，如图 2-8 所示。

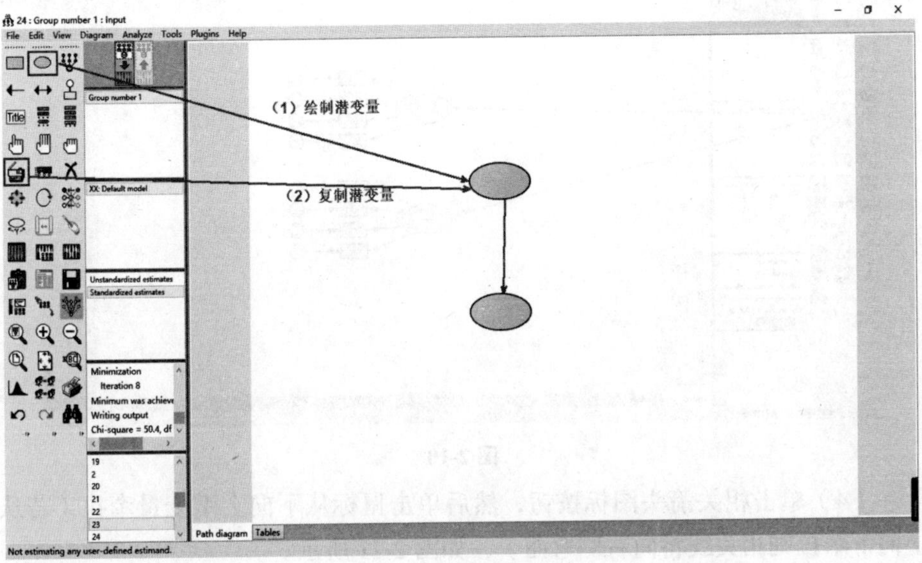

图 2-8

（2）单击在潜变量下增加观测变量的图标按钮，然后在绘图区的潜变量上单击鼠标左键，根据问题个数进行设置，如图 2-9 所示。

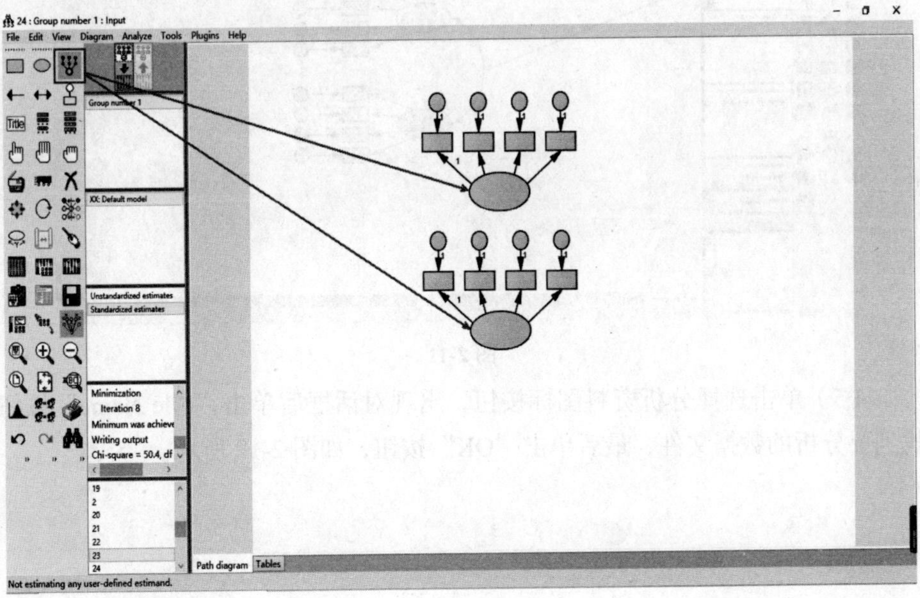

图 2-9

（3）为了使模型更加直观及美观，可单击旋转观测变量的图标按钮，然后单击各潜变量，可改变观测变量的位置，如图 2-10 所示。

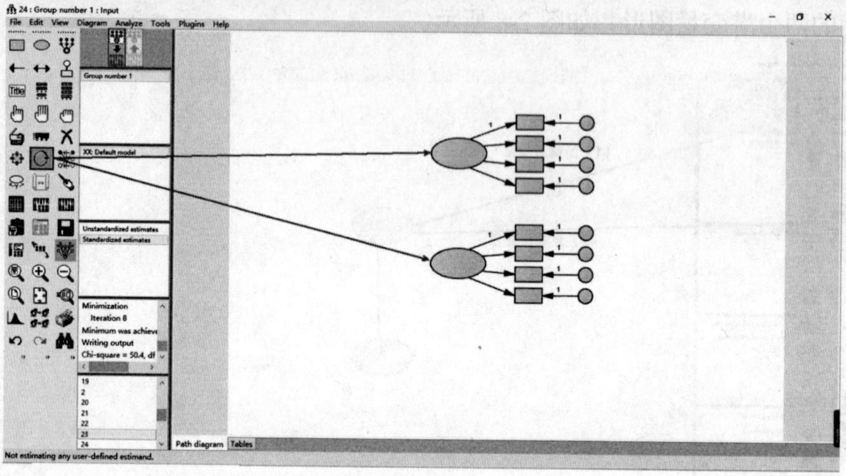

图 2-10

（4）单击相关箭头图标按钮，然后单击鼠标从下向上潜变量牵拉（若从上向下牵拉则相关线将向右侧弯曲），如图 2-11 所示。

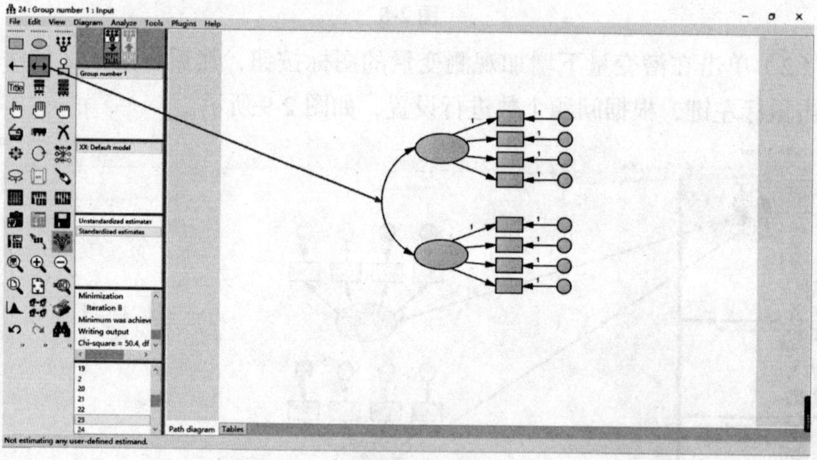

图 2-11

（5）单击选择分析资料图标按钮，出现对话框后单击“File Name”按钮找到要分析的数据文件，最后单击“OK”按钮，如图 2-12 所示。

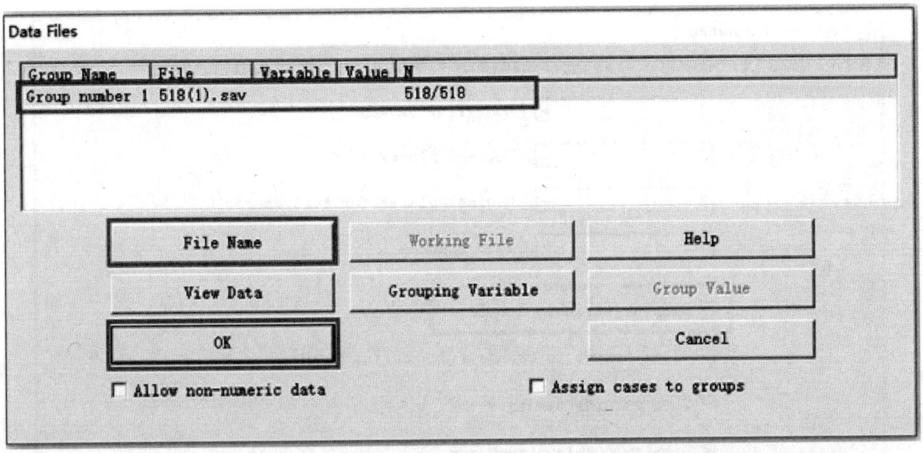

图 2-12

（6）单击资料变量图标按钮，出现对话框后将各题目拖拽至观测变量内，如图 2-13 所示。

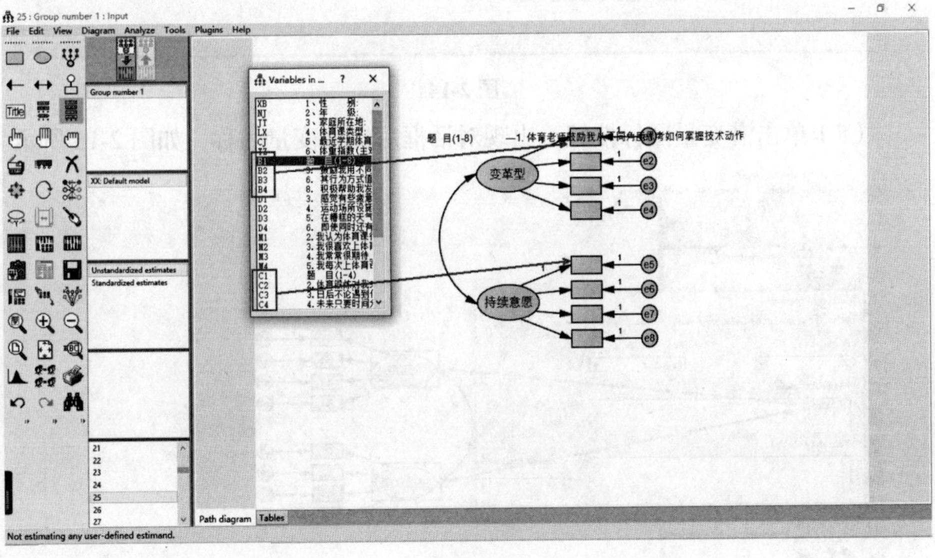

图 2-13

（7）若在观测变量内出现文字等具体问题说明，可通过执行“View”→“Interface Properties”→“Misc”命令，将“Display variable labels”选项前的√取消来消除文字，如图 2-14 所示。

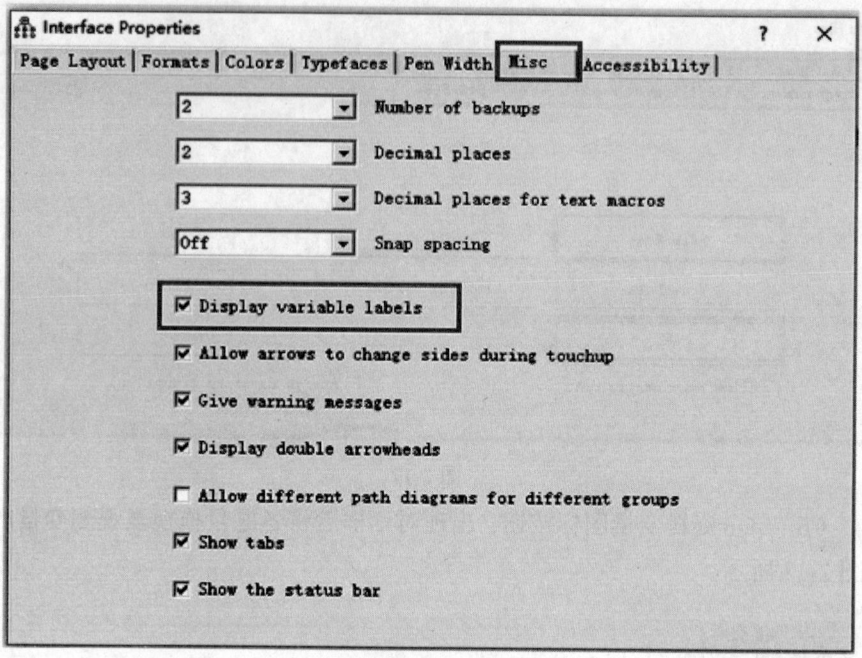

图 2-14

（8）单击潜变量图标按钮，出现对话框后输入变量名称，如图 2-15 所示。

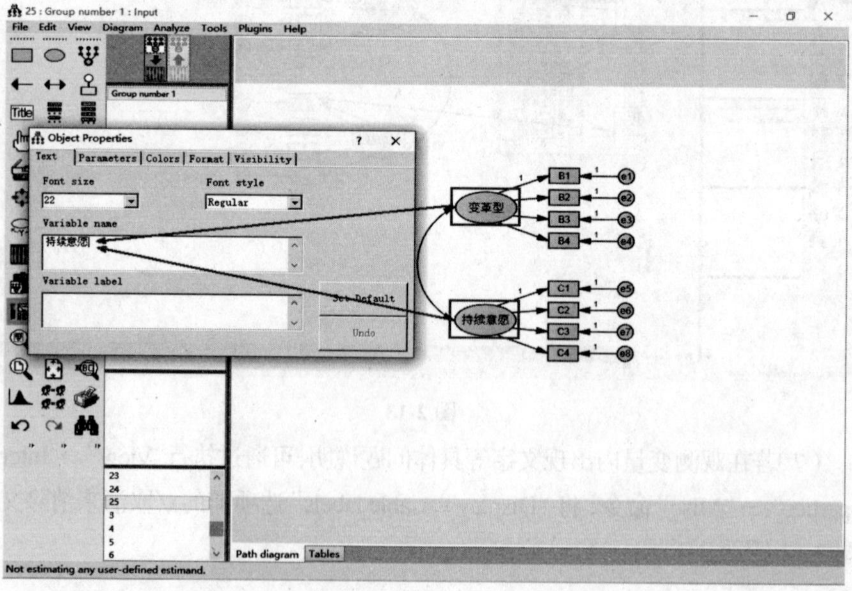

图 2-15

（9）选择主功能表下的“Plugins”→“Name Unobserved Variables”选项，可一次性将所有误差项填完，如图 2-16 所示。

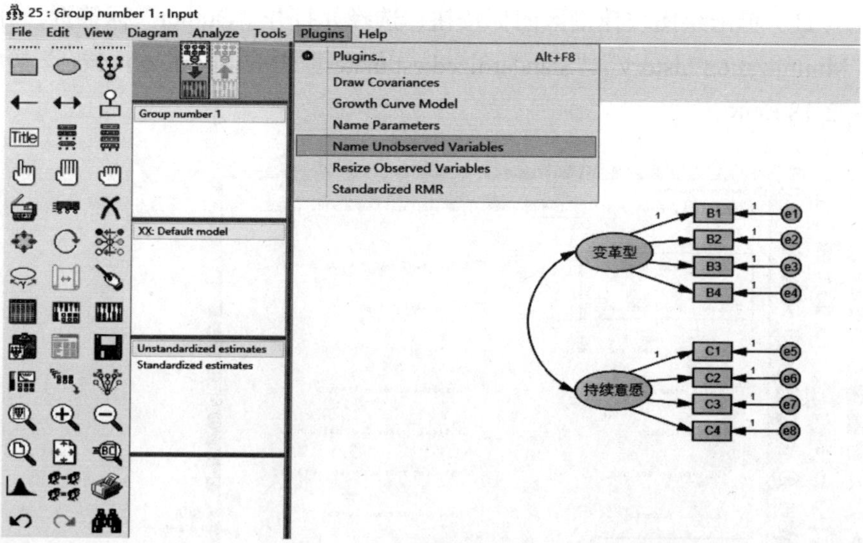

图 2-16

（10）单击“Title”图标按钮出现对话框后，在“Caption”下的方框内录入计算代码“CMIN/DF=\CMINDF，P=\P，RMSEA=\RMSEA，GFI=\GFI，AGFI=\AGFI，NFI=\NFI，CFI=\CFI，IFI=\IFI”，单击“OK”按钮，代码会出现在绘图区内，如图 2-17 所示。

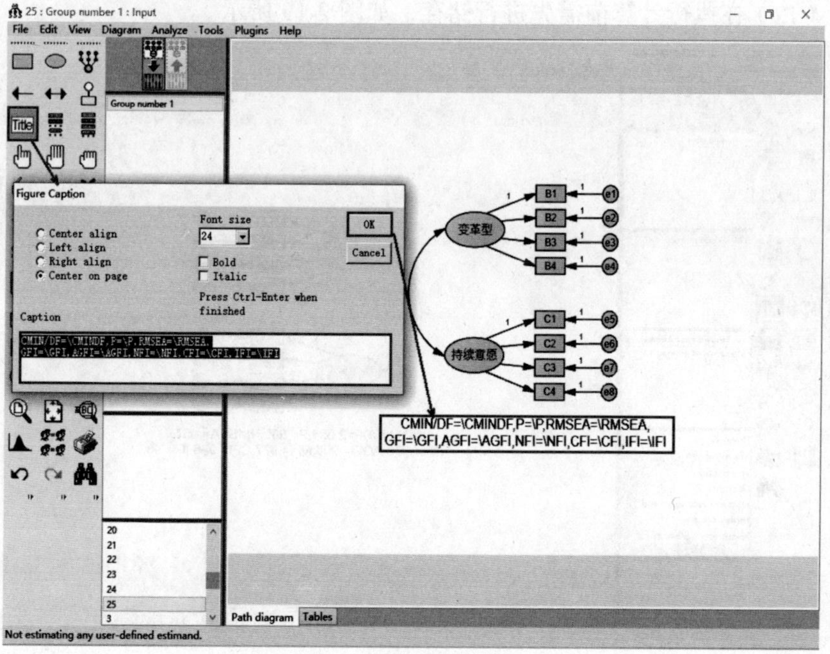

图 2-17

（11）单击绘图快捷键区图标按钮，选择并打开“Output”标签页，分别将“Minimization history”“Standardized estimates”“Modification indices”选中，如图 2-18 所示。

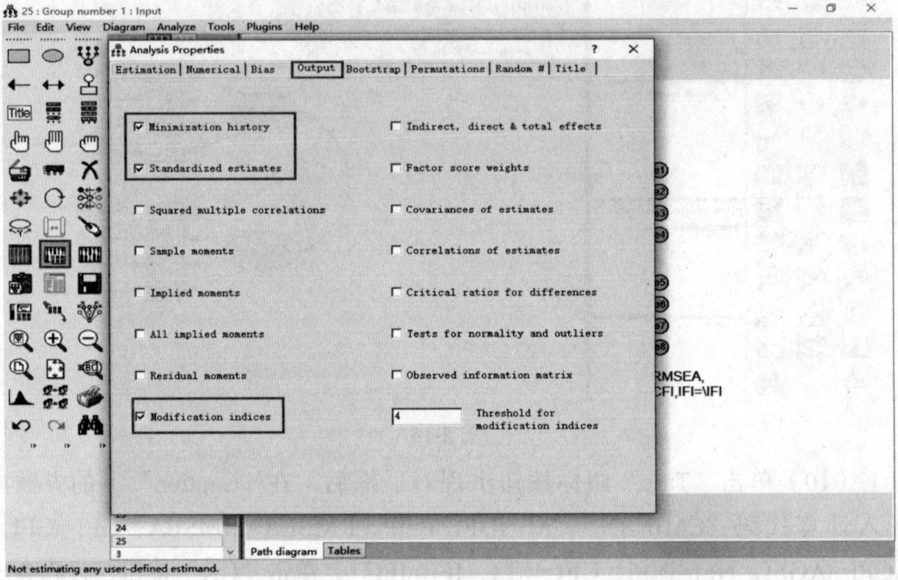

图 2-18

（12）在执行计算前需先进行储存，如图 2-19 所示。

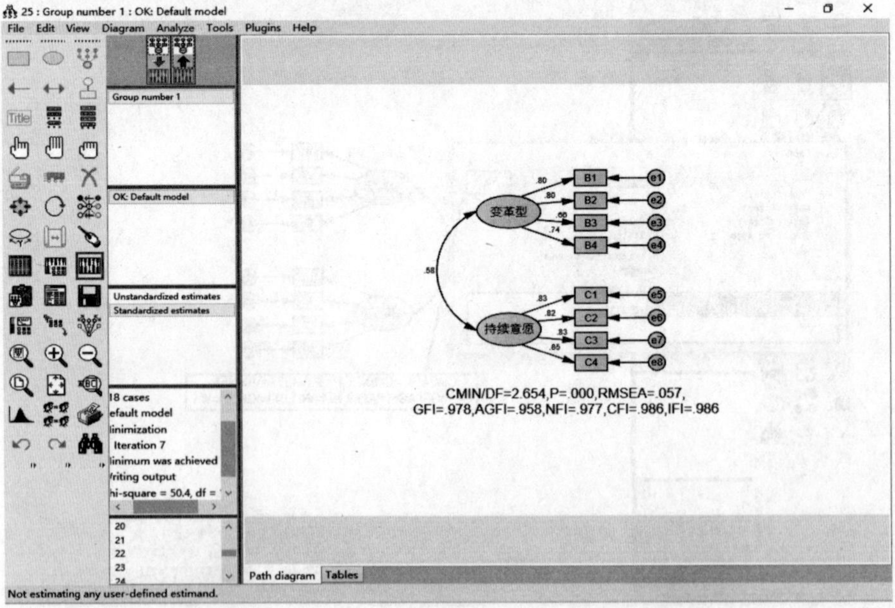

图 2-19

（13）单击绘图快捷区图标按钮，选择“Model Fit”选项观察测量模型各拟合指标情况。若测量模型拟合较差，可结合“Modification Indices”修正指数进行相应调整，如图 2-20 所示。

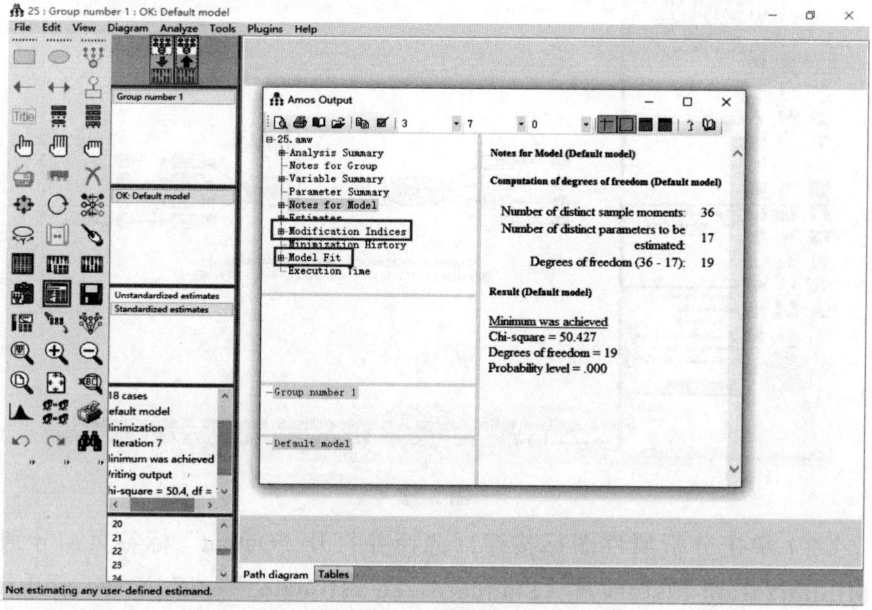

图 2-20

第三节　结构模型的绘制

由于前面在绘制测量模型时，已经对潜变量和观测变量的设置进行了具体介绍，考虑篇幅原因，在结构模型的绘制环节只对不同点进行介绍。

研究的结构模型如图 2-21 所示。

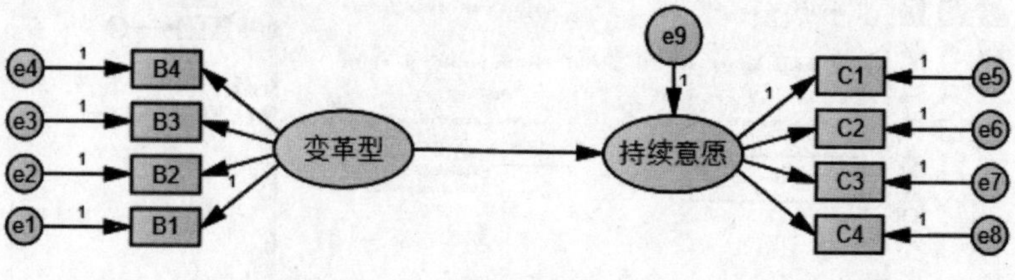

图 2-21

（1）结构模型与测量模型在绘制时不同，自变量与因变量间的箭头不是相关性设置，而是从自变量指向因变量，表示前者对后者的影响（图 2-22）。同时，在因变量上还需设置误差项，表示任何估计都不可能达到百分百的解释程度，一定会有或多或少的误差存在，所以在结构方程模型分析中，凡是被箭头刺到的变量都需要设置误差项，这也体现了结构方程模型分析的科学性和严谨性。

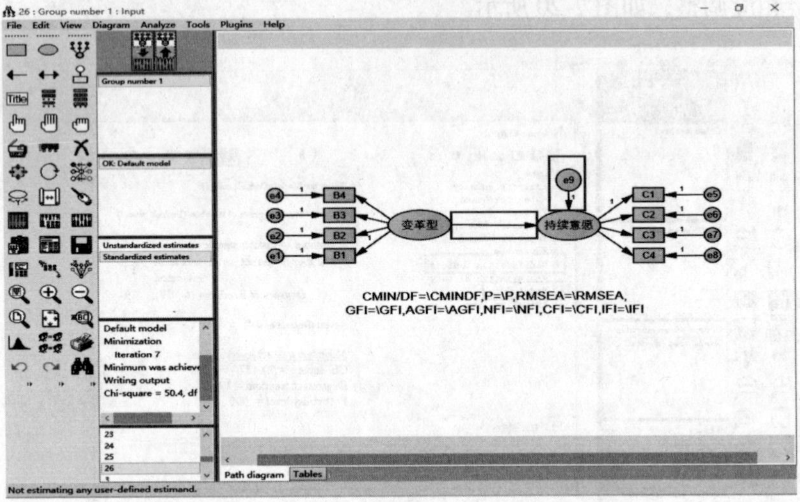

图 2-22

（2）单击分析属性图标按钮，选择并打开“Output”标签页，分别将“Minimization history”“Standardized estimates”“Squared multiple correlations”“Modification indices”选中，如图 2-23 所示。

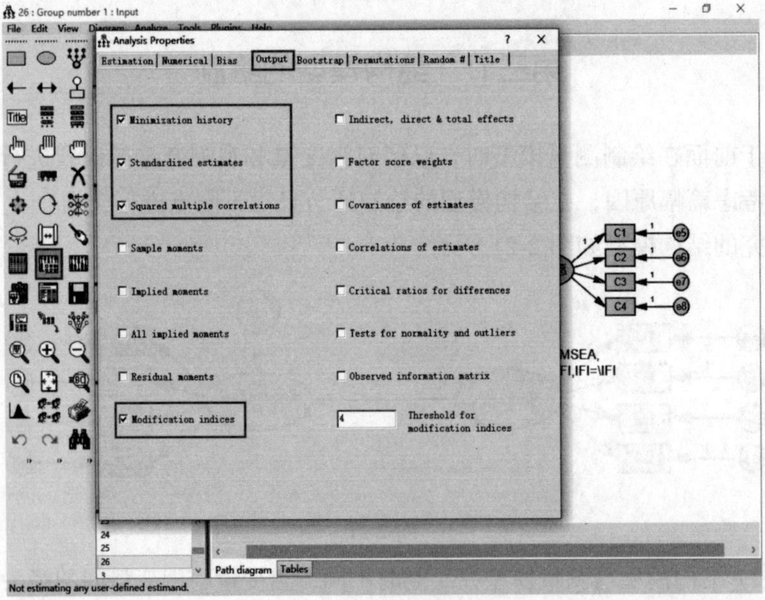

图 2-23

（3）单击执行计算快捷键，然后单击红色箭头了解结构模型各具体系数。首先了解模型拟合程度，若通过，则再对自变量对因变量的解释力和直接或间接影响效果进行分析，如图 2-24 所示。

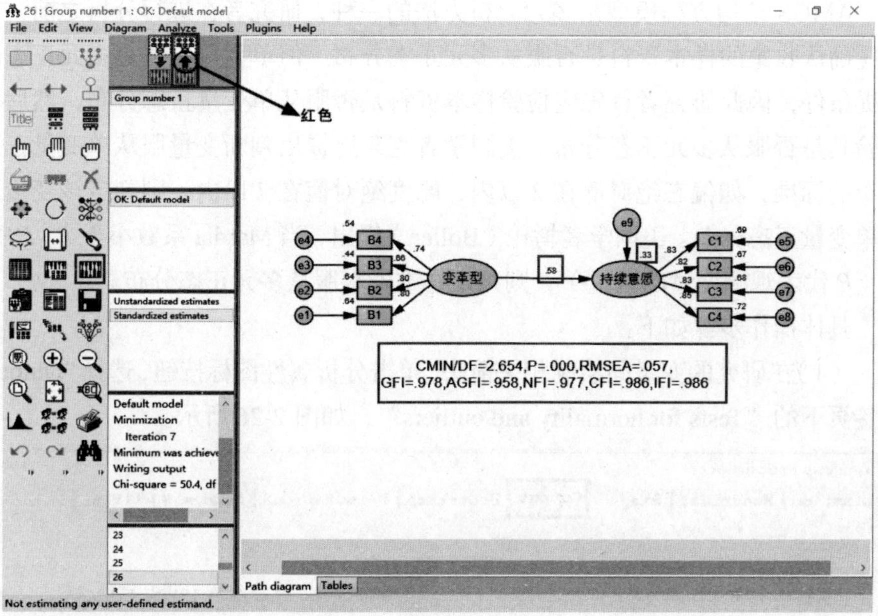

图 2-24

（4）若结构模型拟合度不理想，需要对观测指标进行调整，可单击模型结果快捷键进行修正，如图 2-25 所示。

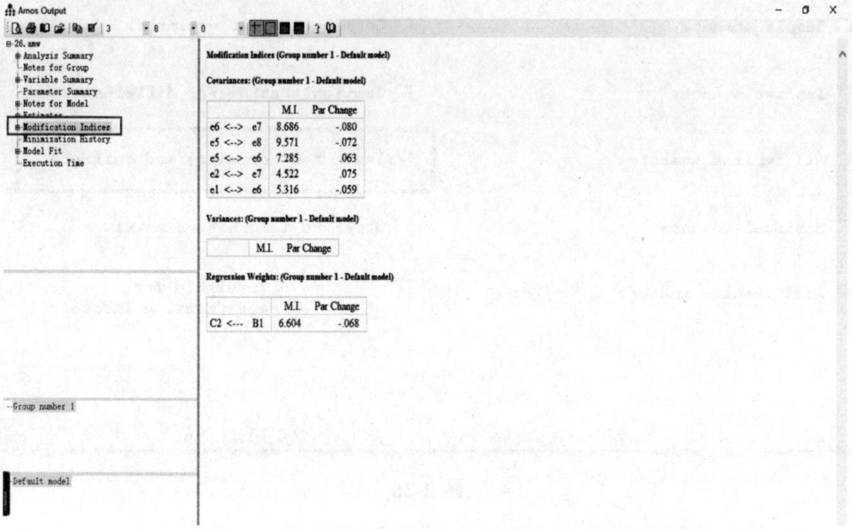

图 2-25

第四节　正态性检验

AMOS 结构方程模型是多元分析方法的一种，研究者在进行分析之前，首先应确认收集的样本资料是否服从多元正态分布。但单变量正态是多元正态的前提条件，因此研究者首先应检验样本资料是否服从单变量正态分布，然后再检验其是否服从多元正态分布。美国学者克莱恩提出判断变量服从单变量正态分布的标准，如偏态绝对值在 2 以内、峰度绝对值在 7 以内，则判定该变量服从单变量正态分布。美国学者博伦（Bollen）提出，当 Mardia 系数小于 $P(P+2)$ 时（P 代表观测变量的数量），则判定样本资料服从多元正态分布。

具体操作步骤如下：

（1）在研究的变量间绘制相关箭头，单击分析属性图标按钮，选择“Output”标签页下的“Tests for normality and outliers”，如图 2-26 所示。

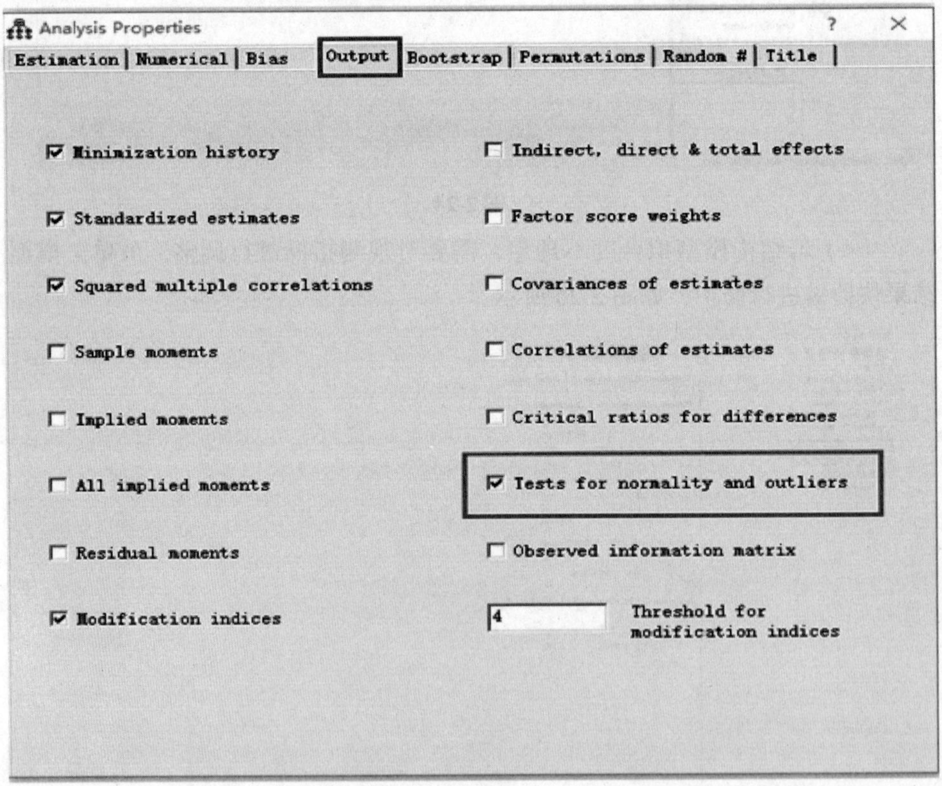

图 2-26

（2）单击计算执行图标按钮，如图 2-27 所示。

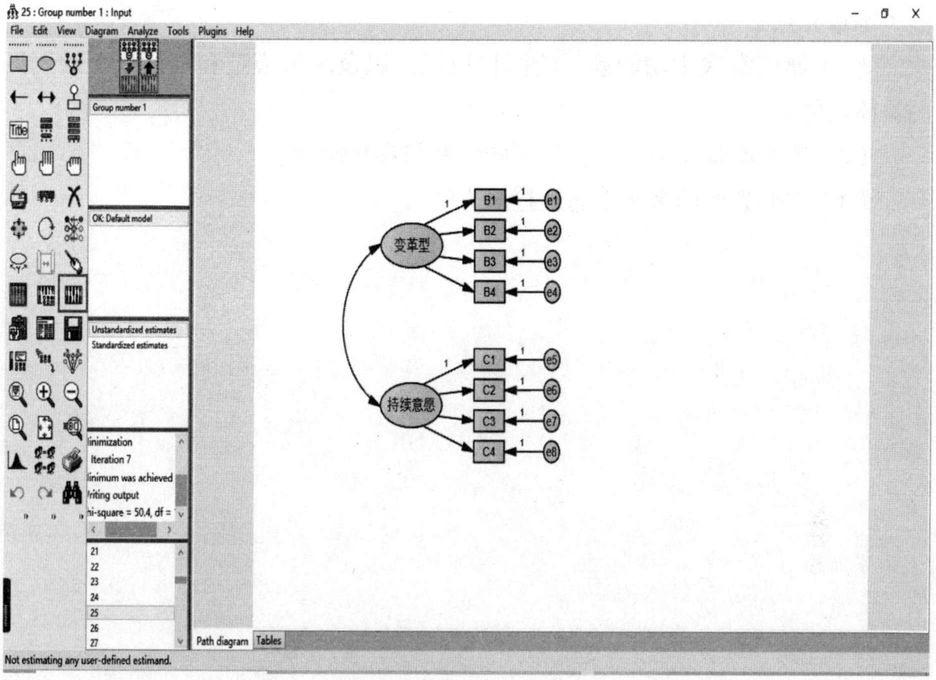

图 2-27

（3）单击输出统计结果图标按钮，选择“Assessment of normality”选项（图 2-28），确认 skew 和 kurtosis 数据是否服从单变量正态分布，以及 Mardia 系数是否服从多元正态分布。本例题的偏度绝对值都在 2 以内、峰度绝对值都在 7 以内，这表明该模型的 skew 和 kurtosis 数据服从单变量正态分布；而 Mardia 系数为 36.416，小于 *P*（*P*+2）=80，这说明该模型的 Mardia 系数服从多元正态分布。

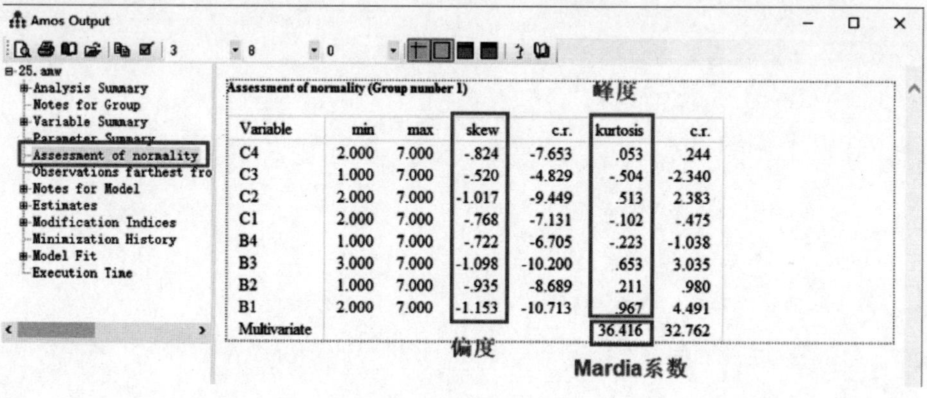

Assessment of normality (Group number 1)

Variable	min	max	skew	c.r.	kurtosis	c.r.
C4	2.000	7.000	-.824	-7.653	.053	.244
C3	1.000	7.000	-.520	-4.829	-.504	-2.340
C2	2.000	7.000	-1.017	-9.449	.513	2.383
C1	2.000	7.000	-.768	-7.131	-.102	-.475
B4	1.000	7.000	-.722	-6.705	-.223	-1.038
B3	3.000	7.000	-1.098	-10.200	.653	3.035
B2	1.000	7.000	-.935	-8.689	.211	.980
B1	2.000	7.000	-1.153	-10.713	.967	4.491
Multivariate					36.416	32.762

图 2-28

本章要点：

（1）熟练掌握主功能表、绘图快捷区，以及测量模型和结构模型绘制区的具体功能。

（2）练习测量模型、结构模型的绘制与参数设置。

（3）掌握数据的多元正态性检验方法。

第三章　一阶因素的结构方程模型分析

本章遵循由浅入深、循序渐进的原则，其内容主要从单一变量的验证性因素分析出发，逐渐过渡到多变量间测量模型的信效度检验，直到最终结构模型的因果关系检验。本章详细解读了研究中需要呈现的各统计分析结果，同时介绍了研究中需要呈现的图表格式，并形成了最终研究报告。

验证性因素分析（Confirmatory Factor Analysis，CFA）主要的作用是确认潜变量是否真的能被几个观测变量（至少 3 个）所代表或解释。

SEM 中对于潜变量的估计程序，是用来检验研究者先前提出的因素结构的适切性的，一旦测量的基础确立了，潜变量的因果关系就可以进一步探讨。因此，一般而言，CFA 是进行整合性 SEM 分析的一个前置步骤或基础架构，当然，它也可以独立进行分析估计。

第一节　单一变量的验证性因素分析

单一变量的验证性因素分析，主要用于验证单一潜变量下所设的观测指标是否能够很好地反映其特质，同时也能验证调查工具对所要研究的主体是否适用。

本节以体育教师变革型领导行为（对应图中的“变革型”）的构面为例进行介绍，如图 3-1 所示。

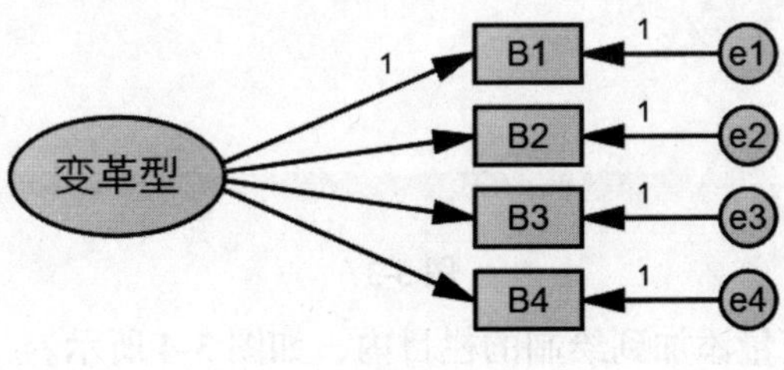

图 3-1

一、具体分析步骤

（1）绘制潜变量及观测变量，如图 3-2 所示。

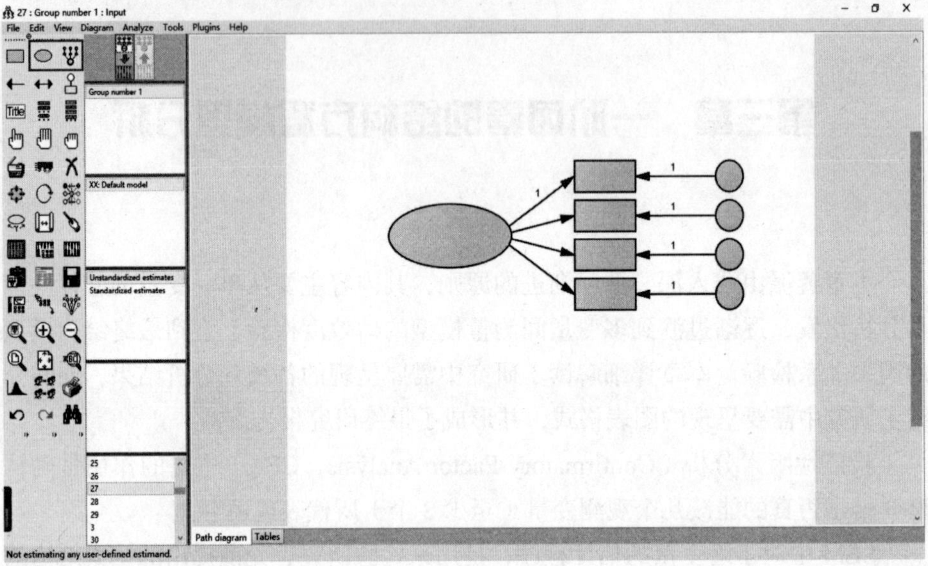

图 3-2

（2）选择分析资料文件，如图 3-3 所示。

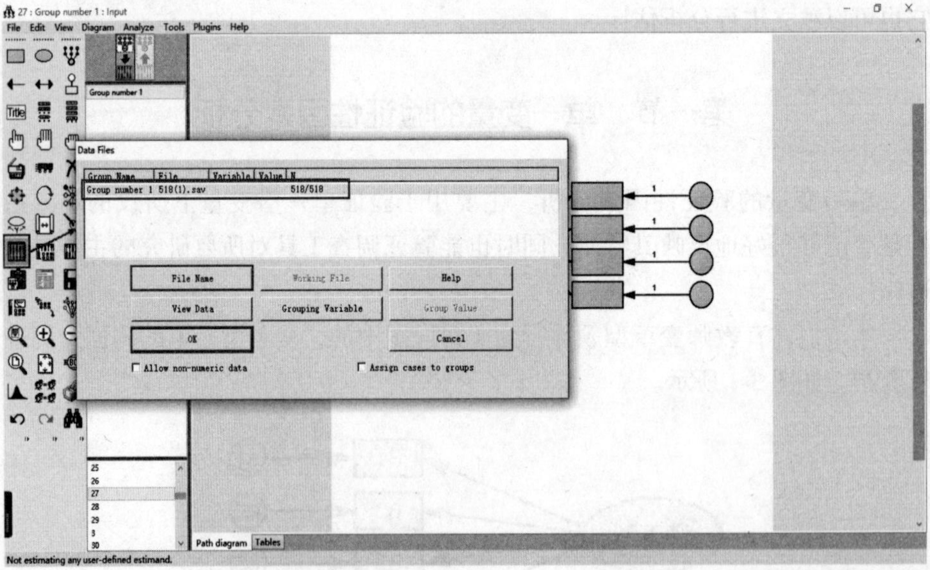

图 3-3

（3）将观测变量添加到绘制的栏目内，如图 3-4 所示。

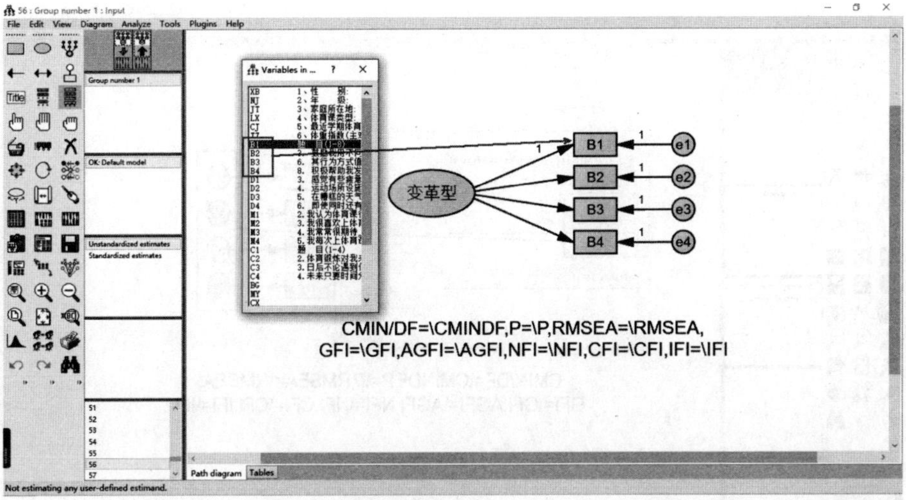

图 3-4

（4）单击椭圆潜变量图标按钮，出现对话框后在“Variable name”下的方框内输入变量名称，如图 3-5 所示。

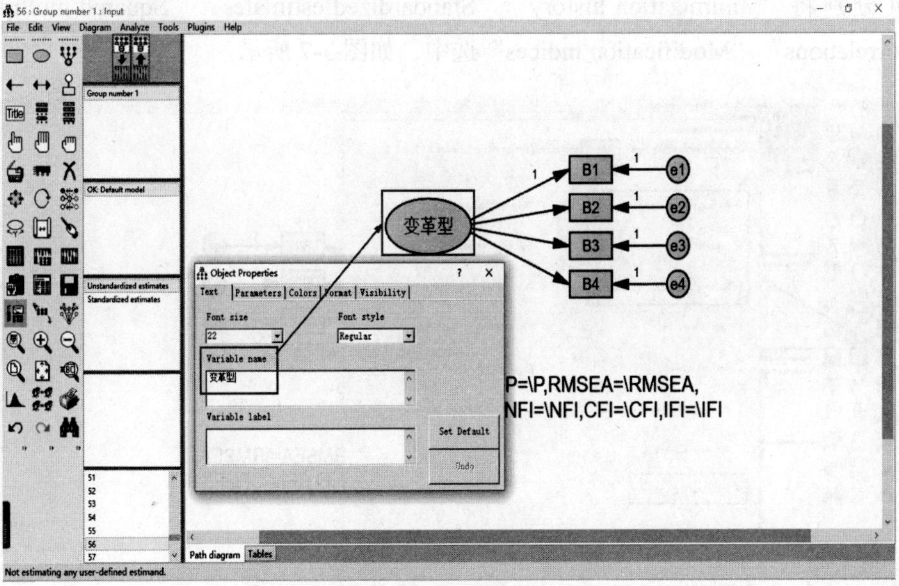

图 3-5

（5）单击圆形误差图标按钮，出现对话框后在“Variable name”下的方框内输入误差名称。也可以在“Plugins”菜单内选择“Name Unobserved

Variables”，可一次性将所有误差命名，如图 3-6 所示。

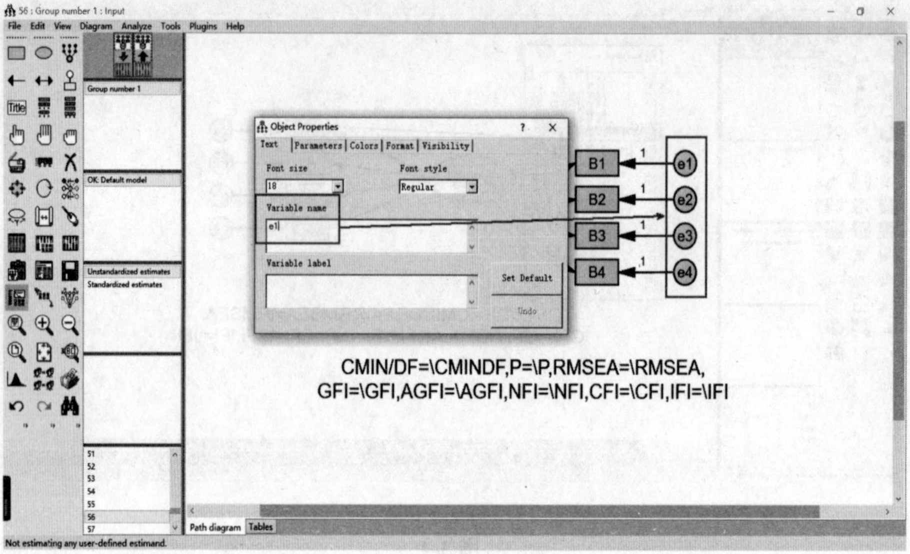

图 3-6

（6）在正式分析之前需对分析属性进行设置，选择并打开“Output”标签页分别将“Minimization history”“Standardized estimates”“Squared multiple correlations”“Modification indices”选中，如图 3-7 所示。

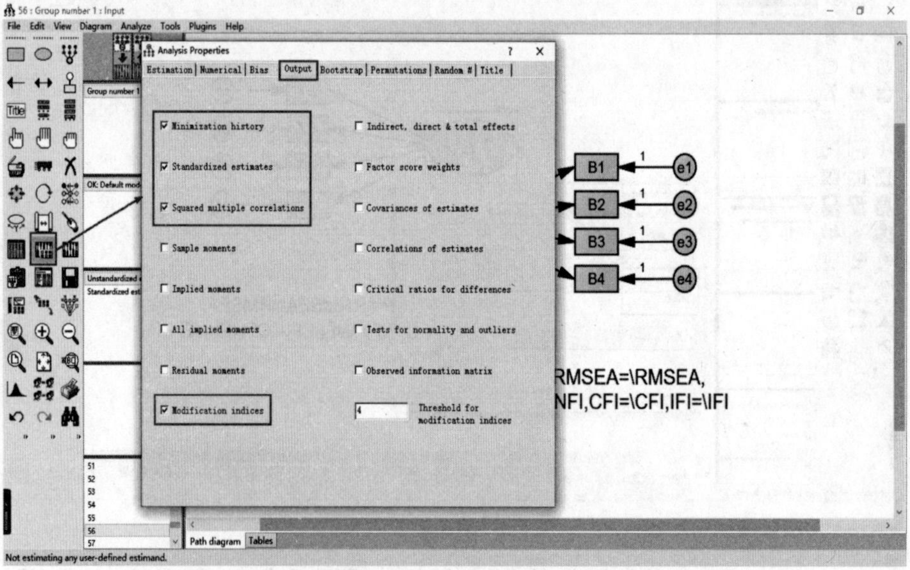

图 3-7

（7）单击“Title”图标按钮，录入代码：CMIN/DF=\CMINDF，P=\P，

RMSEA=\RMSEA，GFI=\GFI，AGFI=\AGFI，NFI=\NFI，CFI=\CFI，IFI=\IFI，如图 3-8 所示。

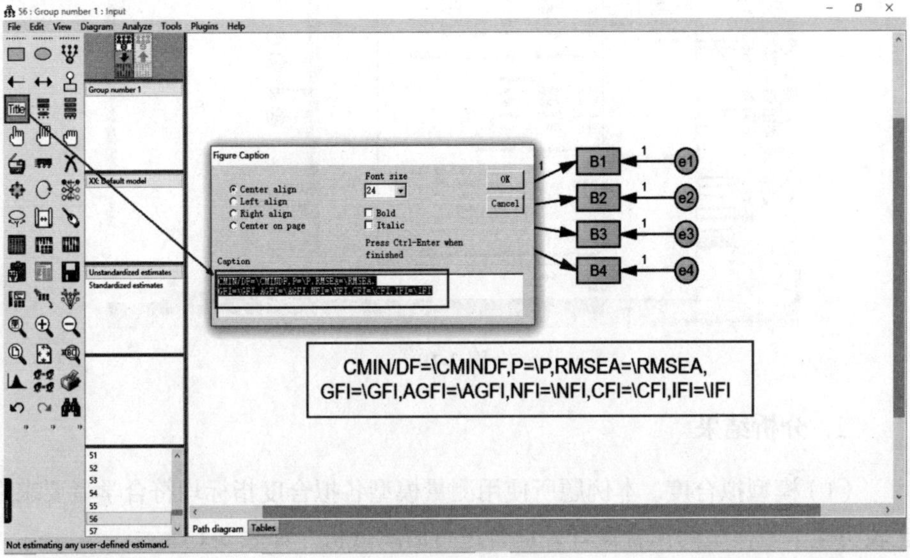

图 3-8

（8）执行计算后，单击红色箭头可了解具体观测变量的标准化和非标准化因子载荷系数，以及误差系数，如图 3-9 所示。

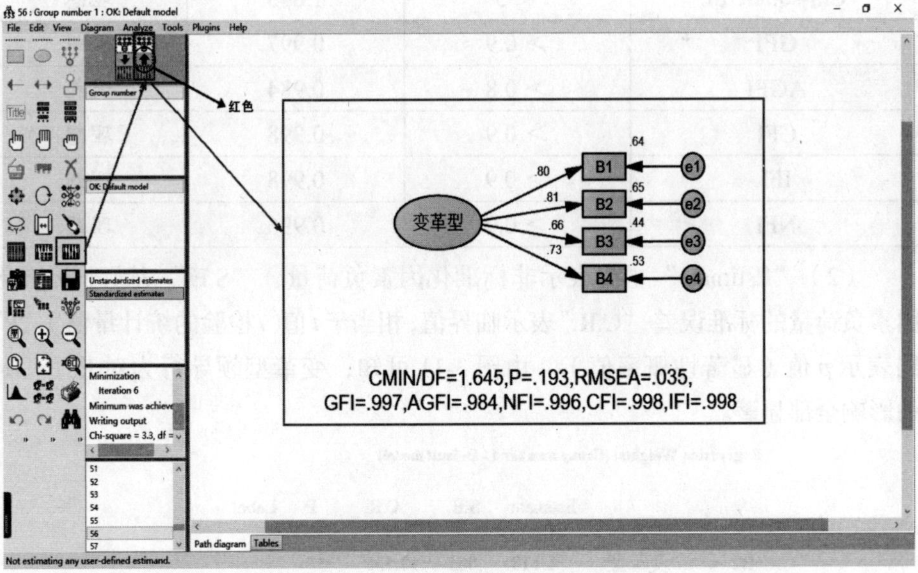

图 3-9

（9）单击统计分析结果图标按钮可见各报表，如图 3-10 所示。

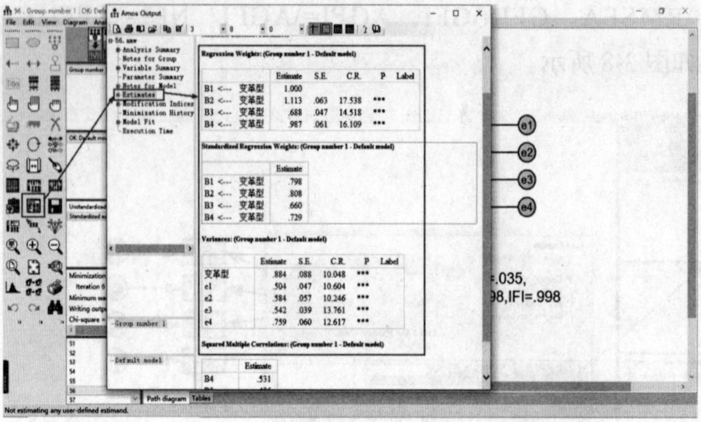

图 3-10

二、分析结果

（1）模型拟合度。本例题所使用测量模型各拟合度指标均符合学者要求，这表明样本与模型间拟合良好，适合进行后续分析，如表 3-1 所示。

表 3–1　例题模型各拟合度指标的拟合结果

拟合度指标	建议指标值	本模型指标值	拟合评价
Chi-square/df	＜5	1.645	理想
GFI	＞0.9	0.997	理想
AGFI	＞0.8	0.984	理想
CFI	＞0.9	0.998	理想
IFI	＞0.9	0.998	理想
NFI	＞0.9	0.996	理想

（2）“Estimate” 主要表示非标准化因素负荷量，“S.E.” 表示非标准化因素负荷量的标准误差，“C.R.”表示临界值，相当于 t 值（t 检验的统计量值），“P” 则表示 p 值（显著性概率值）。由图 3-11 可知，变革型领导行为对 B1 ～ B4 的影响全部显著。

Regression Weights: (Group number 1 - Default model)

	Estimate	S.E.	C.R.	P	Label
B1 <--- 变革型	1.000				
B2 <--- 变革型	1.113	.063	17.538	***	
B3 <--- 变革型	.688	.047	14.518	***	
B4 <--- 变革型	.987	.061	16.109	***	

图 3-11

（2）Standardized Regression Weights 表（图 3-12）显示的是标准化因素负荷量，其取值范围应为 0.6 ～ 0.95，尽量在 0.7 以上。本变量下的因素均在 0.6 以上。

Standardized Regression Weights: (Group number 1 - Default model)

	Estimate
B1 <--- 变革型	.798
B2 <--- 变革型	.808
B3 <--- 变革型	.660
B4 <--- 变革型	.729

图 3-12

（3）Variances 表（图 3-13）显示的是变异数与残差，要求其值均为正值并且显著。本例题变量全部满足条件。

Variances: (Group number 1 - Default model)

	Estimate	S.E.	C.R.	P	Label
变革型	.884	.088	10.048	***	
e1	.504	.047	10.604	***	
e2	.584	.057	10.246	***	
e3	.542	.039	13.761	***	
e4	.759	.060	12.617	***	

图 3-13

（4）Squared Multiple Correlations 简称 SMC 或 R^2，测量模型要求观测指标大于 0.5。本例题观测变量除 B3 不在可接受范围内，其他均符合要求，如图 3-14 所示。

Squared Multiple Correlations: (Group number 1 - Default model)

	Estimate
B4	.531
B3	.436
B2	.653
B1	.637

图 3-14

三、信度与收敛效度分析

根据费耐尔与海尔等学者的建议，测量模型中的组成信度与平均变异数萃取量需符合以下标准：

（1）每个观察变数的标准化因素负荷量高于 0.6。

（2）组成信度（CR）需大于 0.7，表示观测变量间具有良好的一致性。

（3）平均变异数萃取量（AVE）需大于 0.5，表示具有收敛效度。

组成信度 CR= 标准化因素负荷量总和的平方 /（标准化因素负荷量总和的平方 + 测量误差的总和）。

平均变异数萃取量 AVE= 标准化因素负荷量平方后的总和 /（标准化因素负荷量平方后的总和 + 测量误差的总和）。

当观测变量较少时可以直接采用计算机换算，如观测变量较多时，可采用由张伟豪（2020）制作的 Excel 计算程序进行。将标准化因素负荷值复制粘贴入 Excel 程序内，系统将自动换算出 CR 值和 AVE 值，如图 3-15 所示。本研究的 CR 值为 0.837，AVE 值为 0.564，均符合标准。

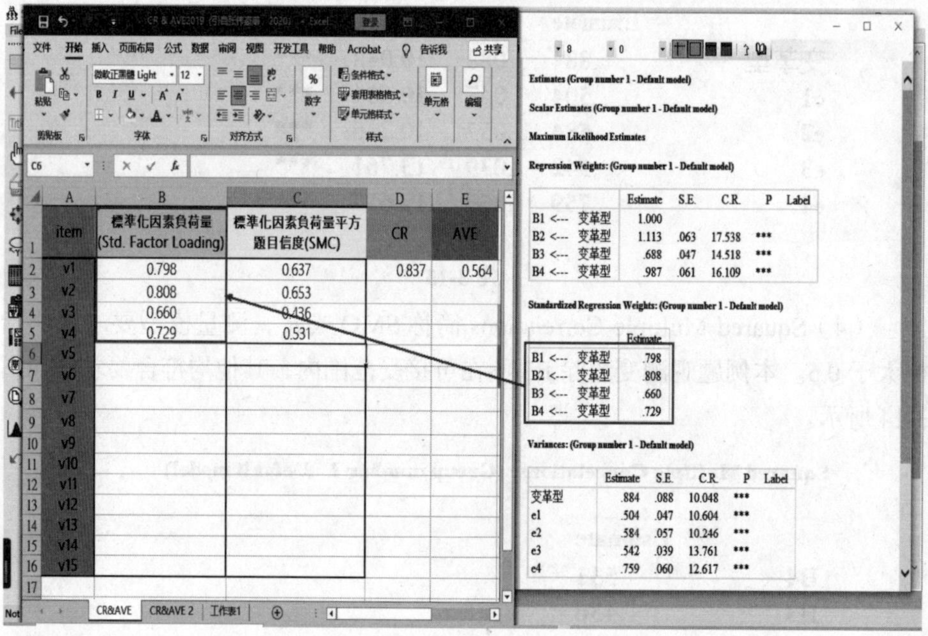

图 3-15

最终报表如表 3-2 所示：

表 3-2　例题模型的信效度检验结果

潜变量	观测变量	模型参数估计值					收敛效度		
		非标准化因素负荷量	S.E.	C.R.	P	标准化因素负荷量	SMC	CR	AVE
变革型领导行为	B1	1	—	—	—	0.798	0.637	0.837	0.564
	B2	1.113	0.063	17.538	***	0.808	0.653	—	—
	B3	0.688	0.047	14.518	***	0.660	0.436	—	—
	B4	0.987	0.061	16.109	***	0.729	0.531	—	—

四、结果解读

体育教师变革型领导行为变量的 CR 值为 0.837，表明各观测变量间具有良好的一致性；AVE 值为 0.564，表明具有收敛效度。

第二节　一因一果的测量模型分析

在正式检验自变量对因变量的影响程度前，首先需要对变量进行信度和效度的测量模型检验，只有通过该环节的检验，后续因果关系的结构模型才具有可信性。

本节以大学生体育课满意感（对应图 3-16 中的“体育课满意感”）对持续体育锻炼意愿（对应图 3-16 中的“持续意愿”）的影响为例进行介绍，体育课满意感由 4 个观测变量组成，持续意愿也由 4 个观测变量构成。

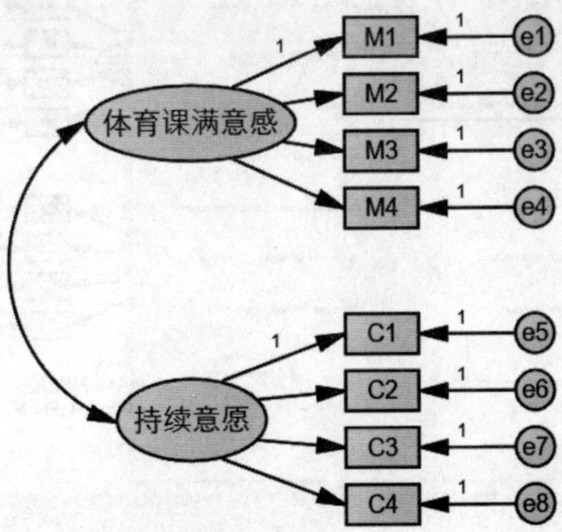

图 3-16

一、具体分析步骤

（1）由于前面已经介绍过潜变量与观测变量的绘制和参数的设定，所以省略基本部分环节，如图 3-17 所示。在自变量与因变量间绘制双向箭头，表示二者的相关关系。

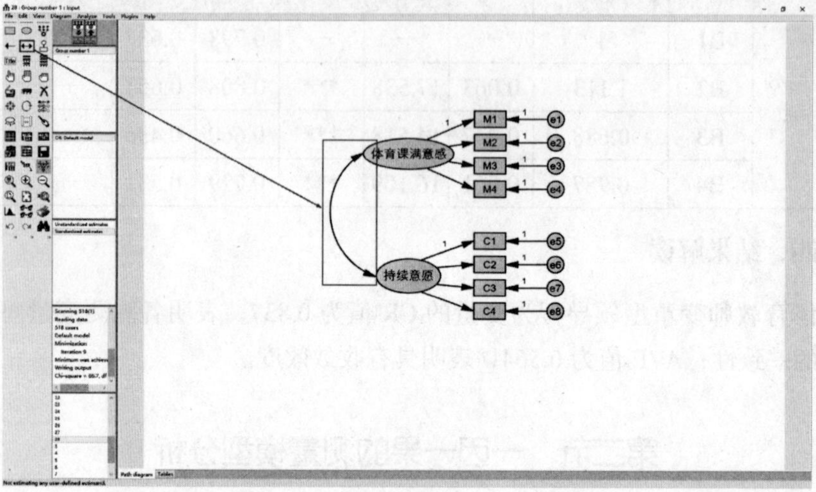

图 3-17

（2）单击分析属性图标按钮，在“Output”标签页下分别勾选“Minimization history”“Standardized estimates”“Squared multiple correlations”“Modification indices”选项，如图 3-18 所示。

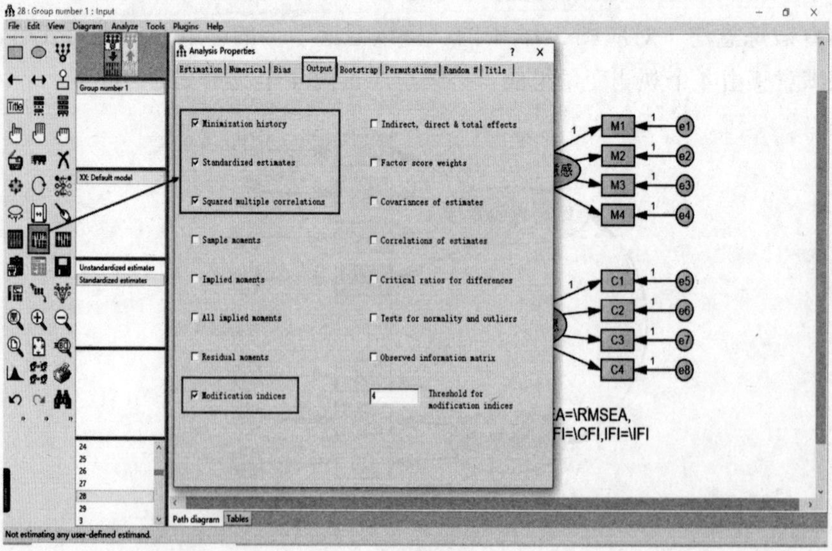

图 3-18

（3）单击“Title”图标按钮，录入代码：CMIN/DF=\CMINDF，P=\P，RMSEA=\RMSEA，GFI=\GFI，AGFI=\AGFI，NFI=\NFI，CFI=\CFI，IFI=\IFI，如图 3-19 所示。

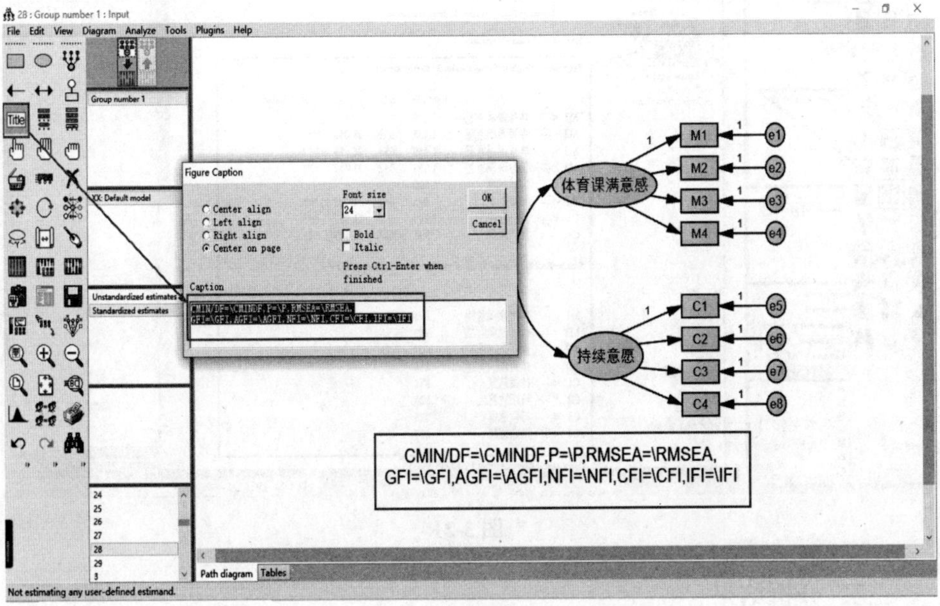

图 3-19

（4）执行计算，单击红色箭头可见结果，如图 3-20 所示。

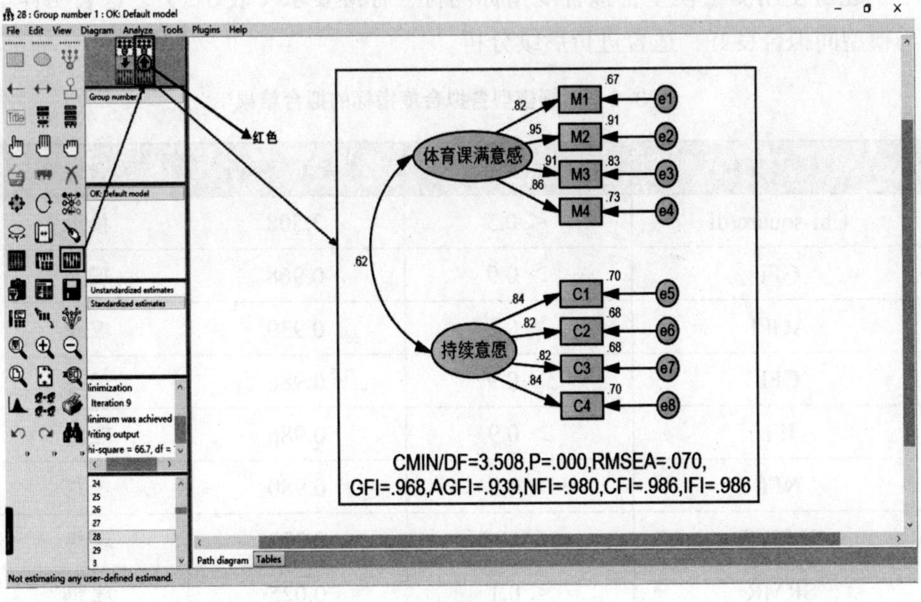

图 3-20

（5）单击统计分析结果图标按钮可见各报表，如图 3-21 所示。

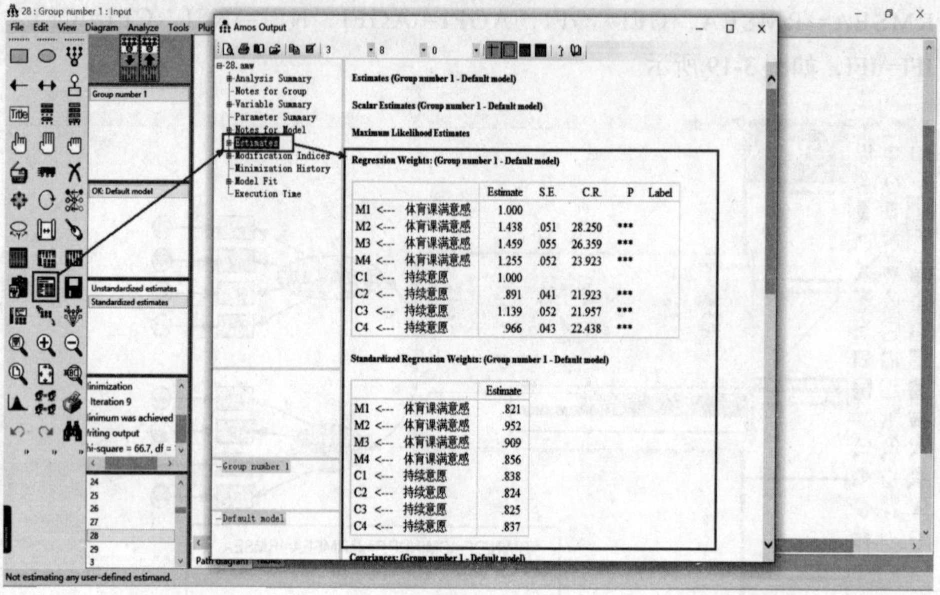

图 3-21

二、分析结果

（1）模型拟合度。在正式分析因果关系前，首先需确定模型的拟合程度。本例题所使用测量模型各拟合度指标均符合标准要求（表 3-3），这表明样本与模型间拟合良好，适合进行后续分析。

表 3–3　例题模型各拟合度指标的拟合结果

拟合度指标	建议指标值	本模型指标值	拟合评价
Chi-square/df	＜0.5	3.508	接近
GFI	＞0.9	0.968	理想
AGFI	＞0.8	0.939	理想
CFI	＞0.9	0.986	理想
IFI	＞0.9	0.986	理想
NFI	＞0.9	0.980	理想
RMSEA	＜0.08	0.070	理想
SRMR	＜0.1	0.025	理想

SRMR 值的计算：

在"Plugins"菜单下，选择"Standardized RMR"，如图 3-22 所示。

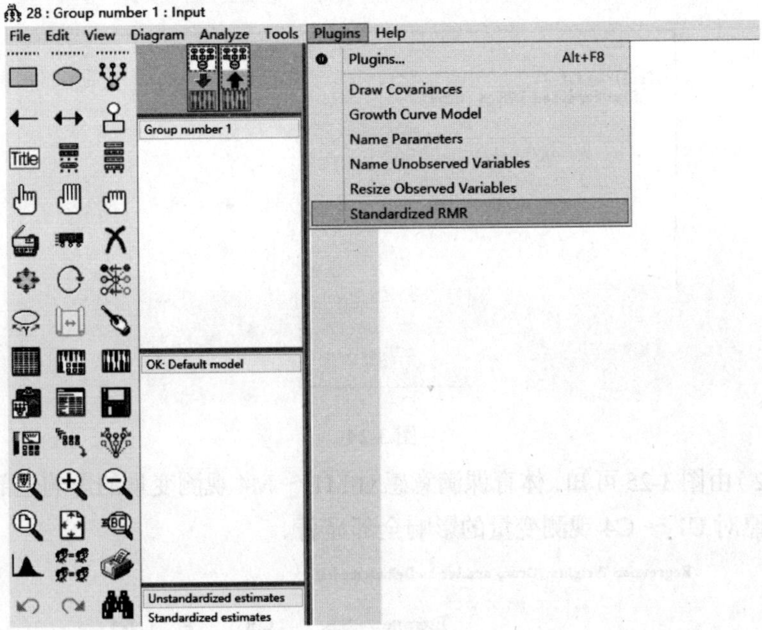

图 3-22

在 SRMR 窗口开启的状态下，单击执行计算快捷键，如图 3-23 所示。

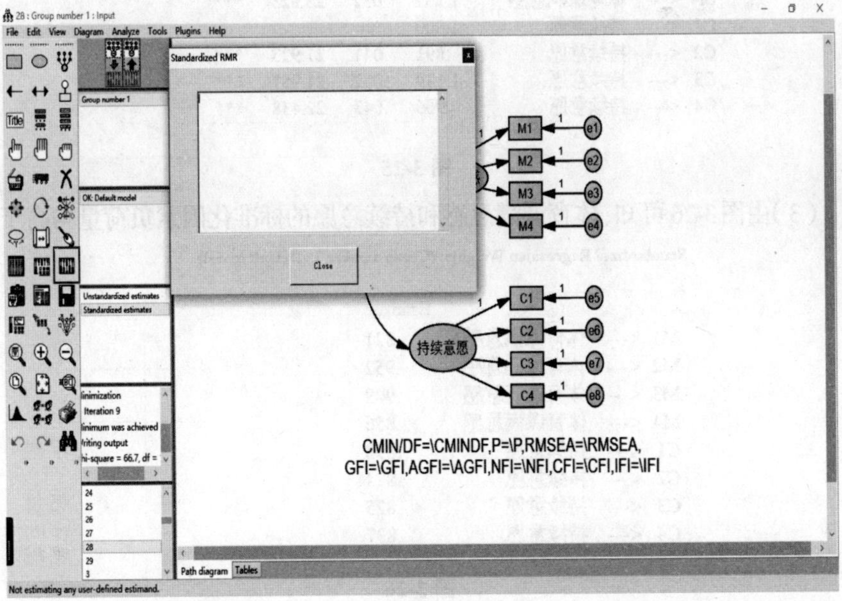

图 3-23

可见 SRMR 结果数值，如图 3-24 所示。

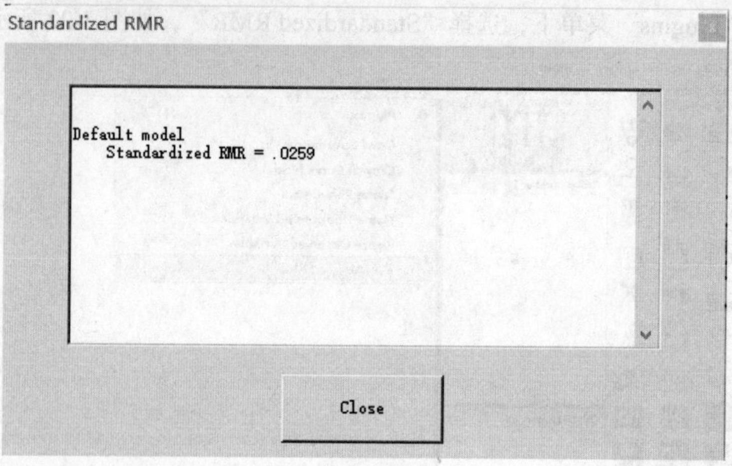

图 3-24

（2）由图 3-25 可知，体育课满意感对 M1 ～ M4 观测变量的影响全部显著；持续意愿对 C1 ～ C4 观测变量的影响全部显著。

Regression Weights: (Group number 1 - Default model)

	Estimate	S.E.	C.R.	P	Label
M1 <--- 体育课满意感	1.000				
M2 <--- 体育课满意感	1.438	.051	28.250	***	
M3 <--- 体育课满意感	1.459	.055	26.359	***	
M4 <--- 体育课满意感	1.255	.052	23.923	***	
C1 <--- 持续意愿	1.000				
C2 <--- 持续意愿	.891	.041	21.923	***	
C3 <--- 持续意愿	1.139	.052	21.957	***	
C4 <--- 持续意愿	.966	.043	22.438	***	

图 3-25

（3）由图 3-26 可知，体育课满意感和持续意愿的标准化因素负荷量均高于 0.6。

Standardized Regression Weights: (Group number 1 - Default model)

	Estimate
M1 <--- 体育课满意感	.821
M2 <--- 体育课满意感	.952
M3 <--- 体育课满意感	.909
M4 <--- 体育课满意感	.856
C1 <--- 持续意愿	.838
C2 <--- 持续意愿	.824
C3 <--- 持续意愿	.825
C4 <--- 持续意愿	.837

图 3-26

（4）由图 3-27 可知，变异数与误差皆为正值且显著。

Variances: (Group number 1 - Default model)

	Estimate	S.E.	C.R.	P	Label
体育课满意感	1.001	.089	11.291	***	
持续意愿	1.047	.092	11.384	***	
e1	.483	.034	14.302	***	
e2	.215	.028	7.723	***	
e3	.447	.038	11.620	***	
e4	.574	.042	13.675	***	
e5	.444	.037	11.943	***	
e6	.394	.032	12.383	***	
e7	.639	.052	12.358	***	
e8	.416	.035	11.958	***	

图 3-27

（5）由图 3-28 可知，所有观测变量的 SMC 值均大于 0.5。

Squared Multiple Correlations: (Group number 1 - Default model)

	Estimate
C4	.701
C3	.680
C2	.679
C1	.702
M4	.733
M3	.827
M2	.906
M1	.674

图 3-28

三、信度与收敛效度分析

组成信度 CR= 标准化因素负荷量总和的平方 /（标准化因素负荷量总和的平方 + 测量误差的总和）。

平均变异数萃取量 AVE= 标准化因素负荷量平方后的总和 /（标准化因素负荷量总和的平方 + 测量误差的总和）。

例题模型的 CR 值和 AVE 值的具体计算过程如图 3-29 和图 3-30 所示。

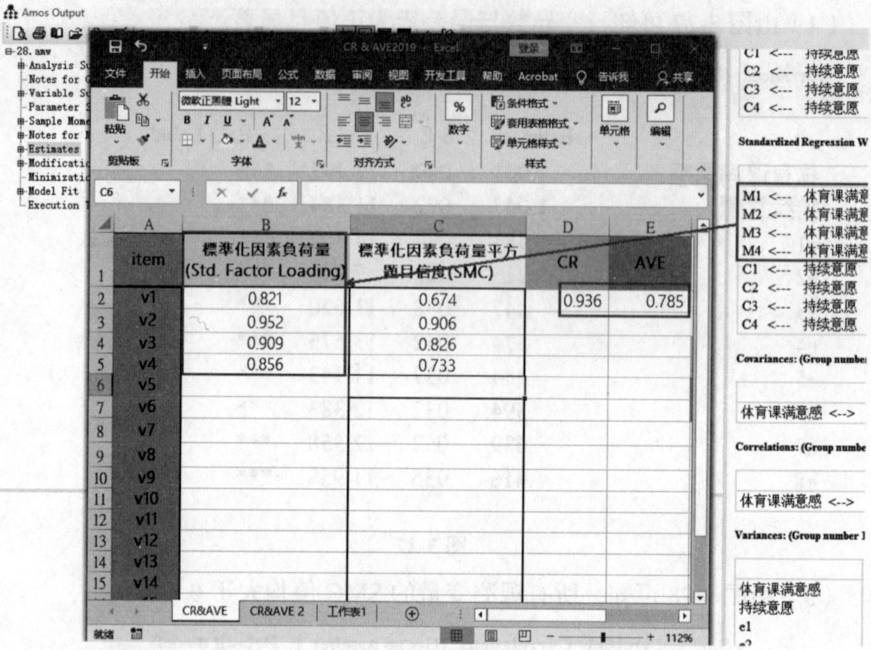
Amos Output
28.amw
Analysis Su
Notes for G
Variable Su
Parameter S
Sample Mome
Notes for M
Estimates
Modificatio
Minimizatio
Model Fit
Execution T
CR & AVE2019 - Excel
文件 开始 插入 页面布局 公式 数据 审阅 视图 开发工具 帮助 Acrobat 告诉我 共享
粘贴 剪贴板 字体 对齐方式 数字 条件格式 套用表格格式 单元格样式 样式 单元格 编辑
C6
item
標準化因素負荷量 (Std. Factor Loading)
標準化因素負荷量平方 題目信度(SMC)
CR
AVE
v1 0.821 0.674 0.936 0.785
v2 0.952 0.906
v3 0.909 0.826
v4 0.856 0.733
v5
v6
v7
v8
v9
v10
v11
v12
v13
v14
CR&AVE CR&AVE 2 工作表1
就绪 112%
C1 <--- 持续意愿
C2 <--- 持续意愿
C3 <--- 持续意愿
C4 <--- 持续意愿
Standardized Regression W
M1 <--- 体育课满意
M2 <--- 体育课满意
M3 <--- 体育课满意
M4 <--- 体育课满意
C1 <--- 持续意愿
C2 <--- 持续意愿
C3 <--- 持续意愿
C4 <--- 持续意愿
Covariances: (Group number
体育课满意感 <-->
Correlations: (Group numbe
体育课满意感 <-->
Variances: (Group number 1
体育课满意感
持续意愿
e1

图 3-29

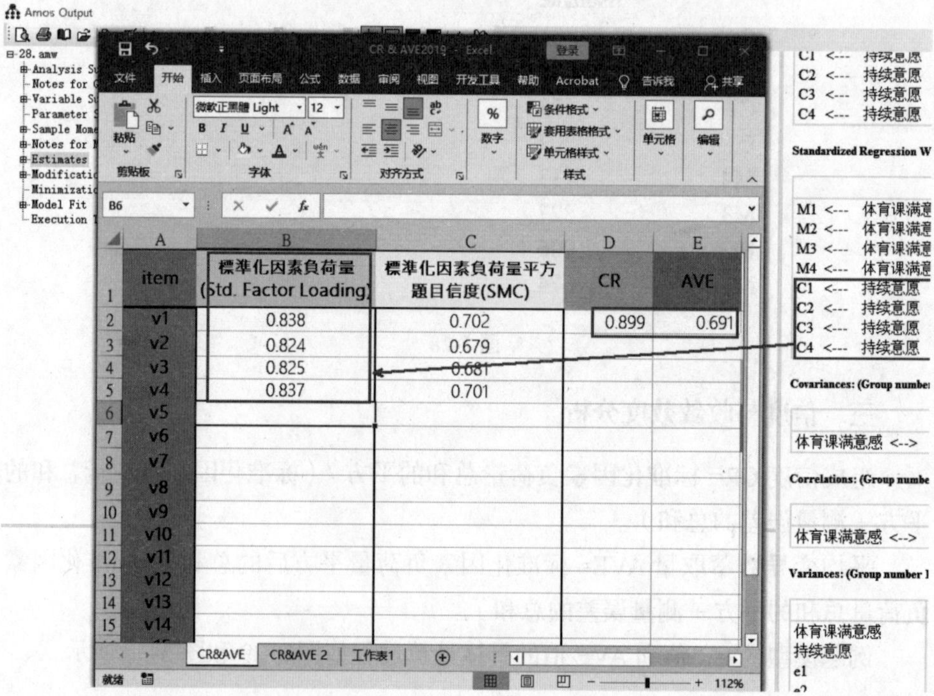
Amos Output
28.amw
Analysis Su
Notes for G
Variable Su
Parameter S
Sample Mome
Notes for M
Estimates
Modificatio
Minimizatio
Model Fit
Execution T
CR & AVE2019 - Excel
文件 开始 插入 页面布局 公式 数据 审阅 视图 开发工具 帮助 Acrobat 告诉我 共享
粘贴 剪贴板 字体 对齐方式 数字 条件格式 套用表格格式 单元格样式 样式 单元格 编辑
B6
item
標準化因素負荷量 (Std. Factor Loading)
標準化因素負荷量平方 題目信度(SMC)
CR
AVE
v1 0.838 0.702 0.899 0.691
v2 0.824 0.679
v3 0.825 0.681
v4 0.837 0.701
v5
v6
v7
v8
v9
v10
v11
v12
v13
v14
CR&AVE CR&AVE 2 工作表1
就绪 112%
C2 <--- 持续意愿
C3 <--- 持续意愿
C4 <--- 持续意愿
Standardized Regression W
M1 <--- 体育课满意
M2 <--- 体育课满意
M3 <--- 体育课满意
M4 <--- 体育课满意
C1 <--- 持续意愿
C2 <--- 持续意愿
C3 <--- 持续意愿
C4 <--- 持续意愿
Covariances: (Group number
体育课满意感 <-->
Correlations: (Group numbe
体育课满意感 <-->
Variances: (Group number 1
体育课满意感
持续意愿
e1

图 3-30

分别将非标准化因素负荷量、标准化因素负荷量、SMC 值、CR 值、AVE 值进行整理。

最终报表如表 3-4 所示：

3–4　例题模型的信效度检验结果

潜变量	观测变量	模型参数估计值					收敛效度		
		非标准化因素负荷量	S.E.	C.R.	P	标准化因素负荷量	SMC	CR	AVE
体育课满意感	M1	1	—	—	—	0.821	0.701	0.936	0.785
	M2	1.438	0.051	28.25	***	0.952	0.68		
	M3	1.459	0.055	26.359	***	0.909	0.679		
	M4	1.255	0.052	23.923	***	0.856	0.702		
持续意愿	C1	1	—	—	—	0.838	0.733	0.899	0.691
	C2	0.891	0.041	21.923	***	0.824	0.827		
	C3	1.139	0.052	21.957	***	0.825	0.906		
	C4	0.966	0.043	22.438	***	0.837	0.674		

四、结果解读

体育课满意感变量的 CR 值为 0.936，表明各观测变量间具有良好的一致性；AVE 值为 0.785，表明具有收敛效度。持续意愿维度的 CR 值为 0.899，说明各题项间具有较高一致性；AVE 值为 0.691，说明收敛效度良好。

第三节　一因一果的结构模型分析

本节以大学生体育课满意感（对应图 3-31 中的“体育课满意感”）对大学生持续意愿（对应图 3-31 中的“持续意愿”）的影响为例进行介绍，体育课满意感由 4 个观测变量组成，持续意愿也由 4 个观测变量构成。

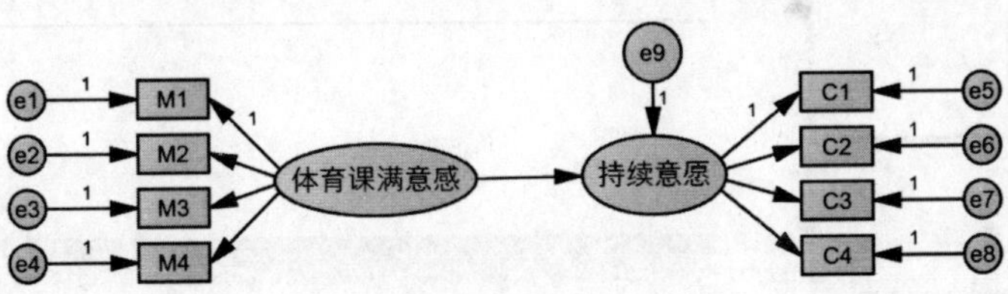

图 3-31

一、具体分析步骤

（1）不同于测量模型的双箭头连接，结构模型需要根据研究假设，从自变量指向因变量绘制单箭头，另外需要在因变量上设置误差项，如图 3-32 所示。

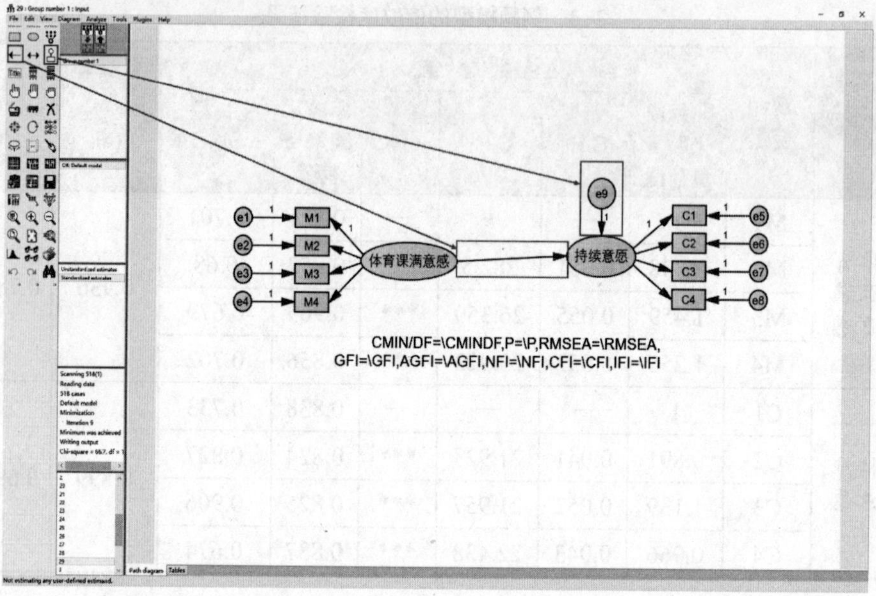

图 3-32

（2）单击执行计算图标按钮，确认分析结果，如图 3-33 所示。

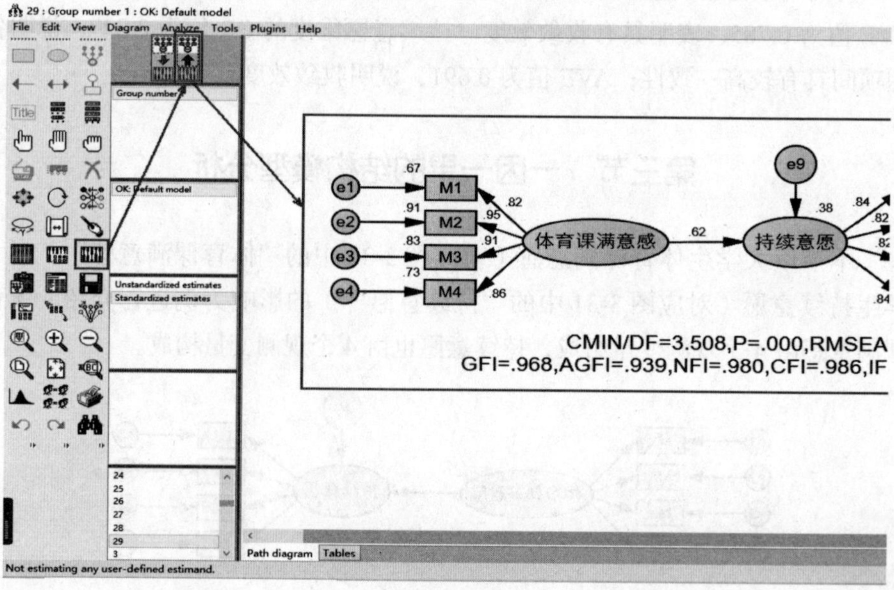

图 3-33

二、分析结果

（1）模型拟合度。本例题所使用模型各拟合度指标均符合标准要求（表3-5），这表明样本与模型间拟合良好，适合进行后续分析。

表 3–5 例题模型各拟合度指标的拟合结果

拟合度指标	建议指标值	本模型指标值	拟合评价
Chi-square/df	＜5	3.508	接近
GFI	＞0.9	0.968	理想
AGFI	＞0.8	0.939	理想
CFI	＞0.9	0.986	理想
IFI	＞0.9	0.986	理想
NFI	＞0.9	0.980	理想
RMSEA	＜0.08	0.070	理想
SRMR	＜0.1	0.025	理想

（2）由图 3-34 可知，体育课满意感对持续意愿的影响显著。体育课满意感对 M1 ～ M4 观测变量的影响全部显著；持续意愿对 C1 ～ C4 观测变量的影响全部显著。

Regression Weights: (Group number 1 - Default model)

			Estimate	S.E.	C.R.	P	Label
持续意愿	<---	体育课满意感	.634	.047	13.388	***	
M1	<---	体育课满意感	1.000				
M2	<---	体育课满意感	1.438	.051	28.250	***	
M3	<---	体育课满意感	1.459	.055	26.359	***	
M4	<---	体育课满意感	1.255	.052	23.923	***	
C1	<---	持续意愿	1.000				
C2	<---	持续意愿	.891	.041	21.923	***	
C3	<---	持续意愿	1.139	.052	21.957	***	
C4	<---	持续意愿	.966	.043	22.438	***	

图 3-34

（3）由图 3-35 可知，标准化因素负荷量都在 0.6 以上。

Standardized Regression Weights: (Group number 1 - Default model)

			Estimate
持续意愿	<---	体育课满意感	.620
M1	<---	体育课满意感	.821
M2	<---	体育课满意感	.952
M3	<---	体育课满意感	.909
M4	<---	体育课满意感	.856
C1	<---	持续意愿	.838
C2	<---	持续意愿	.824
C3	<---	持续意愿	.825
C4	<---	持续意愿	.837

图 3-35

（4）由图 3-36 可知，变异数与误差皆为正值且显著。

Variances: (Group number 1 - Default model)

	Estimate	S.E.	C.R.	P	Label
体育课满意感	1.001	.089	11.291	***	
e9	.644	.060	10.739	***	
e1	.483	.034	14.302	***	
e2	.215	.028	7.723	***	
e3	.447	.038	11.620	***	
e4	.574	.042	13.675	***	
e5	.444	.037	11.943	***	
e6	.394	.032	12.383	***	
e7	.639	.052	12.358	***	
e8	.416	.035	11.958	***	

图 3-36

（5）由图 3-37 可知，体育课满意感对持续意愿的 SMC 值为 0.384，属于中等以上解释能力（0.19 为小、0.33 为中、0.67 为大）。

Squared Multiple Correlations: (Group number 1 - Default model)

	Estimate
持续意愿	.384
C4	.701
C3	.680
C2	.679
C1	.702
M4	.733
M3	.827
M2	.906
M1	.674

图 3-37

三、报表制作

最终报表如表 3-6 所示。

表 3–6　例题模型的路径关系检验结果

研究假设	路径关系	Unstd	S.E.	C.R.	P	Std	假设结果
H1	满意感→持续意愿	0.634	0.047	13.388	***	0.620	支持

四、结果解读

结果显示，大学生的体育课满意感对大学生持续体育锻炼意愿影响的标准化系数为 0.62，P 值小于 0.001，假设 H1 成立。

第四节　一因多果的测量模型分析

在错综复杂的社会科学领域，有时候我们的研究不仅仅局限于一个自变量对一个因变量的探讨，可能是多个自变量影响一个因变量，也可能是单一自变量对多个因变量具有影响。所以针对单一自变量对多因变量以及多个自变量对单一因变量间的结构方程分析我们也需要掌握。

本节以体育教师的变革型领导行为（对应图 3-38 中“变革型”）对大学生体育课满意感、锻炼自我效能，以及持续体育锻炼意愿（分别对应图 3-38 中的“满意感”“锻炼效能”“持续意愿”）的影响为例进行介绍，每个变量均有 4 个观测变量。

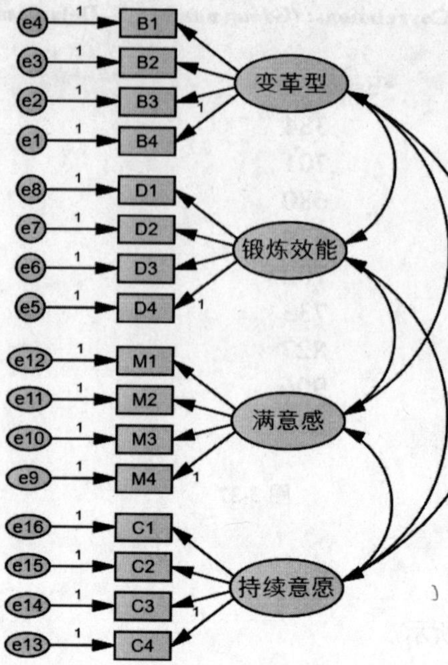

图 3-38

一、具体分析步骤

（1）第二章已经对如何进行潜变量及观测变量的绘制进行了具体介绍，在此就不再多加介绍。首先要在所有变量间设置相关箭头，然后在“Title”内设置拟合度指标，如图 3-39 所示。另外，要将所有观测变量导入矩形方框内，误差项也要一一设置。

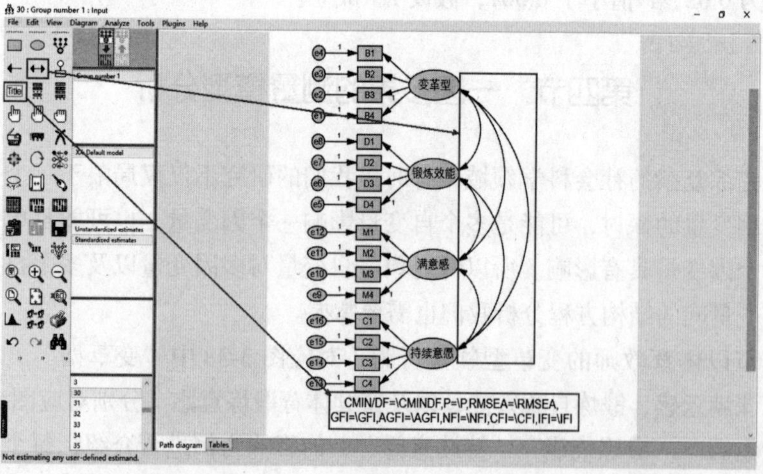

图 3-39

（2）单击分析属性设置图标按钮，选择并打开“Output”标签页下的“Minimization history”“Standardized estimates”“Squared multiple correlations”“All implied moments”“Modification indices”选项，如图 3-40 所示。

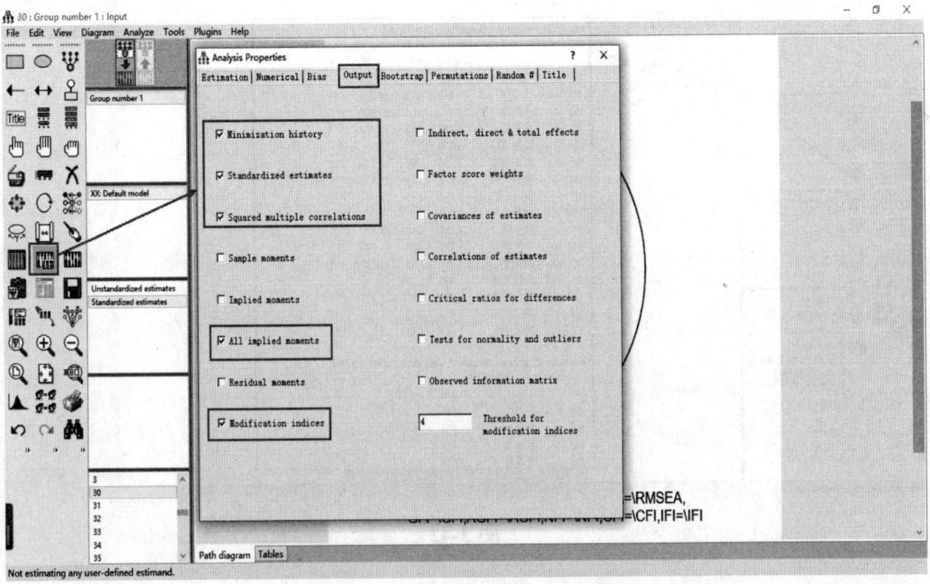

图 3-40

（3）执行计算，单击红色箭头可见结果，如图 3-41 所示。

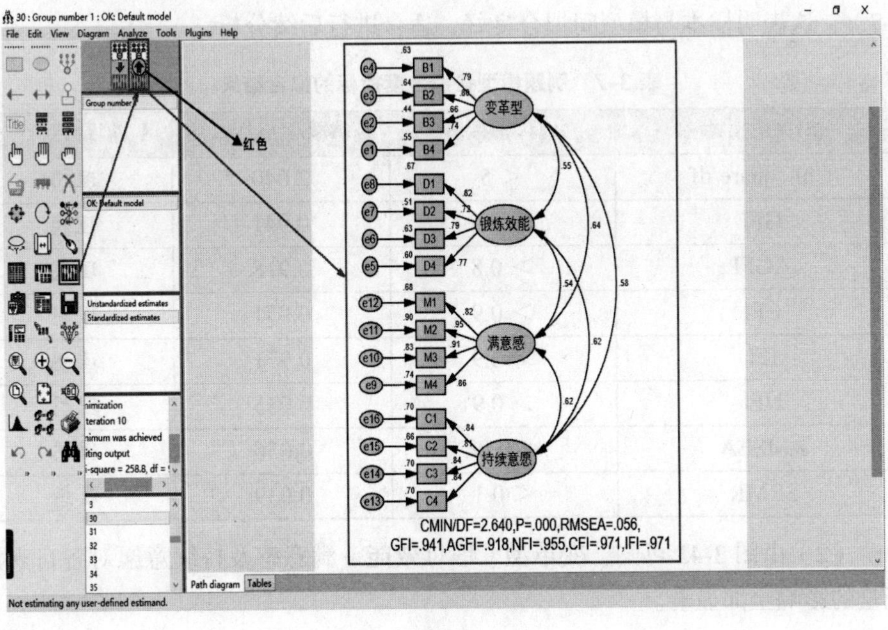

图 3-41

（4）单击统计分析结果图标按钮可见各报表，如图 3-42 所示。

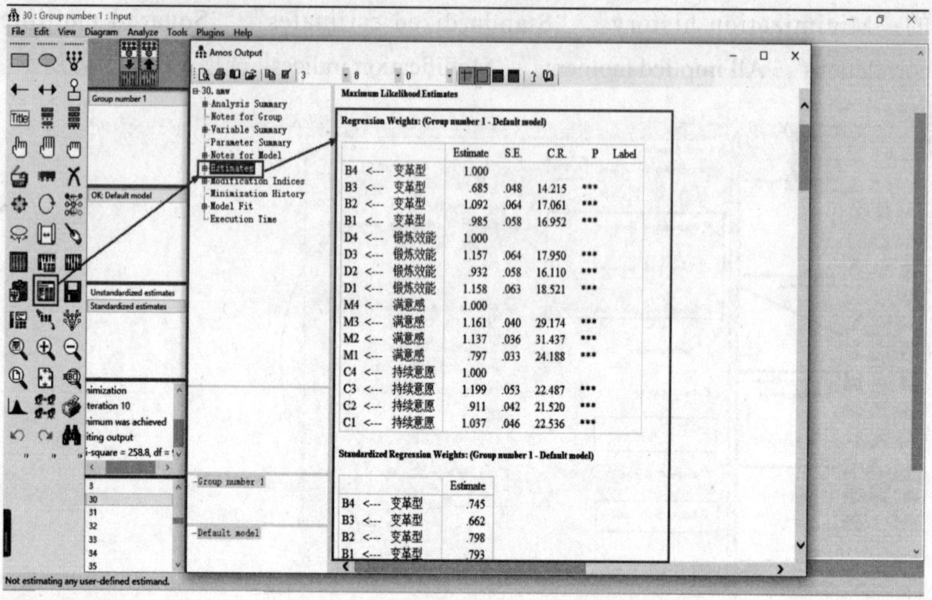

图 3-42

二、分析结果

（1）模型拟合度。本例题所使用测量模型各拟合度指标均符合标准要求（表 3-7），这表明样本与模型间拟合良好，适合进行后续分析。

表 3–7　例题模型各拟合度指标的拟合结果

拟合度指标	建议指标值	本模型指标值	拟合评价
Chi-square/df	＜5	2.640	理想
GFI	＞0.9	0.941	理想
AGFI	＞0.8	0.918	理想
CFI	＞0.9	0.971	理想
IFI	＞0.9	0.971	理想
NFI	＞0.9	0.955	理想
RMSEA	＜0.08	0.056	理想
SRMR	＜0.1	0.039	理想

（2）由图 3-43 可知，变革型、锻炼效能、满意感及持续意愿对各自观测变量的影响全部显著。

Regression Weights: (Group number 1 - Default model)

			Estimate	S.E.	C.R.	P	Label
B4	<---	变革型	1.000				
B3	<---	变革型	.685	.048	14.215	***	
B2	<---	变革型	1.092	.064	17.061	***	
B1	<---	变革型	.985	.058	16.952	***	
D4	<---	锻炼效能	1.000				
D3	<---	锻炼效能	1.157	.064	17.950	***	
D2	<---	锻炼效能	.932	.058	16.110	***	
D1	<---	锻炼效能	1.158	.063	18.521	***	
M4	<---	满意感	1.000				
M3	<---	满意感	1.161	.040	29.174	***	
M2	<---	满意感	1.137	.036	31.437	***	
M1	<---	满意感	.797	.033	24.188	***	
C4	<---	持续意愿	1.000				
C3	<---	持续意愿	1.199	.053	22.487	***	
C2	<---	持续意愿	.911	.042	21.520	***	
C1	<---	持续意愿	1.037	.046	22.536	***	

图 3-43

（3）由图 3-44 可知，变革型、锻炼效能、满意感及持续意愿的标准化因素负荷量均在 0.6 以上。

Standardized Regression Weights: (Group number 1 - Default model)

			Estimate
B4	<---	变革型	.745
B3	<---	变革型	.662
B2	<---	变革型	.798
B1	<---	变革型	.793
D4	<---	锻炼效能	.773
D3	<---	锻炼效能	.792
D2	<---	锻炼效能	.716
D1	<---	锻炼效能	.817
M4	<---	满意感	.859
M3	<---	满意感	.911
M2	<---	满意感	.947
M1	<---	满意感	.824
C4	<---	持续意愿	.836
C3	<---	持续意愿	.837
C2	<---	持续意愿	.811
C1	<---	持续意愿	.838

图 3-44

（4）由图 3-45 可知，变异数与误差皆为正值且显著。

Variances: (Group number 1 - Default model)

	Estimate	S.E.	C.R.	P	Label
变革型	.898	.096	9.321	***	
锻炼效能	1.553	.157	9.890	***	
满意感	1.586	.131	12.118	***	
持续意愿	.973	.086	11.373	***	
e1	.722	.056	12.833	***	
e2	.540	.038	14.068	***	
e3	.609	.053	11.462	***	
e4	.516	.044	11.644	***	
e5	1.048	.084	12.529	***	
e6	1.240	.103	12.050	***	
e7	1.286	.095	13.592	***	
e8	1.036	.092	11.248	***	
e9	.564	.041	13.621	***	
e10	.440	.038	11.602	***	
e11	.234	.028	8.396	***	
e12	.476	.033	14.255	***	
e13	.419	.034	12.179	***	
e14	.599	.049	12.160	***	
e15	.419	.033	12.856	***	
e16	.444	.037	12.120	***	

图 3-45

（5）由图 3-46 可知，所有观测变量的 SMC 值均大于 0.5。

Squared Multiple Correlations: (Group number 1 - Default model)

	Estimate
C1	.702
C2	.658
C3	.700
C4	.699
M1	.679
M2	.898
M3	.830
M4	.738
D1	.668
D2	.512
D3	.627
D4	.597
B1	.628
B2	.637
B3	.438
B4	.554

图 3-46

三、信度与收敛效度、区别效度分析

1. 信度与收敛效度分析

组成信度 CR= 标准化因素负荷量总和的平方 /（标准化因素负荷量总和的平方 + 测量误差的总和）。

平均变异数萃取量 AVE= 标准化因素负荷量平方后的总和 /（标准化因素负荷量平方后的总和 + 测量误差的总和）。

区别效度 = 将 AVE 的值开根号后，与各变量间的相关系数进行比较，若大于相关系数则表示该变量具有区别效度。

例题模型的信效度检验结果如表 3-8 所示。

表 3–8 例题模型的信效度检验结果

潜变量	观测变量	模型参数估计值					收敛效度		
		非标准化因素负荷量	S.E.	C.R.	P	标准化因素负荷量	SMC	CR	AVE
变革型	B4	1.000	—	—	—	0.745	0.555	0.838	0.565
	B3	0.685	0.048	14.215	***	0.662	0.438	—	—
	B2	1.092	0.064	17.061	***	0.798	0.637	—	—
	B1	0.985	0.058	16.952	***	0.793	0.629	—	—
锻炼效能	D4	1.000	—	—	—	0.773	0.598	0.857	0.601
	D3	1.157	0.064	17.950	***	0.792	0.627	—	—
	D2	0.932	0.058	16.110	***	0.716	0.513	—	—
	D1	1.158	0.063	18.521	***	0.817	0.667	—	—
满意感	M4	1.000	—	—	—	0.859	0.738	0.936	0.786
	M3	1.161	0.040	29.174	***	0.911	0.830	—	—
	M2	1.137	0.036	31.437	***	0.947	0.897	—	—
	M1	0.797	0.033	24.188	***	0.824	0.679	—	—
持续意愿	C4	1.000	—	—	—	0.836	0.699	0.899	0.690
	C3	1.199	0.053	22.487	***	0.837	0.701	—	—
	C2	0.911	0.042	21.520	***	0.811	0.658	—	—
	C1	1.037	0.046	22.536	***	0.838	0.702	—	—

2. 区别效度分析

区别效度分析步骤如下：

（1）单击结果分析图标按钮，选择“Estimates”选项下的“Implied（for all variables）Correlations”，复制变量间的相关系数，如图 3-47 所示。

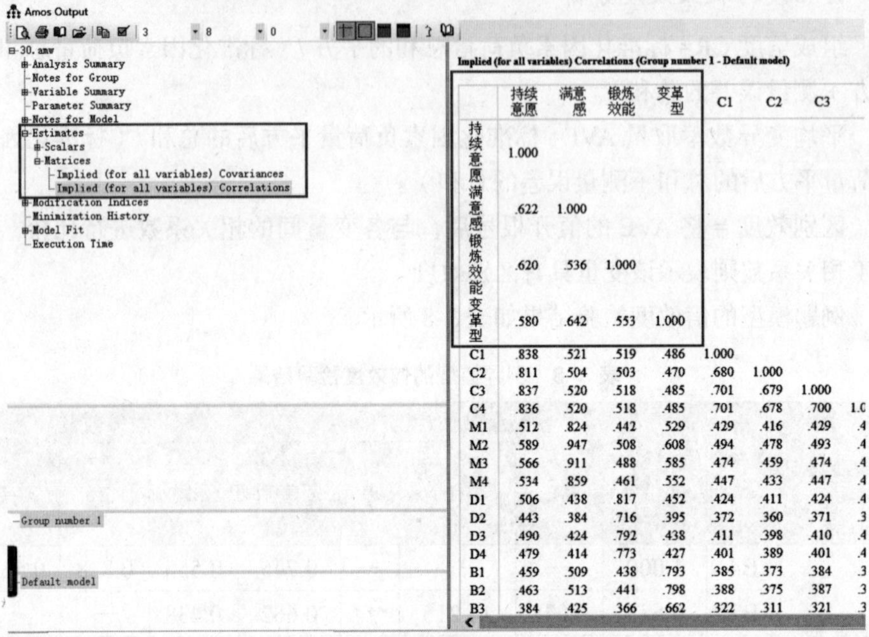

图 3-47

（2）将复制的相关系数粘贴至 Excel，并将 AVE 值开根号后在对角线位置输入，可以清晰地与相关系数值进行比对，如图 3-48 所示。

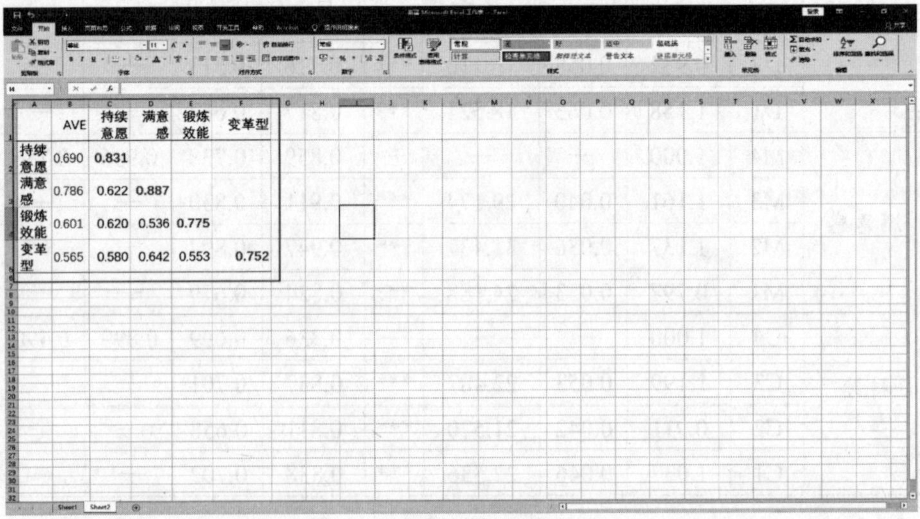

图 3-48

（3）区别效度报表，如表 3-9 所示。

表 3–9　例题模型的区别效度报表

变量	AVE	持续意愿	满意感	锻炼效能	变革型
持续意愿	0.690	**0.831**	—	—	—
满意感	0.786	0.622	**0.887**	—	—
锻炼效能	0.601	0.620	0.536	**0.775**	—
变革型	0.565	0.580	0.642	0.553	**0.752**

注：对角线粗体数字为 AVE 开根号值，对角线下方的下三角区域数字为变量之皮尔森相关值。

四、结果解读

变革型的 CR 值为 0.838，表明各观测变量间具有良好的一致性；AVE 值为 0.565，表明具有收敛效度；区别效度值为 0.752，明显高于与其他变量间的相关系数，表明具有区别效度。锻炼效能的 CR 值为 0.857，表明各观测变量间具有良好的一致性；AVE 值为 0.601，表明具有收敛效度；区别效度值为 0.775，明显高于与其他变量间的相关系数，表明具有区别效度。满意感的 CR 值为 0.936，表明各观测变量间具有良好的一致性；AVE 值为 0.786，表明具有收敛效度；区别效度值为 0.887，明显高于与其他变量间的相关系数，表明具有区别效度。持续意愿的 CR 值为 0.899，表明各观测变量间具有良好的一致性；AVE 值为 0.690，表明具有收敛效度；区别效度值为 0.831，明显高于与其他变量间的相关系数，表明具有区别效度。

第五节　一因多果的结构模型分析

本节以体育教师的变革型领导行为（对应图 3-49 中的“变革型”）为自变量，大学生锻炼自我效能感、体育课满意感及持续体育锻炼意愿（分别对应图 3-49 中的“锻炼效能”“满意感”“持续意愿”）为因变量，探讨其因果关系。

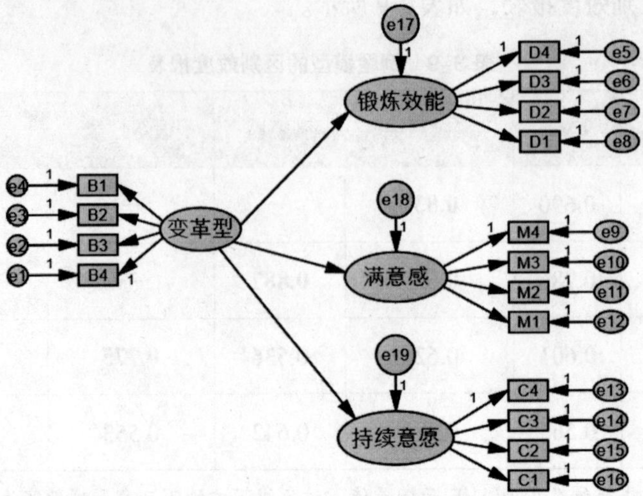

图 3-49

一、具体分析步骤

（1）为了使绘图更加便捷直观，首先将绘图区的形状由纵向改为横向显示。单击菜单栏的“View”，选择“Interface Properties”选项，如图 3-50 所示。

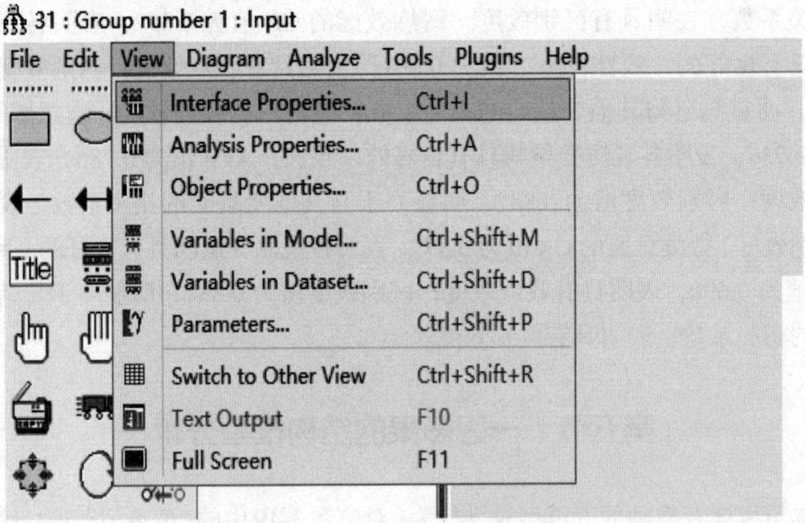

图 3-50

（2）选择“Page Layout”标签页，在“Paper Size”下选择 A4，如图 3-51 所示。

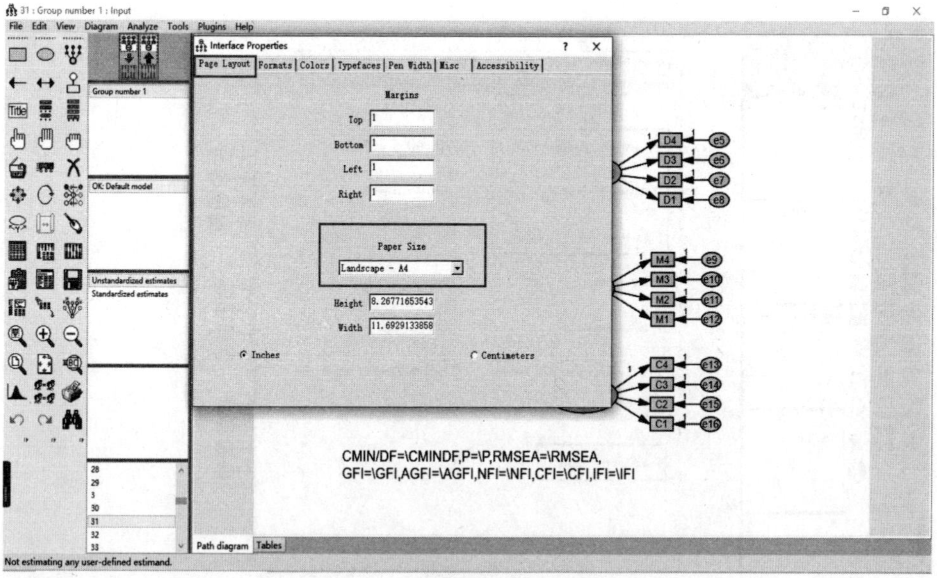

图 3-51

（3）由自变量向多个因变量设置单箭头，同时绘制残差项，如图 3-52 所示。

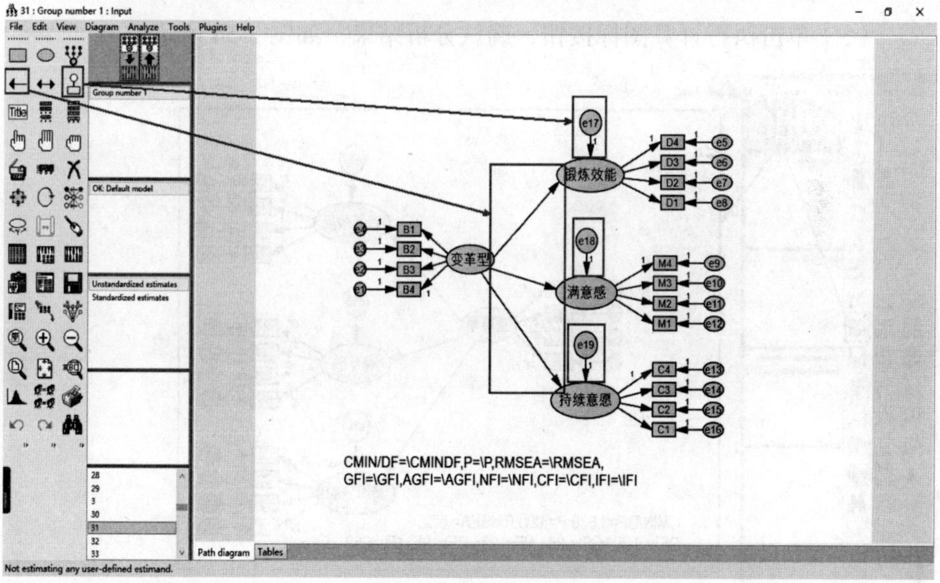

图 3-52

（4）单击分析属性图标按钮，选择并打开“Output”标签页，分别将“Minimization history”“Standardized estimates”“Squared multiple correlations”“Modification indices”选中，如图 3-53 所示。

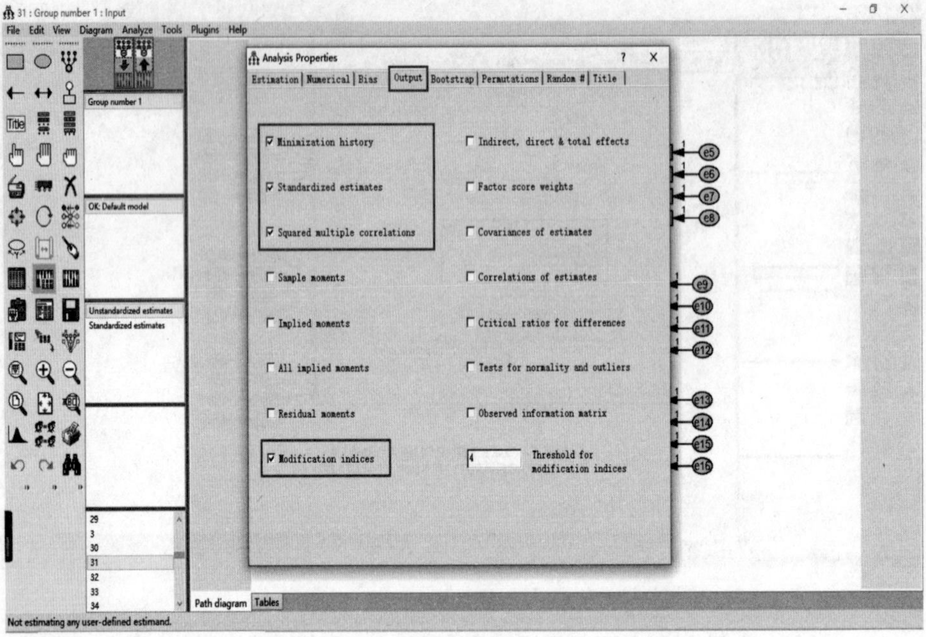

图 3-53

（5）单击执行计算图标按钮，确认分析结果，如图 3-54 所示。

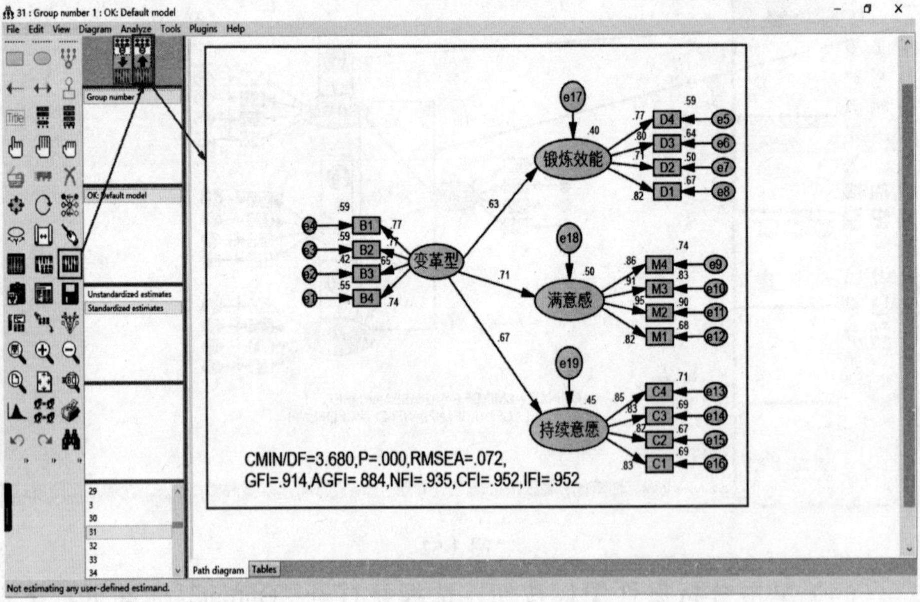

图 3-54

二、分析结果

（1）模型拟合度。本例题所使用模型各拟合度指标均符合标准要求（表3-10），这表明样本与模型间拟合良好，适合进行后续分析。

表 3–10 例题模型各拟合度指标的拟合结果

拟合度指标	建议指标值	本模型指标值	拟合评价
Chi-square/df	＜5	3.680	接近
GFI	＞0.9	0.914	理想
AGFI	＞0.8	0.884	接近
CFI	＞0.9	0.952	理想
IFI	＞0.9	0.952	理想
NFI	＞0.9	0.935	理想
RMSEA	＜0.08	0.072	理想
SRMR	＜0.1	0.076	理想

（2）由图3-55可知，变革型对锻炼效能、满意感及持续意愿的影响均显著，且各变量对各自的观测变量的影响也均显著。

Regression Weights: (Group number 1 - Default model)

			Estimate	S.E.	C.R.	P	Label
锻炼效能	<---	变革型	.835	.073	11.477	***	
满意感	<---	变革型	.950	.068	13.927	***	
持续意愿	<---	变革型	.709	.055	12.859	***	
B4	<---	变革型	1.000				
B3	<---	变革型	.674	.048	13.921	***	
B2	<---	变革型	1.063	.064	16.611	***	
B1	<---	变革型	.961	.058	16.522	***	
D4	<---	锻炼效能	1.000				
D3	<---	锻炼效能	1.168	.065	17.941	***	
D2	<---	锻炼效能	.926	.058	15.860	***	
D1	<---	锻炼效能	1.162	.063	18.387	***	
M4	<---	满意感	1.000				
M3	<---	满意感	1.157	.040	29.204	***	
M2	<---	满意感	1.134	.036	31.560	***	
M1	<---	满意感	.796	.033	24.275	***	
C4	<---	持续意愿	1.000				
C3	<---	持续意愿	1.176	.052	22.436	***	
C2	<---	持续意愿	.906	.041	21.894	***	
C1	<---	持续意愿	1.019	.045	22.536	***	

图 3-55

（3）由图 3-56 可知，所有观测变量的标准化因素负荷均在 0.6 以上。

Standardized Regression Weights: (Group number 1 - Default model)

			Estimate
锻炼效能	<---	变革型	.631
满意感	<---	变革型	.707
持续意愿	<---	变革型	.668
B4	<---	变革型	.738
B3	<---	变革型	.646
B2	<---	变革型	.771
B1	<---	变革型	.767
D4	<---	锻炼效能	.771
D3	<---	锻炼效能	.797
D2	<---	锻炼效能	.709
D1	<---	锻炼效能	.819
M4	<---	满意感	.861
M3	<---	满意感	.909
M2	<---	满意感	.947
M1	<---	满意感	.825
C4	<---	持续意愿	.845
C3	<---	持续意愿	.830
C2	<---	持续意愿	.816
C1	<---	持续意愿	.832

图 3-56

（4）由图 3-57 可知，变异数与误差皆为正值且显著。

Variances: (Group number 1 - Default model)

	Estimate	S.E.	C.R.	P	Label
变革型	.883	.095	9.283	***	
e17	.931	.104	8.967	***	
e18	.796	.075	10.672	***	
e19	.550	.054	10.183	***	
e1	.737	.056	13.236	***	
e2	.560	.039	14.388	***	
e3	.681	.054	12.597	***	
e4	.572	.045	12.691	***	
e5	1.055	.085	12.460	***	
e6	1.210	.103	11.754	***	
e7	1.310	.096	13.613	***	
e8	1.029	.093	11.048	***	
e9	.557	.041	13.545	***	
e10	.446	.038	11.622	***	
e11	.234	.028	8.318	***	
e12	.475	.033	14.227	***	
e13	.398	.034	11.717	***	
e14	.622	.051	12.232	***	
e15	.410	.032	12.622	***	
e16	.458	.038	12.153	***	

图 3-57

（5）由图 3-58 可知，变革型对锻炼效能的 SMC 值为 0.4、对满意感的 SMC 值为 0.5、对持续意愿的 SMC 值为 0.45。（0.19 为小、0.33 为中、0.67 为大）

Squared Multiple Correlations: (Group number 1 - Default model)

	Estimate
持续意愿	.446
满意感	.500
锻炼效能	.398
C1	.693
C2	.666
C3	.688
C4	.714
M1	.680
M2	.897
M3	.827
M4	.741
D1	.670
D2	.503
D3	.636
D4	.595
B1	.588
B2	.594
B3	.418
B4	.545

图 3-58

三、报表制作

最终报表如表 3-11 所示。

表 3–11　例题模型的路径关系检验结果

研究假设	路径关系	Unstd	S.E	C.R.	P	Std	假设结果
H1	变革型→持续意愿	0.709	0.055	12.859	***	0.668	支持
H2	变革型→锻炼效能	0.835	0.073	11.477	***	0.631	支持
H3	变革型→满意感	0.950	0.068	13.927	***	0.707	支持

四、结果解读

变革型对持续意愿影响的标准化系数为 0.668，P 值小于 0.001，假设 H1 成立。变革型对锻炼效能影响的标准化系数为 0.631，P 值小于 0.001，假设 H2 成立。变革型对满意感影响的标准化系数为 0.707，P 值小于 0.001，假设 H3 成立。

第六节　多因一果的结构模型分析

本节以体育教师变革型领导行为（对应图 3-59 中的“变革型”）、大学生锻炼自我效能感及体育课满意感（分别对应图 3-59 中的“锻炼效能”和“满意感”）为自变量，大学生持续体育锻炼意愿（对应图 3-59 中的“持续意愿”）为因变量，探讨其因果关系。

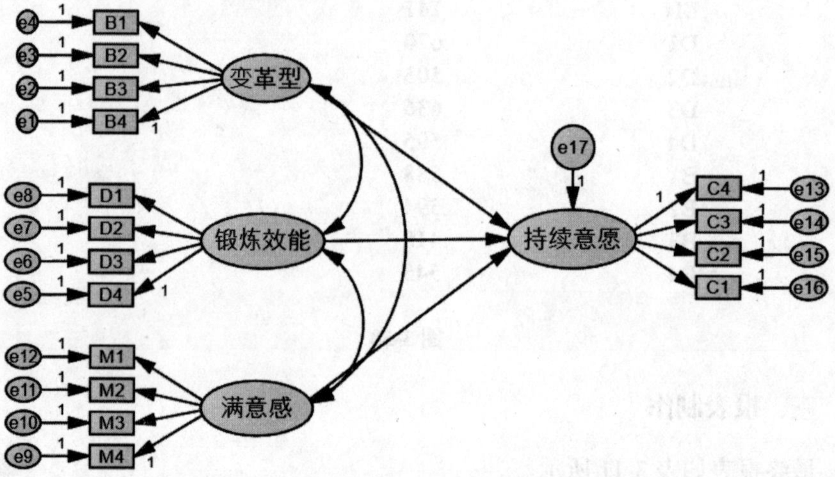

图 3-59

在分析结构模型前，首先要针对测量模型进行检验，以此证明问卷的信效度。由于多因一果与一果多因的测量模型检验程序完全一致，故不做重复介绍。

一、具体分析步骤

（1）绘制潜变量与观测变量，并将数据导入。然后在自变量间设置相关箭头，另外在因变量上设置误差项，如图 3-60 所示。

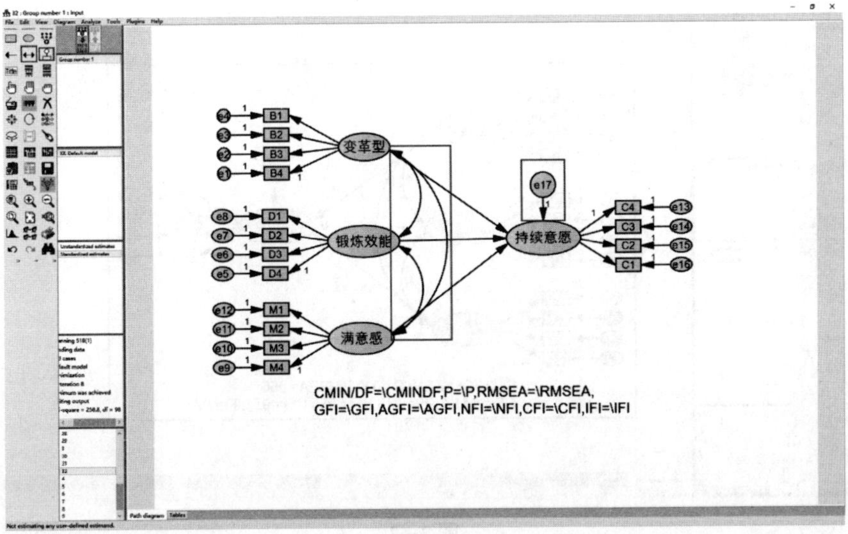

图 3-60

（2）单击分析属性图标按钮，选择并打开“Output”标签页分别将“Minimization history”“Standardized estimates”“Squared multiple correlations”“Modification indices”选中，如图 3-61 所示。

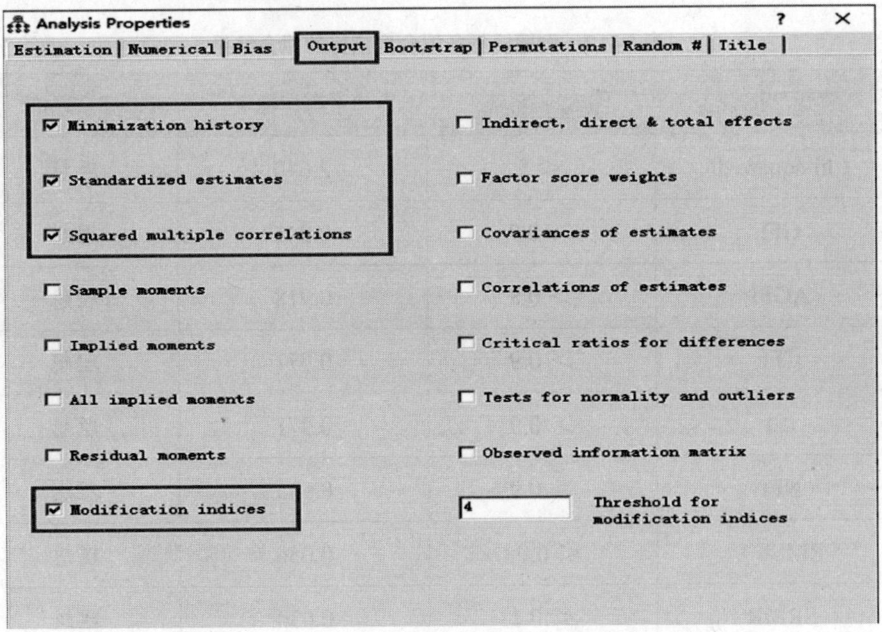

图 3-61

（3）单击执行计算图标按钮，确认分析结果，如图 3-62 所示。

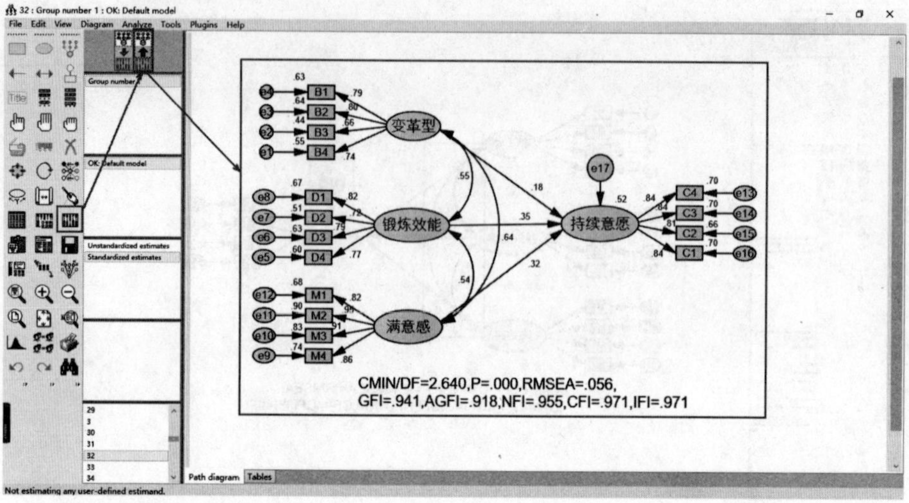

图 3-62

二、分析结果

（1）模型拟合度。本例题所使用结构模型各拟合度指标均符合标准要求（表 3-12），这表明样本与模型间拟合良好，适合进行后续分析。

表 3-12　例题模型各拟合度指标的拟合结果

适配度指标	建议指标值	本模型指标值	拟合评价
Chi-square/df	＜5	2.640	理想
GFI	＞0.9	0.941	理想
AGFI	＞0.8	0.918	理想
CFI	＞0.9	0.971	理想
IFI	＞0.9	0.971	理想
NFI	＞0.9	0.955	理想
RMSEA	＜0.08	0.056	理想
SRMR	＜0.1	0.034	理想

（2）由图 3-63 可知，变革型、锻炼效能、满意感对持续意愿的影响均显著，且各变量对各自的观测变量的影响也均显著。

Regression Weights: (Group number 1 - Default model)

			Estimate	S.E.	C.R.	P	Label
持续意愿	<---	变革型	.191	.060	3.202	.001	
持续意愿	<---	锻炼效能	.276	.041	6.695	***	
持续意愿	<---	满意感	.248	.042	5.961	***	
B4	<---	变革型	1.000				
B3	<---	变革型	.685	.048	14.215	***	
B2	<---	变革型	1.092	.064	17.061	***	
B1	<---	变革型	.985	.058	16.952	***	
D4	<---	锻炼效能	1.000				
D3	<---	锻炼效能	1.157	.064	17.950	***	
D2	<---	锻炼效能	.932	.058	16.110	***	
D1	<---	锻炼效能	1.158	.063	18.521	***	
M4	<---	满意感	1.000				
M3	<---	满意感	1.161	.040	29.174	***	
M2	<---	满意感	1.137	.036	31.437	***	
M1	<---	满意感	.797	.033	24.188	***	
C4	<---	持续意愿	1.000				
C3	<---	持续意愿	1.199	.053	22.487	***	
C2	<---	持续意愿	.911	.042	21.520	***	
C1	<---	持续意愿	1.037	.046	22.536	***	

图 3-63

（3）由图 3-64 可知，所有观测变量的标准化因素负荷均在 0.6 以上。

Standardized Regression Weights: (Group number 1 - Default model)

			Estimate
持续意愿	<---	变革型	.183
持续意愿	<---	锻炼效能	.348
持续意愿	<---	满意感	.317
B4	<---	变革型	.745
B3	<---	变革型	.662
B2	<---	变革型	.798
B1	<---	变革型	.793
D4	<---	锻炼效能	.773
D3	<---	锻炼效能	.792
D2	<---	锻炼效能	.716
D1	<---	锻炼效能	.817
M4	<---	满意感	.859
M3	<---	满意感	.911
M2	<---	满意感	.947
M1	<---	满意感	.824
C4	<---	持续意愿	.836
C3	<---	持续意愿	.837
C2	<---	持续意愿	.811
C1	<---	持续意愿	.838

图 3-64

（4）由图 3-65 可知，变异数与误差皆为正值且显著。

Variances: (Group number 1 - Default model)

	Estimate	S.E.	C.R.	P	Label
变革型	.898	.096	9.321	***	
锻炼效能	1.553	.157	9.890	***	
满意感	1.586	.131	12.118	***	
e17	.468	.046	10.250	***	
e1	.722	.056	12.833	***	
e2	.540	.038	14.068	***	
e3	.609	.053	11.462	***	
e4	.516	.044	11.644	***	
e5	1.048	.084	12.529	***	
e6	1.240	.103	12.050	***	
e7	1.286	.095	13.592	***	
e8	1.036	.092	11.248	***	
e9	.564	.041	13.621	***	
e10	.440	.038	11.602	***	
e11	.234	.028	8.396	***	
e12	.476	.033	14.255	***	
e13	.419	.034	12.179	***	
e14	.599	.049	12.160	***	
e15	.419	.033	12.856	***	
e16	.444	.037	12.120	***	

图 3-65

（5）由图 3-66 可知，变革型、锻炼效能、满意感对持续意愿的 SMC 值为 0.52。（0.19 为小、0.33 为中、0.67 为大）

Squared Multiple Correlations: (Group number 1 - Default model)

	Estimate
持续意愿	.519
C1	.702
C2	.658
C3	.700
C4	.699
M1	.679
M2	.898
M3	.830
M4	.738
D1	.668
D2	.512
D3	.627
D4	.597
B1	.628
B2	.637
B3	.438
B4	.554

图 3-66

三、报表制作

最终报表如表 3-13 所示。

表 3–13　例题模型的路径关系检验结果

研究假设	路径关系	Unstd	S.E.	C.R.	P	Std	假设结果
H1	变革型→持续意愿	0.191	0.060	3.202	0.001	0.183	支持
H2	锻炼效能→持续意愿	0.276	0.041	6.695	***	0.348	支持
H3	满意感→持续意愿	0.248	0.042	5.961	***	0.317	支持

四、结果解读

变革型对持续意愿影响的标准化系数为0.183，P值小于0.01，假设H1成立。锻炼效能对持续意愿影响的标准化系数为 0.348，P 值小于 0.001，假设 H2 成立。满意感对持续意愿影响的标准化系数为 0.317，P 值小于 0.001，假设 H3 成立。

第七节　多因多果的结构模型分析

本节以体育教师变革型领导行为（对应图 3-67 中的“变革型”）和大学生锻炼自我效能感（对应图 3-67 中的“锻炼效能”）为自变量，以大学生体育课满意感和持续体育锻炼意愿（分别对应图 3-67 中的“满意感”和“持续意愿”）为因变量，探讨其因果关系为例。

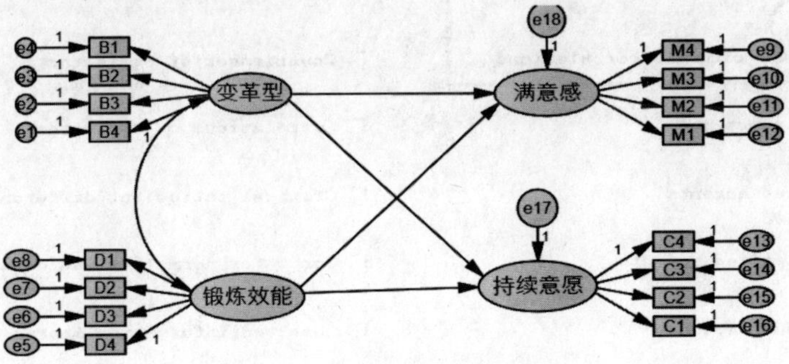

图 3-67

测量模型参照一果多因的测量模型检验程序。

一、具体分析步骤

（1）绘制潜变量与观测变量，并将数据导入。然后在自变量间设置相关箭头，同时绘制单箭头指向因变量。另外在因变量上分别设置残差项，如图 3-68 所示。

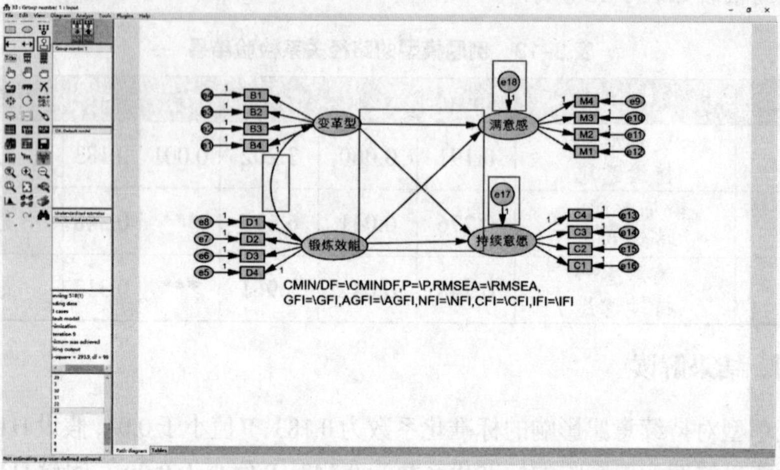

图 3-68

（2）单击分析属性图标按钮，选择并打开“Output”标签页，分别将“Minimization history”“Standardized estimates”“Squared multiple correlations”“Modification indices”选中，如图 3-69 所示。

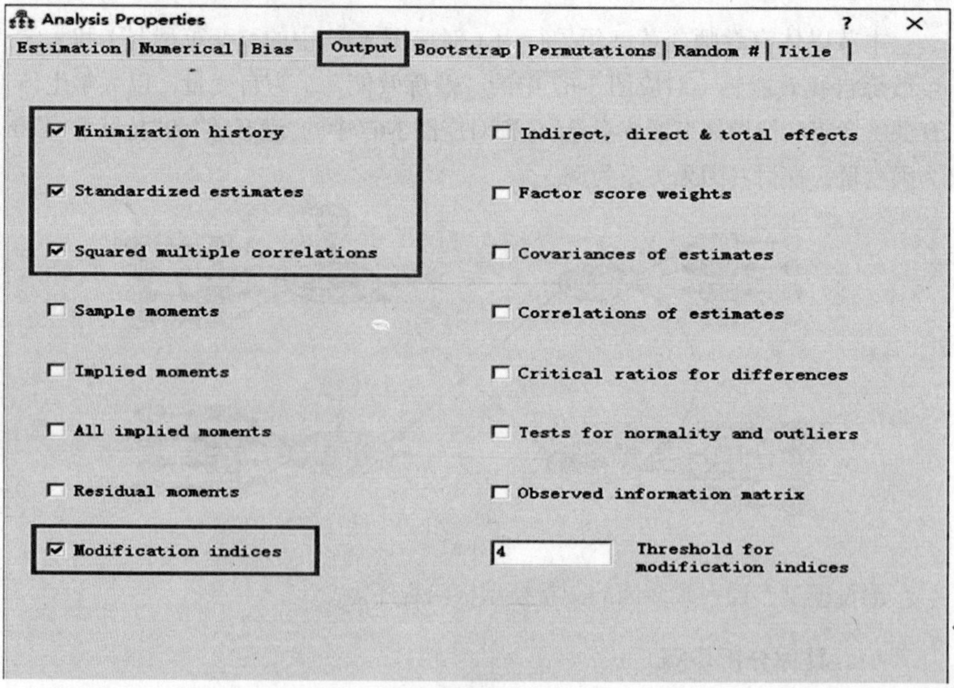

图 3-69

（3）单击执行计算图标按钮，确认分析结果如图 3-70 所示。

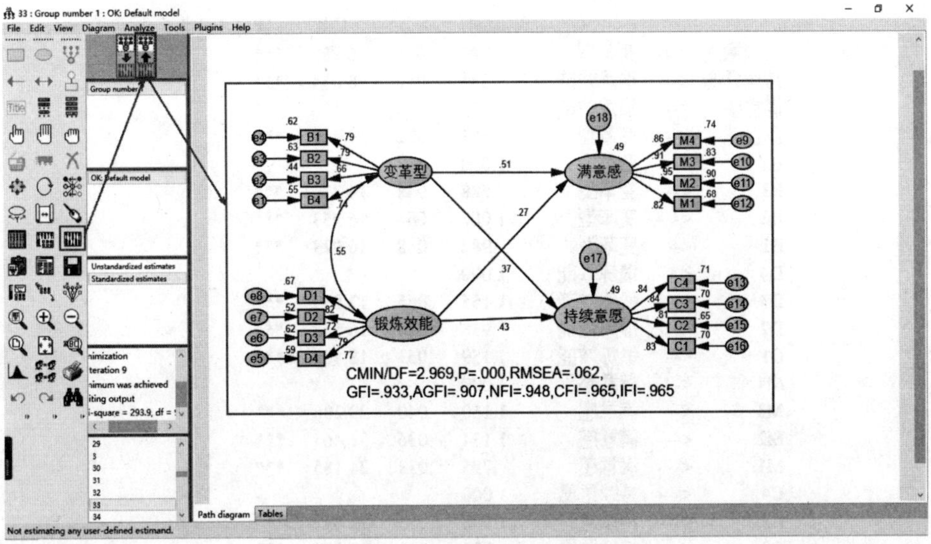

图 3-70

二、分析结果

（1）模型拟合度。本例题所使用模型各拟合度指标均符合标准要求（表 3-14），这表明样本与模型间拟合良好，适合进行后续分析。

表 3-14　例题模型各拟合度指标的拟合结果

拟合度指标	建议指标值	本模型指标值	拟合评价
Chi-square/df	＜5	2.969	理想
GFI	＞0.9	0.933	理想
AGFI	＞0.8	0.907	理想
CFI	＞0.9	0.965	理想
IFI	＞0.9	0.965	理想
NFI	＞0.9	0.948	理想
RMSEA	＜0.08	0.062	理想
SRMR	＜0.1	0.053	理想

（2）由图 3-71 可知，变革型和锻炼效能对满意感及持续意愿的影响均显著，且各变量对各自的观测变量的影响也均显著。

Regression Weights: (Group number 1 - Default model)

			Estimate	S.E.	C.R.	P	Label
持续意愿	<---	变革型	.387	.055	6.988	***	
持续意愿	<---	锻炼效能	.341	.042	8.034	***	
满意感	<---	锻炼效能	.275	.050	5.496	***	
满意感	<---	变革型	.681	.072	9.449	***	
B4	<---	变革型	1.000				
B3	<---	变革型	.688	.048	14.279	***	
B2	<---	变革型	1.082	.064	16.953	***	
B1	<---	变革型	.982	.058	16.923	***	
D4	<---	锻炼效能	1.000				
D3	<---	锻炼效能	1.155	.065	17.833	***	
D2	<---	锻炼效能	.938	.058	16.148	***	
D1	<---	锻炼效能	1.159	.063	18.462	***	
M4	<---	满意感	1.000				
M3	<---	满意感	1.160	.040	29.286	***	
M2	<---	满意感	1.134	.036	31.463	***	
M1	<---	满意感	.795	.033	24.185	***	
C4	<---	持续意愿	1.000				
C3	<---	持续意愿	1.196	.053	22.642	***	
C2	<---	持续意愿	.904	.042	21.510	***	
C1	<---	持续意愿	1.029	.046	22.498	***	

图 3-71

（3）由图 3-72 可知，所有观测变量的标准化因素负荷均在 0.6 以上。

Standardized Regression Weights: (Group number 1 - Default model)

			Estimate
持续意愿	<---	变革型	.370
持续意愿	<---	锻炼效能	.428
满意感	<---	锻炼效能	.272
满意感	<---	变革型	.511
B4	<---	变革型	.744
B3	<---	变革型	.664
B2	<---	变革型	.791
B1	<---	变革型	.789
D4	<---	锻炼效能	.771
D3	<---	锻炼效能	.788
D2	<---	锻炼效能	.718
D1	<---	锻炼效能	.816
M4	<---	满意感	.860
M3	<---	满意感	.911
M2	<---	满意感	.947
M1	<---	满意感	.823
C4	<---	持续意愿	.840
C3	<---	持续意愿	.838
C2	<---	持续意愿	.809
C1	<---	持续意愿	.835

图 3-72

（4）由图 3-73 可知，变异数与误差皆为正值且显著。

Variances: (Group number 1 - Default model)

	Estimate	S.E.	C.R.	P	Label
变革型	.897	.096	9.323	***	
锻炼效能	1.545	.157	9.860	***	
e17	.496	.049	10.166	***	
e18	.814	.074	11.034	***	
e1	.724	.056	12.904	***	
e2	.537	.038	14.078	***	
e3	.629	.053	11.779	***	
e4	.523	.044	11.824	***	
e5	1.056	.084	12.607	***	
e6	1.259	.103	12.188	***	
e7	1.277	.094	13.576	***	
e8	1.043	.092	11.343	***	
e9	.559	.041	13.565	***	
e10	.437	.038	11.510	***	
e11	.237	.028	8.422	***	
e12	.478	.034	14.247	***	
e13	.410	.034	11.995	***	
e14	.593	.049	12.041	***	
e15	.423	.033	12.861	***	
e16	.452	.037	12.161	***	

图 3-73

（5）由图 3-74 可知，变革型和锻炼效能对满意感的 SMC 值为 0.49；变革型和锻炼效能对持续意愿的 SMC 值为 0.50。（0.19 为小、0.33 为中、0.67 为大）

Squared Multiple Correlations: (Group number 1 - Default model)

	Estimate
持续意愿	.495
满意感	.489
C1	.697
C2	.655
C3	.703
C4	.705
M1	.678
M2	.896
M3	.831
M4	.740
D1	.666
D2	.516
D3	.621
D4	.594
B1	.623
B2	.625
B3	.441
B4	.553

图 3-74

三、报表制作

最终报表如表 3-15 所示。

表 3-15　例题模型的路径关系检验结果

研究假设	路径关系	Unstd	S.E.	C.R.	P	Std	假设结果
H1	变革型→持续意愿	0.387	0.055	6.988	***	0.370	支持
H2	变革型→满意感	0.681	0.072	9.449	***	0.511	支持
H3	锻炼效能→满意感	0.275	0.050	5.496	***	0.272	支持
H4	锻炼效能→持续意愿	0.341	0.042	8.034	***	0.428	支持

四、结果解读

变革型对持续意愿影响的标准化系数为 0.370，P 值小于 0.001，假设 H1 成立。变革型对满意感影响的标准化系数为 0.511，P 值小于 0.001，假设 H2 成立。锻炼效能对满意感影响的标准化系数为 0.272，P 值小于 0.001，假设 H3 成立。锻炼效能对持续意愿影响的标准化系数为 0.428，*P* 值小于 0.001，假设 H4 成立。

第八节　观测变量的回归分析

作为第二代统计学软件的 AMOS，不仅可以分析潜变量间的相关关系及因果关系，同时还具备分析观察变量间因果关系的功能。相对于第一代的 SPSS 统计分析软件，AMOS 还能够将变量的误差项估算在内，从而保证了研究的准确性。另外，AMOS 还能将各种复杂的结构模型的分析一次性完成，大大减少了 I 型错误发生的概率。

本节下面以体育教师变革型领导行为、大学生锻炼自我效能感及大学生体育课满意感（分别对应图 3-75 中的“变革型”“锻炼自我效能”“满意感”）为自变量，大学生持续体育锻炼意愿（对应图 3-75 中的“持续意愿”）为因变量，探讨其因果关系。此例题的 4 个变量均为潜变量，故首先需要在 SPSS 内进行计算，将潜变量转化为观测变量，并验证各维度的信效度。（本书主要介绍 AMOS 常用功能）

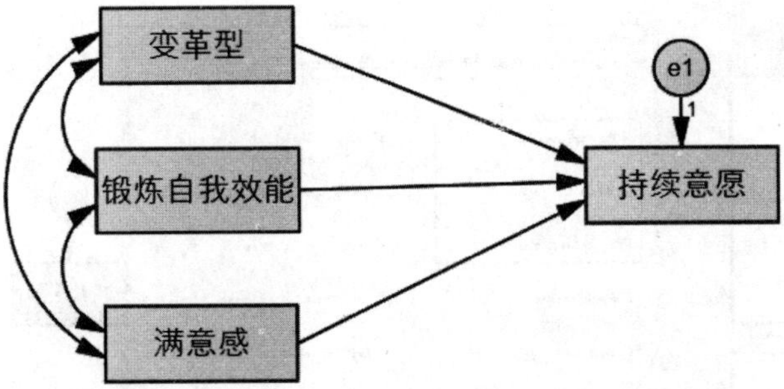

图 3-75

一、具体分析步骤

（1）绘制矩形的自变量和因变量并将转化后的观测变量数据录入，在自变量间绘制相关箭头，在因变量上绘制误差项，并由自变量指向因变量设置单箭头，如图 3-76 所示。

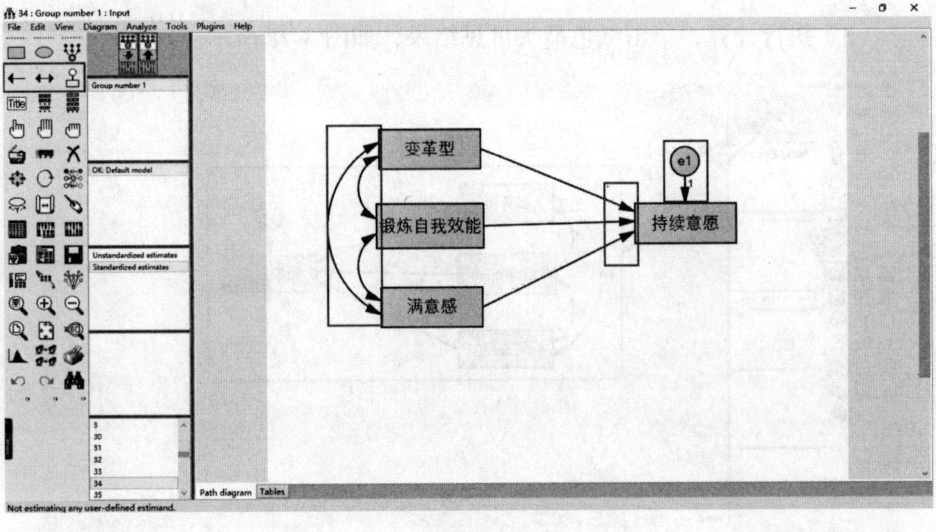

图 3-76

（2）单击分析属性设置图标按钮，选择并打开“Output”标签页下的“Minimization history”“Standardized estimates”“Squared multiple correlations”3 个选项，如图 3-77 所示。

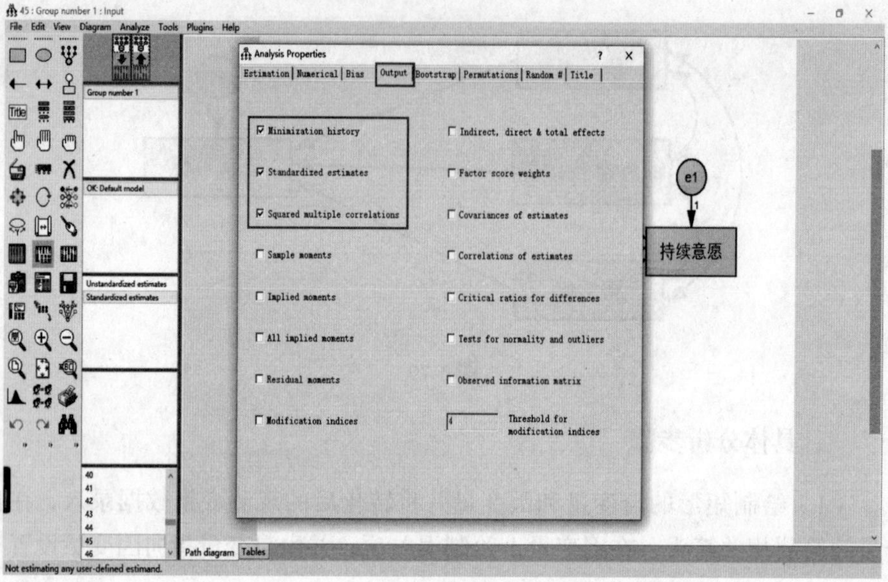

图 3-77

（3）执行计算，单击红色箭头可见结果，如图 3-78 所示。

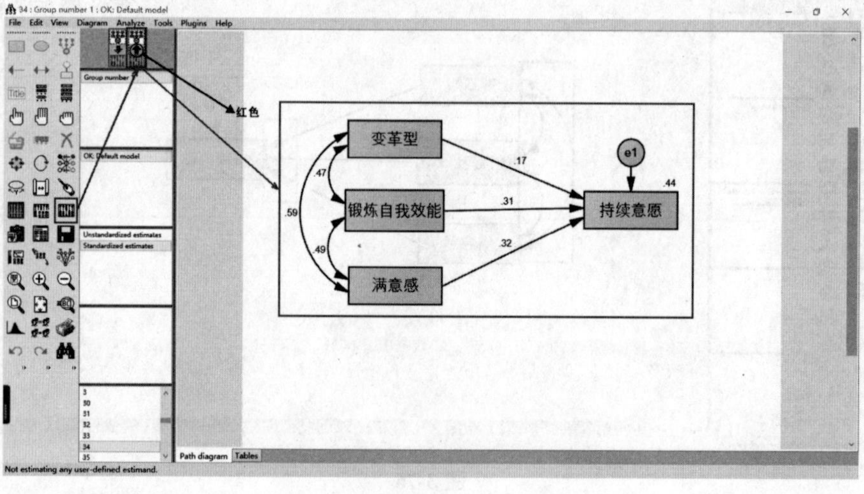

图 3-78

二、分析结果

（1）模型拟合度。由于此例题维度不属于潜变量，故不需要进行模型拟合度指标的判定。

（2）由图 3-79 可知，变革型、锻炼自我效能、满意感对持续意愿的影响均显著。

Regression Weights: (Group number 1 - Default model)

	Estimate	S.E.	C.R.	P	Label
持续意愿 <--- 变革型	.188	.047	4.019	***	
持续意愿 <--- 锻炼自我效能	.237	.029	8.061	***	
持续意愿 <--- 满意感	.261	.035	7.547	***	

图 3-79

（3）由图 3-80 可知，变革型、锻炼自我效能、满意感对持续意愿影响的标准化系数分别为 0.169、0.313、0.322。

Standardized Regression Weights: (Group number 1 - Default model)

	Estimate
持续意愿 <--- 变革型	.169
持续意愿 <--- 锻炼自我效能	.313
持续意愿 <--- 满意感	.322

图 3-80

（4）由图 3-81 可知，变革型、锻炼自我效能、满意感对持续意愿的 SMC 值为 0.443。

Squared Multiple Correlations: (Group number 1 - Default model)

	Estimate
持续意愿	.443

图 3-81

三、报表制作

最终报表如表 3-16 所示。

表 3–16　例题模型的回归路径检验结果

研究假设	回归路径	Unstd	S.E.	C.R.	P	Std	假设结果
H1	变革型→持续意愿	0.188	0.047	4.019	***	0.169	支持
H2	锻炼自我效能→持续意愿	0.237	0.029	8.061	***	0.313	支持
H3	满意感→持续意愿	0.261	0.035	7.547	***	0.322	支持

四、结果解读

变革型对持续意愿影响的标准化系数为 0.169，P 值小于 0.001，假设 H1 成立。锻炼自我效能对持续意愿影响的标准化系数为 0.313，P 值小于 0.001，假设 H2 成立。满意感对持续意愿影响的标准化系数为 0.322，P 值小于 0.001，假设 H3 成立。

第九节　潜变量与观测变量混合结构模型分析

AMOS 既然可以分别处理潜变量和观测变量，当然它也可以分析二者的混合结构模型。有时候，研究架构内的变量并不一定都是潜变量，有可能会混杂着一些观测指标，如对运动员感知的教练员领导行为会不会影响其竞技能力或运动成绩的研究，这里运动成绩便不是一个潜变量，而是一个可以观测的变量。此时，我们同样可以采用 AMOS 结构方程模型对其展开分析。

本节下面以体育教师变革型领导行为（对应图 3-82 中的“变革型”）、大学生锻炼自我效能感及体育课满意感（分别对应图 3-82 中的“锻炼效能”和“满意感”）为自变量，大学生持续体育锻炼意愿（对应图 3-82 中的“持续意愿”）为因变量（此处为了方便进行介绍，我们将持续体育锻炼意愿提前转化为观测变量形式），对其因果关系展开研究。

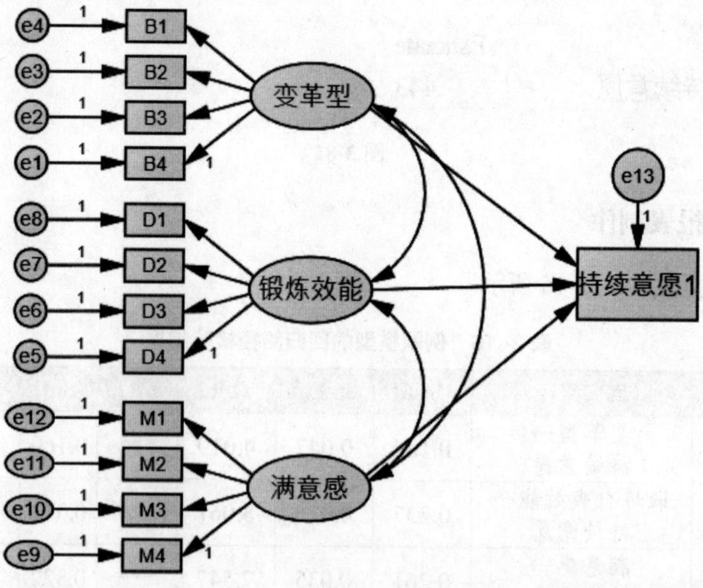

图 3-82

一、具体分析步骤

（1）测量模型信效度检验可参照一因多果结构模型。但唯一的不同点在于，首先需将持续体育锻炼意愿转化为观测变量后，纳入测量模型的信效度检验，如图 3-83 所示。

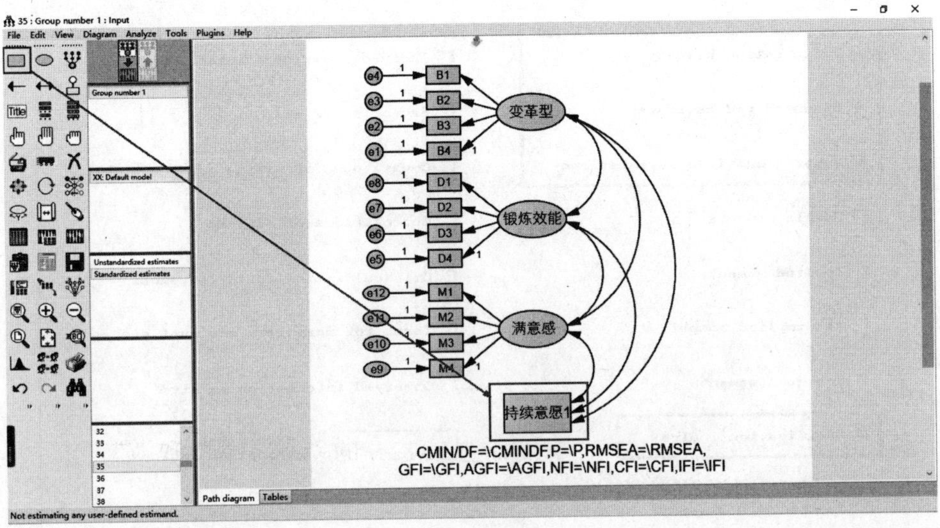

图 3-83

（2）绘制潜变量与观测变量，并将数据导入。然后在自变量间设置相关箭头，另外需要在因变量上设置误差项，如图 3-84 所示。

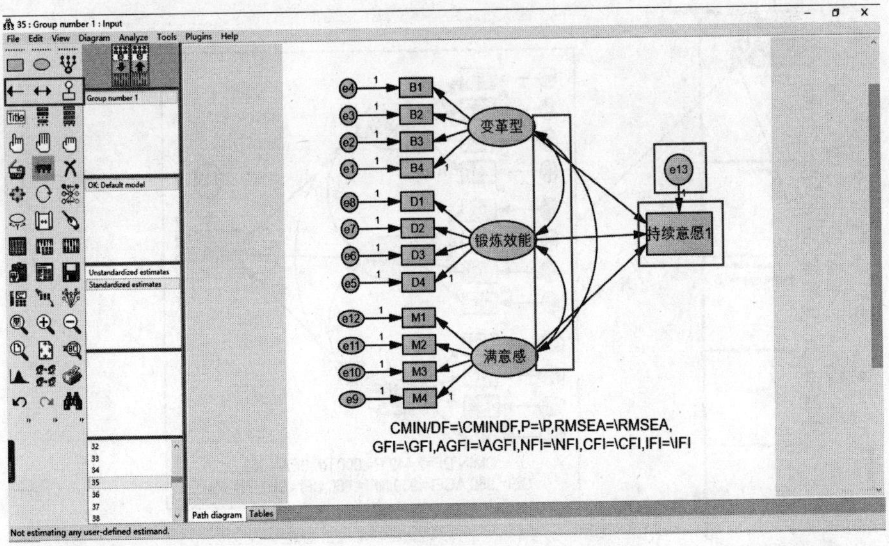

图 3-84

（3）单击分析属性图标按钮，选择并打开“Output”标签页，分别将“Minimization history”“Standardized estimates”“Squared multiple correlations”“Modification indices”选中，如图 3-85 所示。

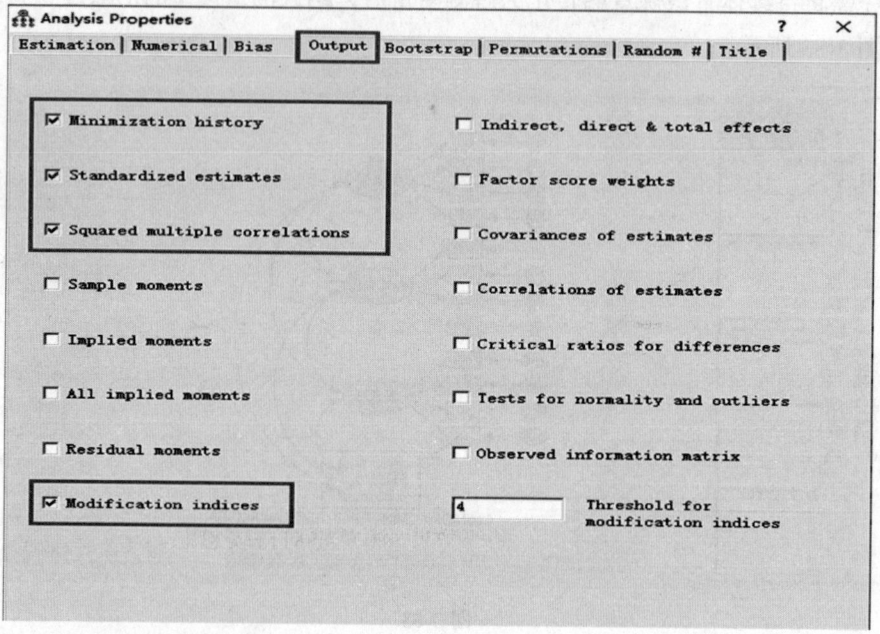

图 3-85

（4）单击执行计算图标按钮，确认分析结果，如图 3-86 所示。

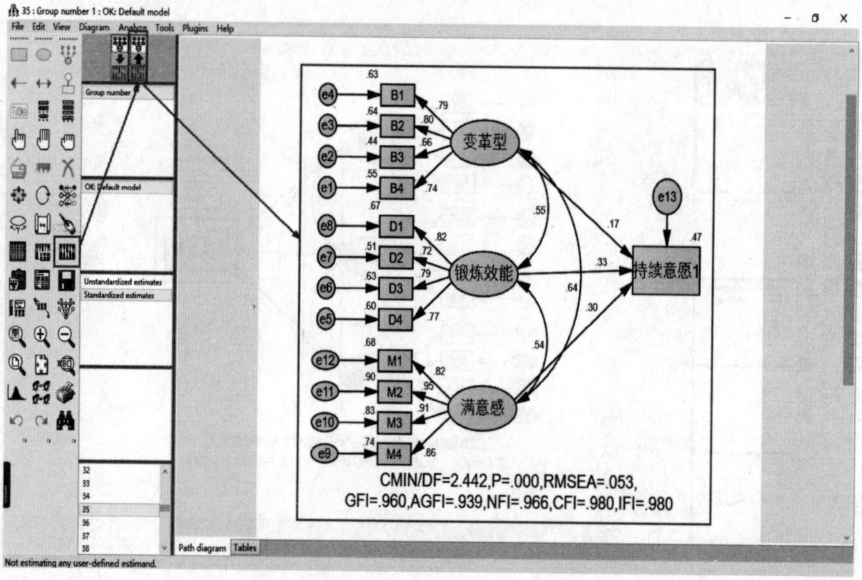

图 3-86

二、分析结果

（1）模型拟合度。本例题所使用模型各拟合度指标均符合标准要求（表3-17），这表明样本与模型间拟合良好，适合进行后续分析。

表 3–17　例题模型各拟合度指标的拟合结果

拟合度指标	建议指标值	本模型指标值	拟合评价
Chi-square/df	＜5	2.442	理想
GFI	＞0.9	0.960	理想
AGFI	＞0.8	0.939	理想
CFI	＞0.9	0.980	理想
IFI	＞0.9	0.980	理想
NFI	＞0.9	0.966	理想
RMSEA	＜0.08	0.053	理想
SRMR	＜0.1	0.036	理想

（2）由图3-87可知，变革型、锻炼效能、满意感对持续意愿1的影响均显著，且各变量对各自的观测变量的影响也均显著。

Regression Weights: (Group number 1 - Default model)

			Estimate	S.E.	C.R.	P	Label
B4	<---	变革型	1.000				
B3	<---	变革型	.685	.048	14.213	***	
B2	<---	变革型	1.092	.064	17.064	***	
B1	<---	变革型	.985	.058	16.951	***	
D4	<---	锻炼效能	1.000				
D3	<---	锻炼效能	1.157	.064	17.951	***	
D2	<---	锻炼效能	.932	.058	16.107	***	
D1	<---	锻炼效能	1.158	.063	18.531	***	
M4	<---	满意感	1.000				
M3	<---	满意感	1.161	.040	29.175	***	
M2	<---	满意感	1.137	.036	31.437	***	
M1	<---	满意感	.797	.033	24.186	***	
持续意愿1	<---	变革型	.196	.061	3.183	.001	
持续意愿1	<---	锻炼效能	.289	.042	6.899	***	
持续意愿1	<---	满意感	.257	.043	6.040	***	

图 3-87

（3）由图3-88可知，所有观测变量的标准化因素负荷均在0.6以上。

Standardized Regression Weights: (Group number 1 - Default model)

			Estimate
B4	<---	变革型	.745
B3	<---	变革型	.662
B2	<---	变革型	.799
B1	<---	变革型	.792
D4	<---	锻炼效能	.773
D3	<---	锻炼效能	.791
D2	<---	锻炼效能	.715
D1	<---	锻炼效能	.817
M4	<---	满意感	.859
M3	<---	满意感	.911
M2	<---	满意感	.947
M1	<---	满意感	.824
持续意愿1	<---	变革型	.172
持续意愿1	<---	锻炼效能	.334
持续意愿1	<---	满意感	.300

图 3-88

（4）由图 3-89 可知，变异数与误差皆为正值且显著。

Variances: (Group number 1 - Default model)

	Estimate	S.E.	C.R.	P	Label
变革型	.898	.096	9.321	***	
锻炼效能	1.554	.157	9.891	***	
满意感	1.586	.131	12.118	***	
e1	.722	.056	12.833	***	
e2	.540	.038	14.069	***	
e3	.608	.053	11.457	***	
e4	.516	.044	11.646	***	
e5	1.048	.084	12.532	***	
e6	1.240	.103	12.057	***	
e7	1.287	.095	13.598	***	
e8	1.035	.092	11.245	***	
e9	.564	.041	13.621	***	
e10	.439	.038	11.602	***	
e11	.234	.028	8.396	***	
e12	.476	.033	14.256	***	
e13	.617	.040	15.262	***	

图 3-89

（5）由图 3-90 可知，变革型、锻炼效能、满意感对持续意愿 1 的 SMC 值为 0.47。（0.19 为小、0.33 为中、0.67 为大）

Squared Multiple Correlations: (Group number 1 - Default model)

	Estimate
持续意愿1	.469
M1	.679
M2	.898
M3	.830
M4	.738
D1	.668
D2	.512
D3	.626
D4	.597
B1	.628
B2	.638
B3	.438
B4	.554

图 3-90

三、报表制作

最终报表如表 3-18 所示。

表 3–18　例题模型的路径关系检验结果

研究假设	路径关系	Unstd	S.E.	C.R.	P	Std	假设结果
H1	变革型→持续意愿 1	0.196	0.061	3.183	0.001	0.172	支持
H2	锻炼效能→持续意愿 1	0.289	0.0420	6.899	***	0.334	支持
H3	满意感→持续意愿 1	0.257	0.043	6.040	***	0.300	支持

四、结果解读

变革型对持续意愿影响的标准化系数为 0.172，P 值小于 0.01，假设 H1 成立。锻炼效能对持续意愿影响的标准化系数为 0.334，P 值小于 0.001，假设 H2 成立。满意感对持续意愿影响的标准化系数为 0.300，P 值小于 0.001，假设 H3 成立。

本章要点：

（1）掌握非标准化系数、标准化系数、SMC、组成信度、收敛效度、区别效度的各自具体含义及参考指标。

（2）测量模型是结构模型的前提，所以进行结构模型分析前一定要先完成测量模型分析，无论是一因一果、一因多果、还是多果一因都需要进行测量模型的信效度检验。

（3）当自变量超过2个时（含2个），在结构模型分析时需要设置相关箭头，另外，因变量无论有几个均需要设置误差项才可进行分析。

（4）潜变量到观察变量的线上一定要设置"1"，如果在删减指标中带有"1"的观察变量被删除了，则需要手动在其他观测变量上设置"1"。否则AMOS将无法进行估计。

（5）模型拟合度指标不一定要求全部符合学者建议，偶有个别接近建议标准的仍可接受。

（6）AMOS可以分别处理潜变量间因果关系、观察变量间因果关系，以及潜变量与观测变量混合的因果关系，因此可以设置多样化的研究模型。

第四章　二阶因素的结构方程模型分析

二阶验证性因素分析模型是一阶验证性因素分析模型的特例，又称为高阶因素分析模型。研究者之所以会提出二阶验证性因素分析模型，乃是在一阶验证性因素分析模型中发现原本的一阶因素构念间具有中高度的关联性，且一阶验证性因素分析模型与样本数据可以适配，此时研究者可以进一步假定在一阶因素之上存在更高的一阶因素构念，即原本的一阶因素构念均受到一个较高阶潜在特质的影响，也可以说某一高阶结构可以解释所有的一阶因素构念。

本章主要介绍研究中偶尔会涉及的二阶因素的测量模型与结构模型分析。但依据学者建议，若研究中涉及二阶因素构面，需要分别进行以下步骤的模型设定与检验，用以确认研究中所提出的二阶构面能否被采用，分别为：一阶一因子测量模型、一阶多因子（无相关）测量模型、一阶多因子（有相关）测量模型、二阶因子测量模型、二阶因子结构模型。

第一节　一阶一因子测量模型分析

一阶一因子测量模型分析，主要是指将反映一阶构面的观测变量直接与二阶构面相连接，从而将中间的一阶构面删掉，通过模型拟合度评估哪种模型设置最为合理。

本节下面以体育课情境兴趣这一二阶构面为例进行介绍，该二阶构面包括愉悦感、新颖性、注意力、探索性四个一阶构面，如图 4-1 所示。

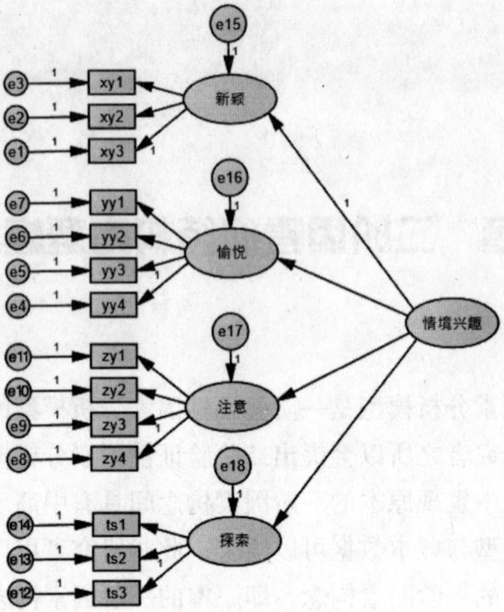

图 4-1

一、具体分析步骤

（1）此处与第三章第一节单一变量的验证性因素分析相同。首先绘制潜变量及对应的观测变量，并将数据导入，同时设置误差项，如图 4-2 所示。

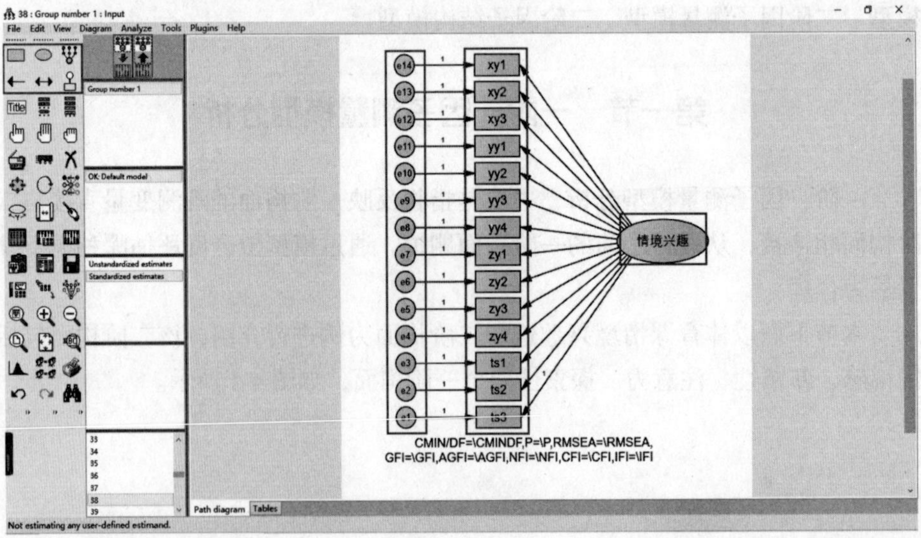

图 4-2

（2）在正式分析之前需对分析属性进行设置，选择并打开“Output”标签页，分别将“Minimization history”“Standardized estimates”“Squared multiple correlations”“Modification indices”选中，如图 4-3 所示。

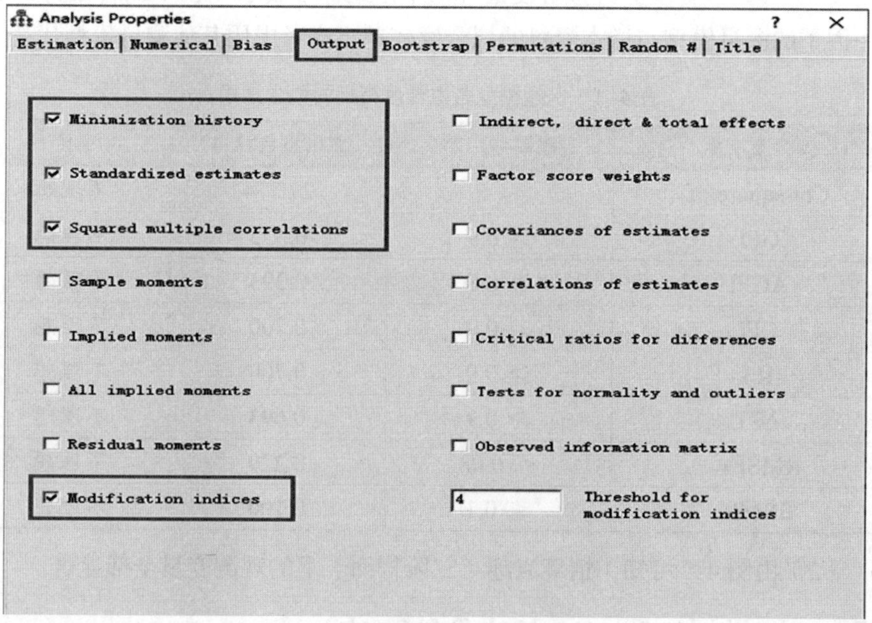

图 4-3

（3）执行计算后，单击红色箭头可了解具体观测变量的标准化和非标准化因子载荷系数，以及误差系数，如图 4-4 所示。

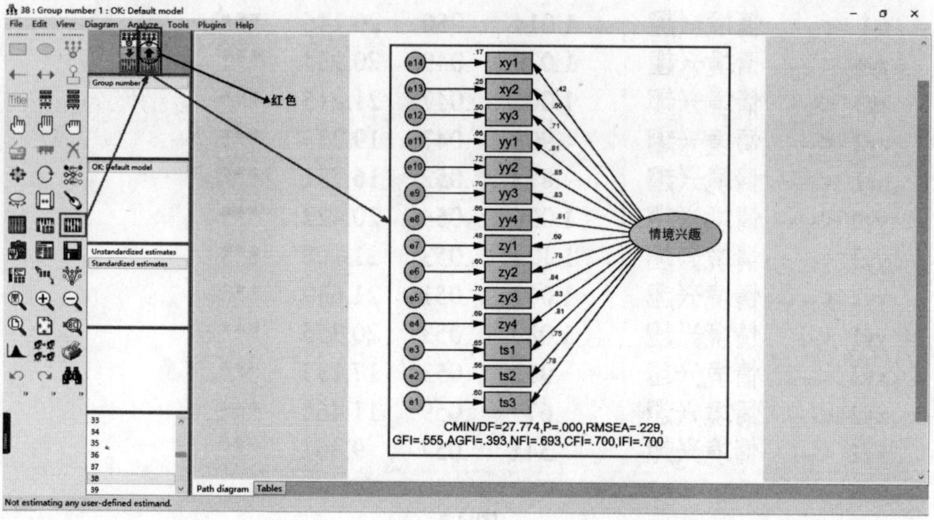

图 4-4

二、分析结果

（1）模型拟合度。各拟合度指标均未达到标准要求（表 4-1），这表明一阶一因子的测量模型与样本资料的拟合度较差，应考虑用其他测量模型代替。

表 4–1　例题模型各拟合度指标的拟合结果

拟合度指标	建议指标值	本模型指标值	拟合评价
Chi-square/df	＜ 5	27.774	不理想
GFI	＞ 0.9	0.555	不理想
AGFI	＞ 0.8	0.393	不理想
CFI	＞ 0.9	0.700	不理想
IFI	＞ 0.9	0.700	不理想
NFI	＞ 0.9	0.693	不理想
RMSEA	＜ 0.08	0.229	不理想
SRMR	＜ 0.1	0.100	不理想

（2）由图 4-5 可知，情境兴趣（二阶构面）下的观测变量全部显著。

Regression Weights: (Group number 1 - Default model)

			Estimate	S.E.	C.R.	P	Label
ts3	<---	情境兴趣	1.000				
ts2	<---	情境兴趣	.989	.054	18.422	***	
ts1	<---	情境兴趣	1.014	.050	20.146	***	
zy4	<---	情境兴趣	1.020	.049	20.934	***	
zy3	<---	情境兴趣	1.006	.047	21.215	***	
zy2	<---	情境兴趣	.908	.047	19.233	***	
zy1	<---	情境兴趣	.873	.052	16.731	***	
yy4	<---	情境兴趣	1.096	.054	20.422	***	
yy3	<---	情境兴趣	1.124	.053	21.108	***	
yy2	<---	情境兴趣	1.093	.051	21.639	***	
yy1	<---	情境兴趣	1.089	.053	20.355	***	
xy3	<---	情境兴趣	.912	.053	17.135	***	
xy2	<---	情境兴趣	.677	.059	11.465	***	
xy1	<---	情境兴趣	.541	.057	9.461	***	

图 4-5

（3）由图 4-6 可知，xy1、xy2 的标准化因素负荷量不符合标准，未达到 0.5。

Standardized Regression Weights: (Group number 1 - Default model)

			Estimate
ts3	<---	情境兴趣	.778
ts2	<---	情境兴趣	.750
ts1	<---	情境兴趣	.805
zy4	<---	情境兴趣	.830
zy3	<---	情境兴趣	.838
zy2	<---	情境兴趣	.776
zy1	<---	情境兴趣	.693
yy4	<---	情境兴趣	.814
yy3	<---	情境兴趣	.835
yy2	<---	情境兴趣	.851
yy1	<---	情境兴趣	.812
xy3	<---	情境兴趣	.707
xy2	<---	情境兴趣	.496
xy1	<---	情境兴趣	.415

图 4-6

（4）由图 4-7 可知，变异数与误差皆为正值且显著。

Variances: (Group number 1 - Default model)

	Estimate	S.E.	C.R.	P	Label
情境兴趣	.515	.050	10.378	***	
e1	.336	.023	14.869	***	
e2	.392	.026	15.049	***	
e3	.287	.020	14.640	***	
e4	.243	.017	14.374	***	
e5	.221	.015	14.262	***	
e6	.280	.019	14.880	***	
e7	.426	.028	15.314	***	
e8	.315	.022	14.554	***	
e9	.283	.020	14.306	***	
e10	.234	.017	14.070	***	
e11	.316	.022	14.575	***	
e12	.429	.028	15.259	***	
e13	.722	.046	15.747	***	
e14	.722	.046	15.833	***	

图 4-7

（5）由图 4-8 可知，xy1、xy2、xy3、zy1 的 SMC 值未达到 0.5。

Squared Multiple Correlations: (Group number 1 - Default model)

	Estimate
xy1	.172
xy2	.247
xy3	.499
yy1	.659
yy2	.724
yy3	.697
yy4	.662
zy1	.480
zy2	.603
zy3	.703
zy4	.688
ts1	.648
ts2	.562
ts3	.605

图 4-8

第二节 一阶多因子（无相关）测量模型分析

一阶多因子（无相关）测量模型分析，是指将二阶构面下的各一阶构面同时进行无相关的验证性因素分析。

一、具体分析步骤

（1）分别绘制二阶因子下的各一阶因子，并将数据录入。此处切记不用绘制双箭头连接线，一定要保证各因子间无相关，如图 4-9 所示。

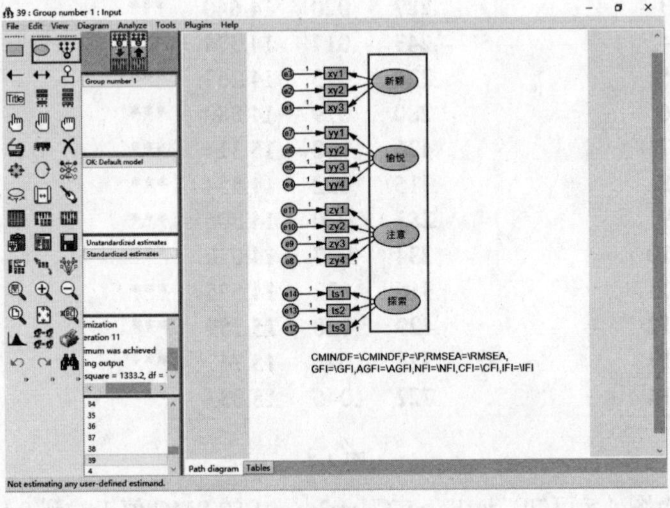

图 4-9

（2）在正式分析之前需对分析属性进行设置，选择并打开“Output”标签页，分别将“Minimization history”“Standardized estimates”“Squared multiple correlations”“Modification indices”选中，如图 4-10。

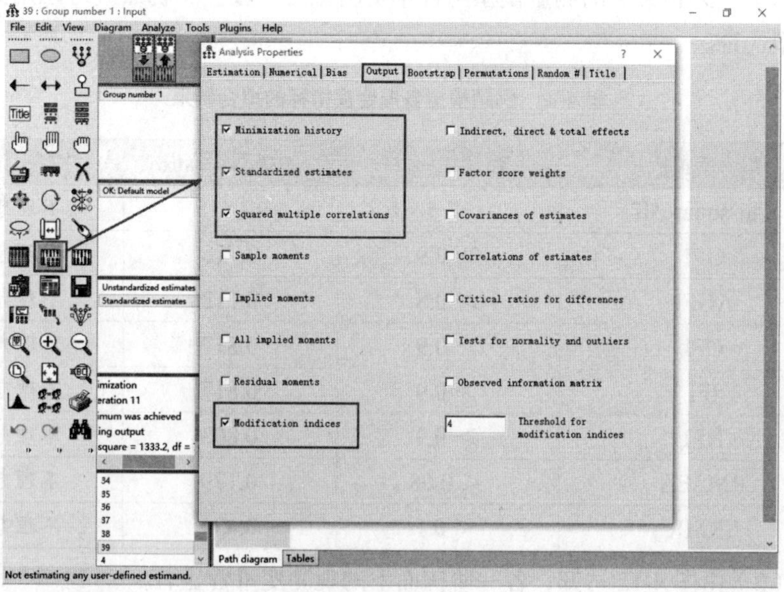

图 4-10

（3）执行计算后，单击红色箭头可了解具体观测变量的标准化和非标准化因子载荷系数，以及误差系数，如图 4-11 所示。

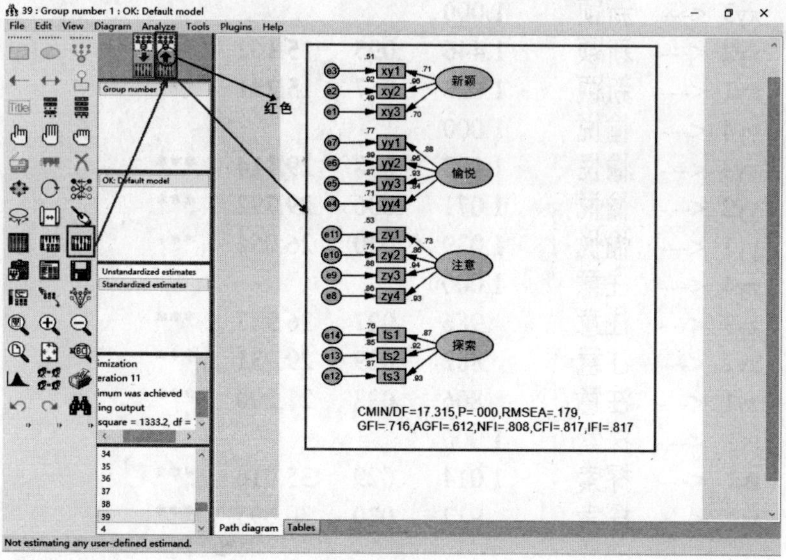

图 4-11

二、分析结果

（1）模型拟合度。各拟合度指标均未达到标准要求（表 4-2），这表明一阶多因子（无相关）的测量模型与样本资料拟合度较差，仍然应考虑用其他测量模型代替。

表 4-2　例题模型各拟合度指标的拟合结果

拟合度指标	建议指标值	本模型指标值	拟合理想
Chi-square/df	＜5	17.315	不理想
GFI	＞0.9	0.716	不理想
AGFI	＞0.8	0.612	不理想
CFI	＞0.9	0.817	不理想
IFI	＞0.9	0.817	不理想
NFI	＞0.9	0.808	不理想
RMSEA	＜0.08	0.179	不理想
SRMR	＜0.1	0.434	不理想

（2）由图 4-12 可知，各一阶构面下的观测变量皆显著。

Regression Weights: (Group number 1 - Default model)

			Estimate	S.E.	C.R.	P	Label
xy3	<---	新颖	1.000				
xy2	<---	新颖	1.446	.095	15.162	***	
xy1	<---	新颖	1.028	.067	15.281	***	
yy4	<---	愉悦	1.000				
yy3	<---	愉悦	1.108	.038	29.114	***	
yy2	<---	愉悦	1.071	.036	29.792	***	
yy1	<---	愉悦	1.039	.040	26.054	***	
zy4	<---	注意	1.000				
zy3	<---	注意	.986	.027	36.947	***	
zy2	<---	注意	.882	.029	29.931	***	
zy1	<---	注意	.806	.038	21.290	***	
ts3	<---	探索	1.000				
ts2	<---	探索	1.014	.029	35.016	***	
ts1	<---	探索	.912	.030	30.695	***	

图 4-12

（3）由图 4-13 可知，标准化因素负荷量均大于 0.5。

Standardized Regression Weights: (Group number 1 - Default model)

			Estimate
xy3	<---	新颖	.700
xy2	<---	新颖	.957
xy1	<---	新颖	.713
yy4	<---	愉悦	.842
yy3	<---	愉悦	.933
yy2	<---	愉悦	.946
yy1	<---	愉悦	.878
zy4	<---	注意	.928
zy3	<---	注意	.937
zy2	<---	注意	.860
zy1	<---	注意	.729
ts3	<---	探索	.935
ts2	<---	探索	.924
ts1	<---	探索	.871

图 4-13

（4）由图 4-14 可知，e2 不显著，其他变异数与误差均为正值且显著。

Variances: (Group number 1 - Default model)

	Estimate	S.E.	C.R.	P	Label
新颖	.420	.050	8.341	***	
愉悦	.662	.057	11.688	***	
注意	.671	.049	13.664	***	
探索	.744	.054	13.751	***	
e1	.437	.034	12.842	***	
e2	.080	.043	1.879	.060	
e3	.429	.034	12.496	***	
e4	.272	.019	14.064	***	
e5	.121	.012	10.267	***	
e6	.090	.010	8.991	***	
e7	.212	.016	13.281	***	
e8	.107	.011	9.409	***	
e9	.091	.011	8.588	***	
e10	.183	.014	13.215	***	
e11	.383	.026	14.920	***	
e12	.107	.013	7.977	***	
e13	.131	.015	9.042	***	
e14	.197	.016	12.566	***	

图 4-14

（5）由图 4-15 可知，xy3 的 SMC 值未达到 0.5。

Squared Multiple Correlations: (Group number 1 - Default model)

	Estimate
ts1	.758
ts2	.853
ts3	.874
zy1	.532
zy2	.740
zy3	.878
zy4	.862
yy1	.772
yy2	.894
yy3	.871
yy4	.709
xy1	.509
xy2	.916
xy3	.490

图 4-15

第三节　一阶多因子（有相关）测量模型分析

一阶多因子（有相关）与一阶多因子（无相关）的唯一不同点在于，需在二阶构面下的各一阶因子间设置相关箭头。

一、具体分析步骤

（1）绘制潜变量及对应的观测变量，并将数据导入。将各一阶因素间用双箭头进行连接，表明它们之间的相关性，如图 4-16 所示。

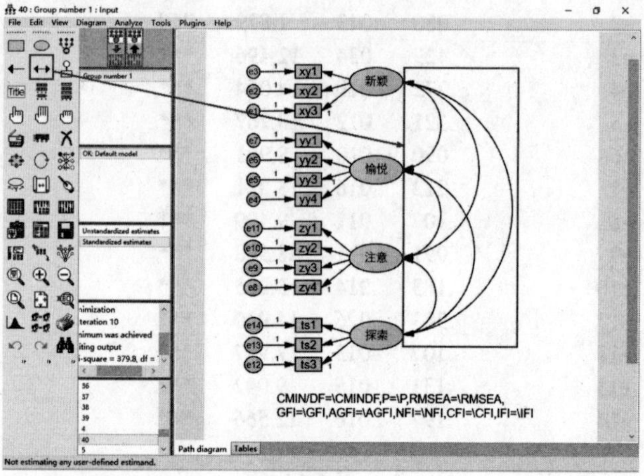

图 4-16

（2）在正式分析之前需对分析属性进行设置，选择并打开“Output”标签页，分别将“Minimization history”“Standardized estimates”“Squared multiple correlations”“Modification indices”选中，如图 4-17 所示。

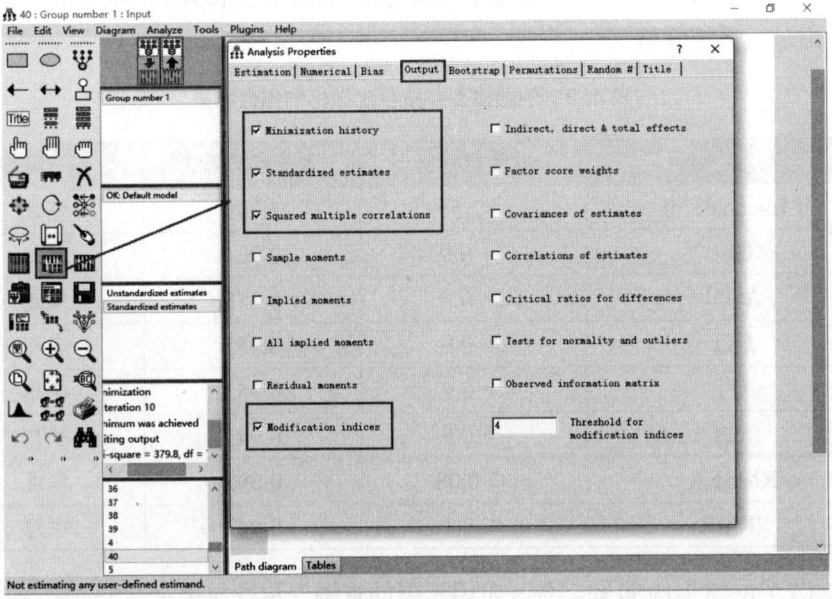

图 4-17

（3）执行计算后，单击红色箭头可了解各一阶因素的观测变量的标准化和非标准化因子载荷系数，以及误差系数，如图 4-18 所示。

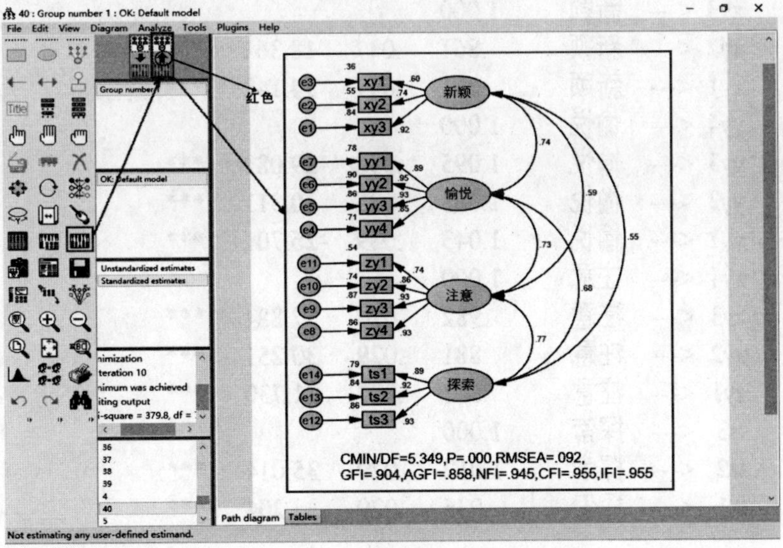

图 4-18

二、分析结果

（1）模型拟合度。部分拟合度指标达到标准要求（表 4-3），这表明一阶多因子（有相关）的测量模型与样本拟合度明显比之前的两个模型好，所以可以考虑进行后续分析。

表 4–3　例题模型各拟合度指标的拟合结果

拟合度指标	建议指标值	本模型指标值	拟合理想
Chi-square/df	＜5	5.349	接近
GFI	＞0.9	0.904	理想
AGFI	＞0.8	0.858	理想
CFI	＞0.9	0.955	理想
IFI	＞0.9	0.955	理想
NFI	＞0.9	0.945	理想
RMSEA	＜0.08	0.092	接近
SRMR	＜0.1	0.047	理想

（2）由图 4-19 可知，各一阶因素下的观测变量皆显著。

Regression Weights: (Group number 1 - Default model)

			Estimate	S.E.	C.R.	P	Label
xy3	<---	新颖	1.000				
xy2	<---	新颖	.861	.047	18.361	***	
xy1	<---	新颖	.661	.047	14.142	***	
yy4	<---	愉悦	1.000				
yy3	<---	愉悦	1.095	.038	29.082	***	
yy2	<---	愉悦	1.068	.035	30.311	***	
yy1	<---	愉悦	1.043	.039	26.701	***	
zy4	<---	注意	1.000				
zy3	<---	注意	.982	.026	37.884	***	
zy2	<---	注意	.881	.029	30.251	***	
zy1	<---	注意	.811	.037	21.730	***	
ts3	<---	探索	1.000				
ts2	<---	探索	1.012	.029	35.014	***	
ts1	<---	探索	.935	.029	32.204	***	

图 4-19

（3）由图 4-20 可知，标准化因素负荷量均在 0.5 以上。

Standardized Regression Weights: (Group number 1 - Default model)

			Estimate
xy3	<---	新颖	.915
xy2	<---	新颖	.745
xy1	<---	新颖	.600
yy4	<---	愉悦	.845
yy3	<---	愉悦	.926
yy2	<---	愉悦	.946
yy1	<---	愉悦	.885
zy4	<---	注意	.929
zy3	<---	注意	.934
zy2	<---	注意	.860
zy1	<---	注意	.735
ts3	<---	探索	.929
ts2	<---	探索	.916
ts1	<---	探索	.887

图 4-20

（4）由图 4-21 可知，变异数与误差皆为正值且显著。

Variances: (Group number 1 - Default model)

	Estimate	S.E.	C.R.	P	Label
新颖	.718	.059	12.272	***	
愉悦	.667	.057	11.776	***	
注意	.672	.049	13.742	***	
探索	.735	.054	13.685	***	
e1	.139	.026	5.267	***	
e2	.427	.033	12.823	***	
e3	.559	.038	14.746	***	
e4	.266	.019	14.166	***	
e5	.133	.012	11.443	***	
e6	.089	.009	9.628	***	
e7	.201	.015	13.324	***	
e8	.106	.010	10.221	***	
e9	.094	.010	9.764	***	
e10	.183	.014	13.494	***	
e11	.376	.025	14.982	***	
e12	.117	.012	9.472	***	
e13	.143	.014	10.501	***	
e14	.174	.014	12.228	***	

图 4-21

（5）由图 4-22 可知，除 xy1 的 SMC 值未达到 0.5 外，其他均满足。

Squared Multiple Correlations: (Group number 1 - Default model)

	Estimate
ts1	.787
ts2	.840
ts3	.863
zy1	.540
zy2	.740
zy3	.873
zy4	.863
yy1	.783
yy2	.895
yy3	.857
yy4	.715
xy1	.360
xy2	.555
xy3	.838

图 4-22

第四节　二阶因子测量模型分析

一、具体分析步骤

（1）分别绘制二阶和一阶因素潜变量及观测变量，并导入数据。另外，在各一阶因素上绘制误差项，如图 4-23 所示。

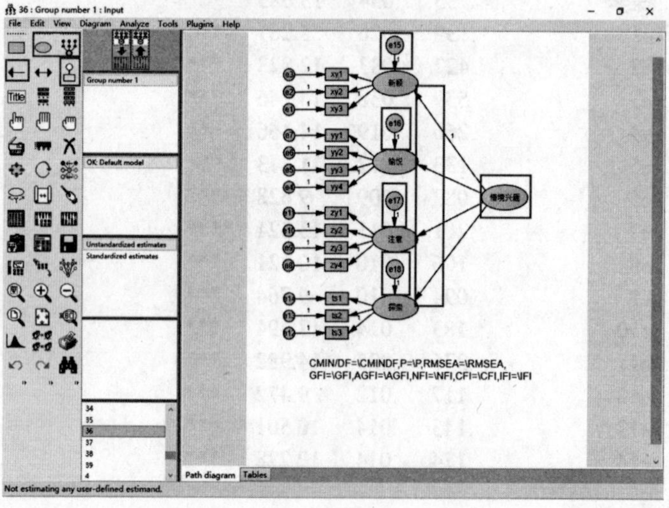

图 4-23

（2）在正式分析之前需对分析属性进行设置，选择并打开“Output”标签页，分别将“Minimization history”“Standardized estimates”“Squared multiple correlations”“Modification indices”选中，如图 4-24 所示。

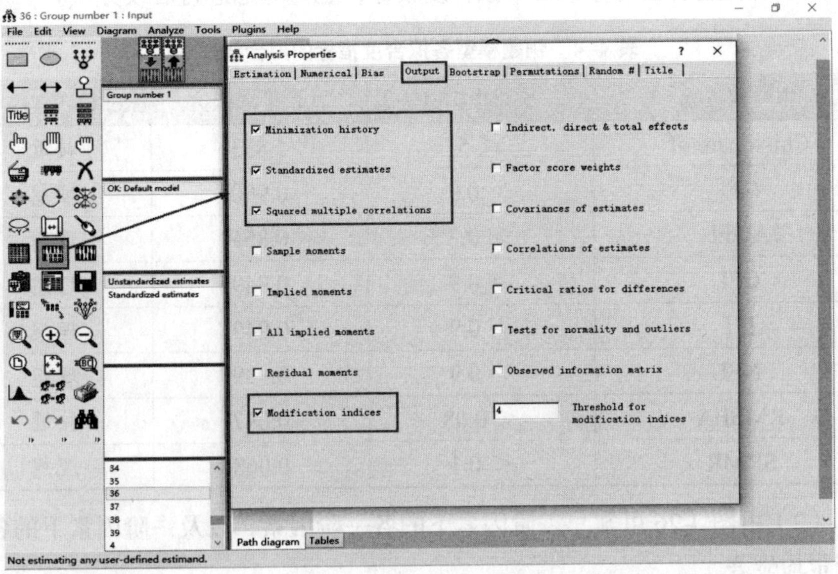

图 4-24

（3）执行计算后，单击红色箭头可了解一阶、二阶因素的标准化和非标准化因子载荷系数，以及误差系数，如图 4-25 所示。

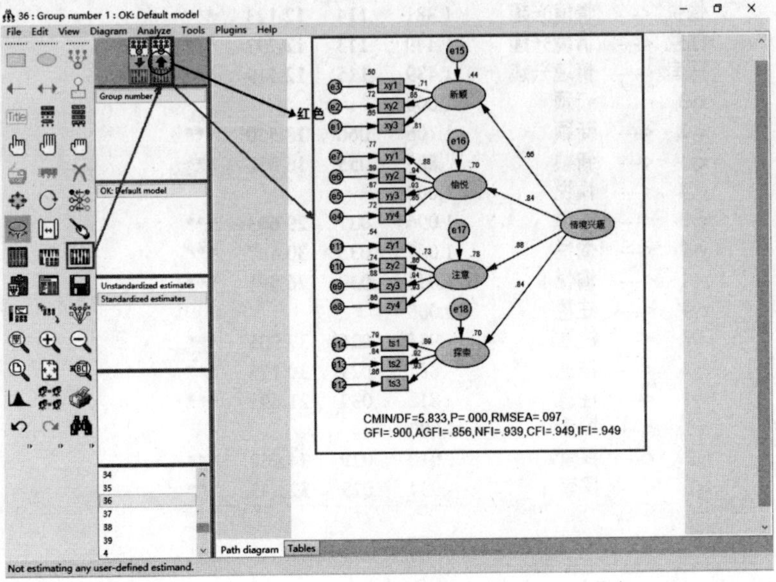

图 4-25

二、分析结果

（1）模型拟合度。大部分拟合度指标均达到标准要求（表 4-4），这表明二阶因子的测量模型与样本资料拟合度较好，也可考虑进行后续分析。

表 4–4　例题模型各拟合度指标的拟合结果

拟合度指标	建议指标值	本模型指标值	拟合理想
Chi-square/df	＜5	5.833	接近
GFI	＞0.9	0.900	理想
AGFI	＞0.8	0.856	理想
CFI	＞0.9	0.949	理想
IFI	＞0.9	0.949	理想
NFI	＞0.9	0.939	理想
RMSEA	＜0.08	0.097	接近
SRMR	＜0.1	0.068	理想

（2）由图 4-26 可知，二阶因素下的各一阶因素，以及一阶因素下的各观测变量均显著。

Regression Weights: (Group number 1 - Default model)

			Estimate	S.E.	C.R.	P	Label
新颖	<---	情境兴趣	1.000				
愉悦	<---	情境兴趣	1.381	.114	12.123	***	
注意	<---	情境兴趣	1.449	.113	12.797	***	
探索	<---	情境兴趣	1.439	.115	12.519	***	
xy3	<---	新颖	1.000				
xy2	<---	新颖	1.106	.060	18.550	***	
xy1	<---	新颖	.885	.055	16.052	***	
yy4	<---	愉悦	1.000				
yy3	<---	愉悦	1.096	.037	29.603	***	
yy2	<---	愉悦	1.061	.035	30.427	***	
yy1	<---	愉悦	1.033	.039	26.591	***	
zy4	<---	注意	1.000				
zy3	<---	注意	.985	.026	37.905	***	
zy2	<---	注意	.882	.029	30.125	***	
zy1	<---	注意	.812	.037	21.693	***	
ts3	<---	探索	1.000				
ts2	<---	探索	1.010	.029	34.968	***	
ts1	<---	探索	.934	.029	32.245	***	

图 4-26

（3）由图 4-27 可知，各标准化因素负荷量均在 0.5 以上。

Standardized Regression Weights: (Group number 1 - Default model)

			Estimate
新颖	<---	情境兴趣	.665
愉悦	<---	情境兴趣	.839
注意	<---	情境兴趣	.882
探索	<---	情境兴趣	.835
xy3	<---	新颖	.809
xy2	<---	新颖	.846
xy1	<---	新颖	.710
yy4	<---	愉悦	.849
yy3	<---	愉悦	.930
yy2	<---	愉悦	.944
yy1	<---	愉悦	.880
zy4	<---	注意	.928
zy3	<---	注意	.936
zy2	<---	注意	.860
zy1	<---	注意	.735
ts3	<---	探索	.930
ts2	<---	探索	.916
ts1	<---	探索	.887

图 4-27

（4）由图 4-28 可知，变异数与误差皆为正值且显著。

Variances: (Group number 1 - Default model)

	Estimate	S.E.	C.R.	P	Label
情境兴趣	.248	.038	6.557	***	
e15	.313	.035	8.987	***	
e16	.199	.023	8.529	***	
e17	.149	.020	7.284	***	
e18	.222	.025	9.049	***	
e1	.296	.029	10.366	***	
e2	.272	.031	8.742	***	
e3	.433	.033	13.155	***	
e4	.261	.019	14.065	***	
e5	.125	.011	10.951	***	
e6	.093	.010	9.702	***	
e7	.209	.016	13.401	***	
e8	.108	.010	10.299	***	
e9	.092	.010	9.594	***	
e10	.184	.014	13.504	***	
e11	.376	.025	14.982	***	
e12	.115	.012	9.366	***	
e13	.145	.014	10.543	***	
e14	.174	.014	12.213	***	

图 4-28

（5）由图 4-29 可知，除新颖外，所有 SMC 值均在 0.5 以上。

Squared Multiple Correlations: (Group number 1 - Default model)

	Estimate
探索	.698
注意	.777
愉悦	.704
新颖	.442
ts1	.787
ts2	.838
ts3	.865
zy1	.540
zy2	.739
zy3	.876
zy4	.861
yy1	.774
yy2	.891
yy3	.866
yy4	.720
xy1	.503
xy2	.716
xy3	.655

图 4-29

三、各测量模型适配度指标比较

各测量模型拟合度指标比较如表 4-5 所示。

表 4–5　各测量模型拟合度指标比较

测量模型	卡方值	Chi-square/df	GFI	AGFI	CFI	IFI	NFI	RMSEA
Null model	6955.629	76.435	0.188	0.063	0.000	0.000	0.000	0.384
一阶一因子	2138.591	27.774	0.555	0.393	0.700	0.700	0.693	0.229
一阶多因子（无相关）	1333.225	17.315	0.716	0.612	0.817	0.817	0.808	0.179
一阶多因子（有相关）	379.788	5.349	0.904	0.858	0.955	0.955	0.945	0.092
二阶因子	425.774	5.833	0.900	0.856	0.949	0.949	0.939	0.097
建议值	越小越好	＜5	＞0.9	＞0.8	＞0.9	＞0.9	＞0.9	＜0.08

由表 4-5 可知，一阶多因子（有相关）和二阶因子的测量模型拟合度均好于其他测量模型，而且二者间差异并不明显。依据多尔（Doll）建议的目标系数（*T*）算法，即将一阶多因子（有相关）模型的卡方值除以二阶因子模型的卡方值，*T* 值越接近 1，则表示二阶模型越能取代一阶模型。通过计算可得体育课情境兴趣的 *T* 值为 0.892，即表示体育课情境兴趣的二阶模型解释了一阶多因子（有相关）的 89.2%，这符合中国台湾学者张伟豪提出的标准值 0.75，因此可以用二阶因子模型进行后续研究。

第五节　二阶因子结构模型分析

本节以大学生体育课的情境兴趣为自变量、学习投入为因变量，探讨二者间的关系（图 4-30）。其中，自变量与因变量同为二阶因子模型，由于之前已经针对二阶因子的测量模型进行了详细介绍，故此处对大学生体育课学习投入的构面不做重复讲解。

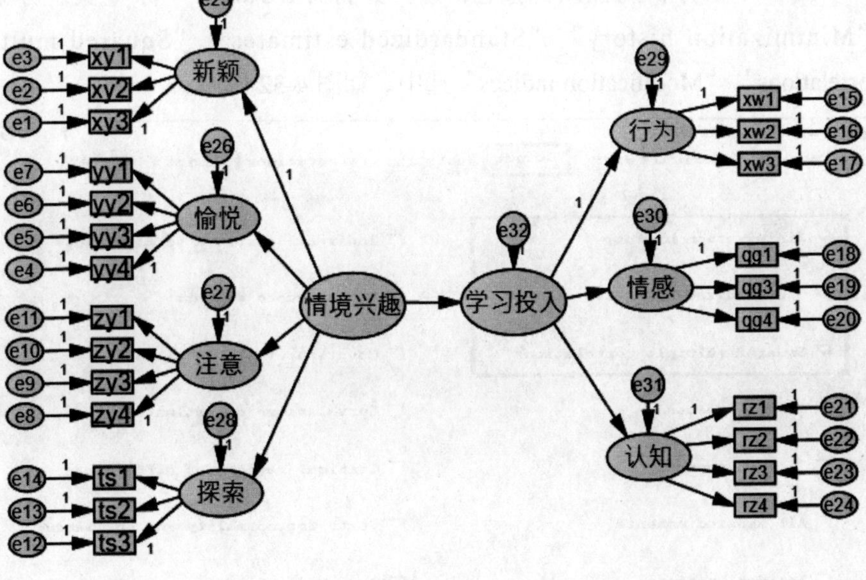

图 4-30

一、具体分析步骤

（1）分别绘制一阶、二阶因子及观测变量，并将数据录入。另外在一阶构面上设置误差项，如图 4-31 所示。

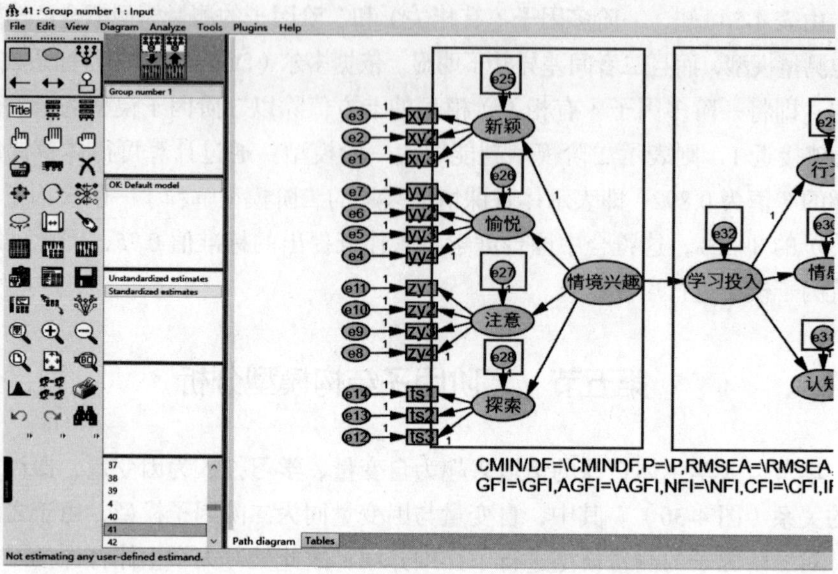

图 4-31

（2）单击分析属性图标按钮，选择并打开“Output”标签页，分别将“Minimization history”“Standardized estimates”“Squared multiple correlations”“Modification indices”选中，如图 4-32 所示。

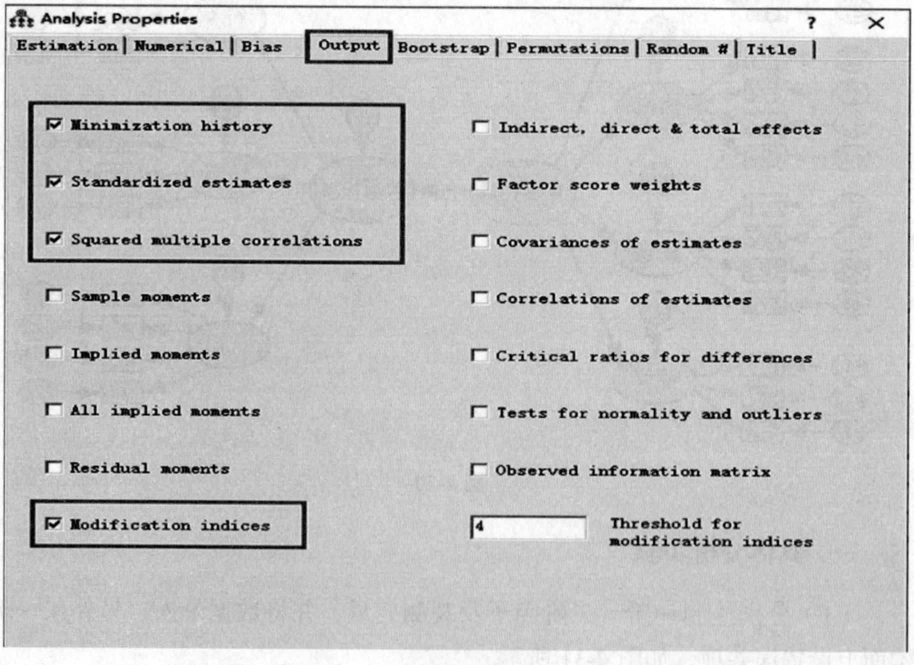

图 4-32

（3）单击执行计算图标按钮，确认分析结果，如图 4-33 所示。

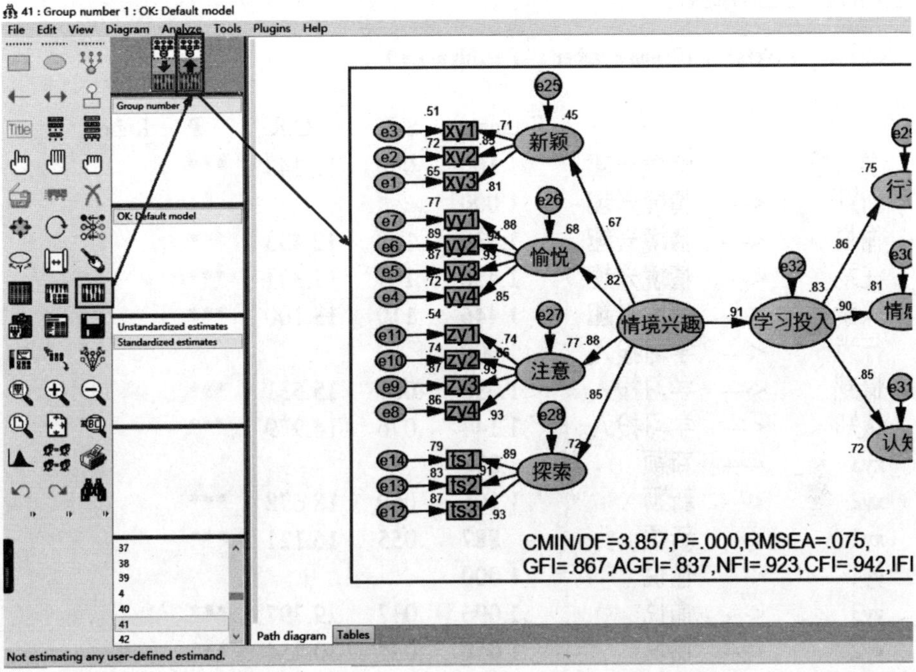

图 4-33

二、分析结果

（1）模型拟合度。除 GFI 指标接近理想值外，其他拟合度指标均符合标准要求（表 4-6），这表明样本与模型间拟合良好，适合进行后续分析。

表 4–6　例题模型各拟合度指标的拟合结果

拟合度指标	建议指标值	本模型指标值	拟合评价
Chi-square/df	＜5	3.857	理想
GFI	＞0.9	0.867	接近
AGFI	＞0.8	0.837	理想
CFI	＞0.9	0.942	理想
IFI	＞0.9	0.942	理想
NFI	＞0.9	0.923	理想
RMSEA	＜0.08	0.075	理想
SRMR	＜0.1	0.059	理想

（2）由图 4-34 可知，情境兴趣对学习投入的影响显著，且各构面下观测变量的影响也均显著。

Regression Weights: (Group number 1 - Default model)

			Estimate	S.E.	C.R.	P	Label
学习投入	<---	情境兴趣	1.100	.099	11.143	***	
新颖	<---	情境兴趣	1.000				
愉悦	<---	情境兴趣	1.339	.108	12.433	***	
注意	<---	情境兴趣	1.428	.107	13.334	***	
探索	<---	情境兴趣	1.446	.110	13.100	***	
行为	<---	学习投入	1.000				
情感	<---	学习投入	1.038	.067	15.531	***	
认知	<---	学习投入	1.144	.076	14.979	***	
xy3	<---	新颖	1.000				
xy2	<---	新颖	1.106	.059	18.678	***	
xy1	<---	新颖	.887	.055	16.121	***	
yy4	<---	愉悦	1.000				
yy3	<---	愉悦	1.096	.037	29.797	***	
yy2	<---	愉悦	1.058	.035	30.454	***	
yy1	<---	愉悦	1.030	.039	26.605	***	
zy4	<---	注意	1.000				
zy3	<---	注意	.980	.026	37.745	***	
zy2	<---	注意	.884	.029	30.484	***	
zy1	<---	注意	.813	.037	21.790	***	
ts3	<---	探索	1.000				
ts2	<---	探索	1.005	.029	35.091	***	
ts1	<---	探索	.932	.029	32.522	***	
xw1	<---	行为	1.000				
xw2	<---	行为	.957	.052	18.269	***	
xw3	<---	行为	1.049	.059	17.847	***	
qg1	<---	情感	1.000				
qg3	<---	情感	1.130	.035	32.259	***	
qg4	<---	情感	1.041	.034	30.474	***	
rz1	<---	认知	1.000				
rz2	<---	认知	.942	.032	29.607	***	
rz3	<---	认知	.989	.037	26.416	***	
rz4	<---	认知	.944	.034	27.457	***	

图 4-34

（3）由图 4-35 可知，所有变量的标准化因素负荷均在 0.6 以上。

Standardized Regression Weights: (Group number 1 - Default model)

			Estimate
学习投入	<---	情境兴趣	.910
新颖	<---	情境兴趣	.674
愉悦	<---	情境兴趣	.823
注意	<---	情境兴趣	.880
探索	<---	情境兴趣	.848
行为	<---	学习投入	.864
情感	<---	学习投入	.902
认知	<---	学习投入	.848
xy3	<---	新颖	.809
xy2	<---	新颖	.846
xy1	<---	新颖	.711
yy4	<---	愉悦	.850
yy3	<---	愉悦	.932
yy2	<---	愉悦	.942
yy1	<---	愉悦	.879
zy4	<---	注意	.929
zy3	<---	注意	.932
zy2	<---	注意	.863
zy1	<---	注意	.736
ts3	<---	探索	.932
ts2	<---	探索	.913
ts1	<---	探索	.887
xw1	<---	行为	.730
xw2	<---	行为	.853
xw3	<---	行为	.830
qg1	<---	情感	.892
qg3	<---	情感	.924
qg4	<---	情感	.900
rz1	<---	认知	.897
rz2	<---	认知	.888
rz3	<---	认知	.841
rz4	<---	认知	.857

图 4-35

（4）由图 4-36 可知，变异数与误差皆为正值且显著。

Variances: (Group number 1 - Default model)

	Estimate	S.E.	C.R.	P	Label
情境兴趣	.255	.038	6.745	***	
e32	.064	.012	5.190	***	
e25	.306	.034	9.084	***	
e26	.217	.023	9.655	***	
e27	.152	.017	8.685	***	
e28	.207	.022	9.647	***	
e29	.126	.019	6.512	***	
e30	.092	.013	7.167	***	
e31	.190	.021	9.131	***	
e1	.297	.028	10.486	***	
e2	.273	.031	8.865	***	
e3	.432	.033	13.166	***	
e4	.259	.018	14.049	***	
e5	.123	.011	10.844	***	
e6	.095	.010	9.862	***	
e7	.211	.016	13.434	***	
e8	.107	.010	10.326	***	
e9	.097	.010	10.029	***	
e10	.180	.013	13.461	***	
e11	.375	.025	14.984	***	
e12	.112	.012	9.318	***	
e13	.149	.014	10.872	***	
e14	.174	.014	12.304	***	
e15	.435	.032	13.621	***	
e16	.171	.017	10.305	***	
e17	.248	.022	11.287	***	
e18	.127	.011	11.977	***	
e19	.107	.011	9.923	***	
e20	.125	.011	11.544	***	
e21	.164	.014	11.352	***	
e22	.161	.014	11.797	***	
e23	.274	.021	13.300	***	
e24	.218	.017	12.900	***	

图 4-36

（5）由图 4-37 可知，情境兴趣对学习投入的 SMC 值为 0.83。（0.19 为小、0.33 为中、0.67 为大）

Squared Multiple Correlations: (Group number 1 - Default model)

	Estimate
学习投入	.829
认知	.719
情感	.814
行为	.747
探索	.720
注意	.774
愉悦	.678
新颖	.454
rz4	.735
rz3	.708
rz2	.789
rz1	.805
qg4	.811
qg3	.854
qg1	.795
xw3	.688
xw2	.728
xw1	.534
ts1	.787
ts2	.833
ts3	.869
zy1	.542
zy2	.745
zy3	.869
zy4	.863
yy1	.772
yy2	.888
yy3	.868
yy4	.722
xy1	.506
xy2	.715
xy3	.654

图 4-37

三、报表制作

最终报表如表 4-7 所示。

表 4–7　例题模型的路径关系检验结果

研究假设	路径关系	Unstd	S.E	C.R	P	Std	假设结果
H1	情境兴趣→学习投入	1.100	0.099	11.143	***	0.910	支持

四、结果解读

情境兴趣对学习投入的标准化系数为 0.91，P 值小于 0.001，H1 假设成立。

本章要点：

（1）掌握一阶一因子、一阶多因子（无相关）、一阶多因子（有相关），及二阶因子在图形绘制上的差异，并熟练进行操作练习。

（2）在做二阶因子分析时，如一阶因子少于 3 个将无法进行计算（不含 3 个）。

（3）在做二阶因子分析时，若某一阶因子下的观察变量被删减至 2 个，虽然 AMOS 在分析单一因子时不能对少于 3 个观测变量进行估计，但在二阶因子模型下，可借助其他一阶因子的估计参数进行模型分析。

（4）在计算目标系数（T）时，需要将一阶多因子（有相关）除以二阶因子的卡方值得出 *T* 值，学者建议 T 值大于 0.75 时，便可用二阶因子模型替代一阶因子模型进行后续分析。

第五章　结构方程模型的中介效应分析

近年来，在社会科学的研究中，中介效应分析被广泛应用，因为它不仅可以分析变量之间影响的过程和机制，而且相对于回归分析，它还可以得到比较深入的结果。中介效应分析又是一种路径分析，主要是探讨在自变量与因变量之间是否还有其他变量，能够让自变量更好地去影响因变量。例如，我们在阅读文献时，发现某两个变量间很可能存在另一个关键变量，有可能随着该变量的纳入会使二者的关系更加密切，而且自变量会透过中介变量进一步提升对因变量的解释作用。此时，如果我们采用中介效应分析就可证明中介变量的具体作用，但如果不进行中介效应检验的话，此时该模型只是一种路径分析，并不能证明中介效应的存在与否。因此，本章各节将先介绍路径分析，其次对中介效应分析进行介绍。

第一节　单因子中介的结构模型分析

单因子中介结构模型是指在自变量与因变量间只设置一个中介变量时的模型架构。

本节以大学生体育课满意感（对应图 5-1 中的“满意感”）在体育教师变革型领导行为（对应图 5-1 中的“变革型”）和大学生持续体育锻炼意愿（对应图 5-1 中的“持续意愿”）之间的中介效应为例进行介绍，每个潜变量各有 4 个观测变量。单因子中介的测量模型与一因多果的测量模型一致，故此处不再赘述。

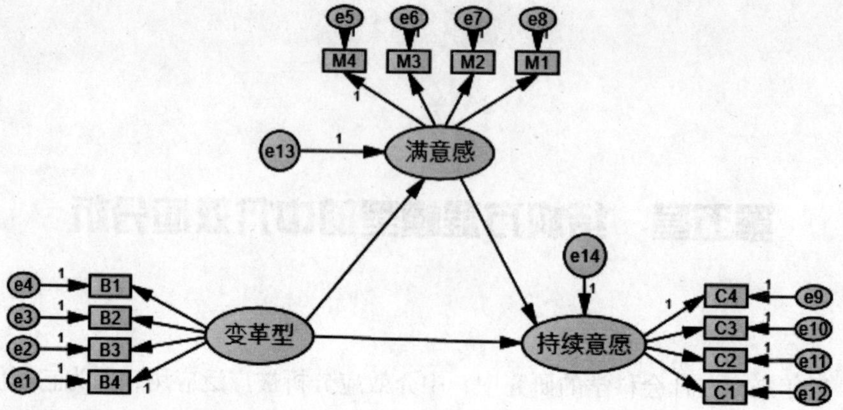

图 5-1

一、路径分析

（一）具体分析步骤

（1）绘制自变量、中介变量及因变量，并将数据导入。另外，还需要设置路径，以及在中介变量与因变量上设置误差项，如图 5-2 所示。

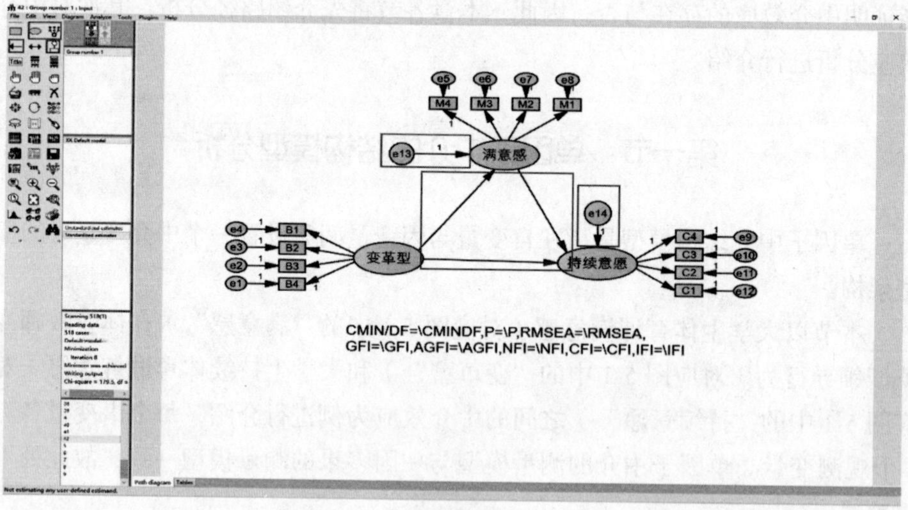

图 5-2

（2）单击分析属性图标按钮，选择并打开“Output”标签页，分别将“Minimization history”“Standardized estimates”“Squared multiple correlations”“Indirect,direct”选中，如图 5-3 所示。

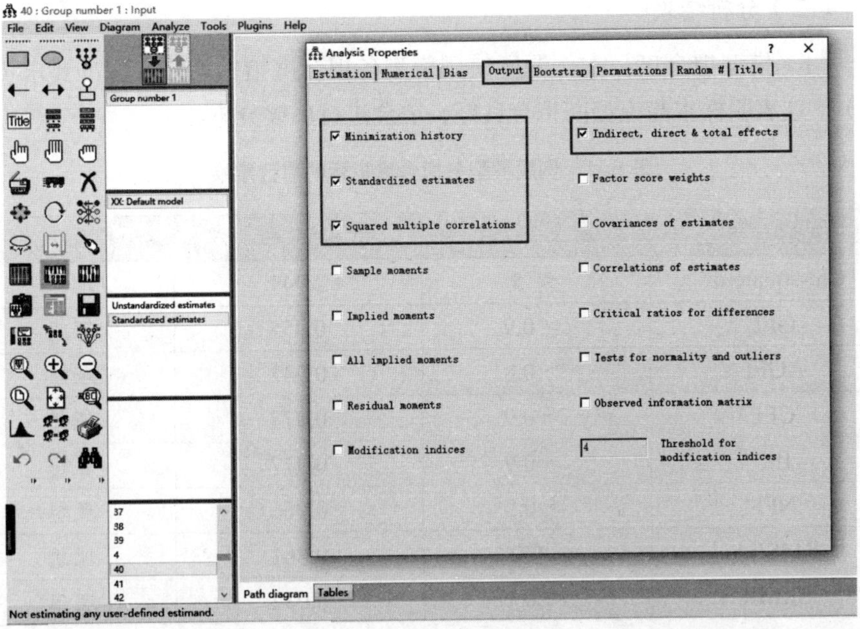

图 5-3

（3）单击执行计算图标按钮，确认分析结果，如图 5-4 所示。

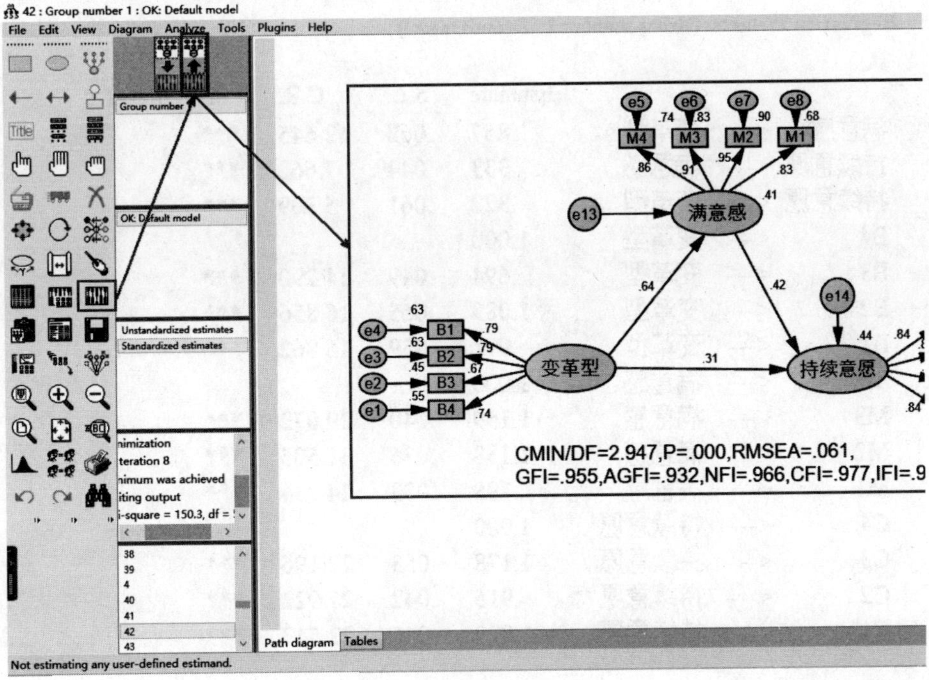

图 5-4

（二）分析结果

（1）模型拟合度。本例题所使用模型各拟合度指标均符合标准要求（表 5-1），这表明样本与模型间拟合良好，适合进行后续分析。

表 5–1　例题模型各拟合度指标的拟合结果

拟合度指标	建议指标值	本模型指标值	拟合评价
Chi-square/df	＜5	2.947	理想
GFI	＞0.9	0.955	理想
AGFI	＞0.8	0.932	理想
CFI	＞0.9	0.977	理想
IFI	＞0.9	0.977	理想
NFI	＞0.9	0.966	理想
RMSEA	＜0.08	0.061	理想
SRMR	＜0.1	0.032	理想

（2）由图 5-5 可知，变革型对满意感及持续意愿的影响均显著，且各变量对各自的观测变量的影响也均显著。

Regression Weights: (Group number 1 - Default model)

			Estimate	S.E.	C.R.	P	Label
满意感	<---	变革型	.857	.068	12.645	***	
持续意愿	<---	满意感	.333	.044	7.662	***	
持续意愿	<---	变革型	.322	.061	5.309	***	
B4	<---	变革型	1.000				
B3	<---	变革型	.694	.049	14.290	***	
B2	<---	变革型	1.089	.065	16.856	***	
B1	<---	变革型	.991	.059	16.862	***	
M4	<---	满意感	1.000				
M3	<---	满意感	1.159	.040	29.072	***	
M2	<---	满意感	1.138	.036	31.505	***	
M1	<---	满意感	.798	.033	24.234	***	
C4	<---	持续意愿	1.000				
C3	<---	持续意愿	1.178	.053	22.196	***	
C2	<---	持续意愿	.915	.042	21.922	***	
C1	<---	持续意愿	1.029	.046	22.547	***	

图 5-5

（3）由图 5-6 可知，所有观测变量的标准化因素负荷均在 0.6 以上。

Standardized Regression Weights: (Group number 1 - Default model)

			Estimate
满意感	<---	变革型	.643
持续意愿	<---	满意感	.423
持续意愿	<---	变革型	.307
B4	<---	变革型	.742
B3	<---	变革型	.669
B2	<---	变革型	.794
B1	<---	变革型	.794
M4	<---	满意感	.859
M3	<---	满意感	.909
M2	<---	满意感	.949
M1	<---	满意感	.825
C4	<---	持续意愿	.841
C3	<---	持续意愿	.827
C2	<---	持续意愿	.820
C1	<---	持续意愿	.836

图 5-6

（4）由图 5-7 可知，变异数与误差皆为正值且显著。

Variances: (Group number 1 - Default model)

	Estimate	S.E.	C.R.	P	Label
变革型	.892	.096	9.265	***	
e13	.932	.085	10.981	***	
e14	.551	.052	10.594	***	
e1	.728	.057	12.821	***	
e2	.531	.038	13.953	***	
e3	.621	.054	11.516	***	
e4	.512	.045	11.506	***	
e5	.563	.041	13.616	***	
e6	.448	.038	11.697	***	
e7	.229	.028	8.248	***	
e8	.474	.033	14.244	***	
e9	.408	.034	11.916	***	
e10	.631	.051	12.351	***	
e11	.402	.032	12.550	***	
e12	.449	.037	12.070	***	

图 5-7

（5）由图 5-8 可知，变革型对满意感的 SMC 值为 0.413，变革型与满意感对持续意愿的 SMC 值为 0.44。（0.19 为小、0.33 为中、0.67 为大）

Squared Multiple Correlations: (Group number 1 - Default model)

	Estimate
满意感	.413
持续意愿	.440
C1	.699
C2	.672
C3	.684
C4	.707
M1	.681
M2	.900
M3	.826
M4	.738
B1	.631
B2	.630
B3	.447
B4	.551

图 5-8

（三）报表制作

最终报表如表 5-2 所示。

表 5-2　例题模型的路径关系检验结果

研究假设	路径关系	Unstd	S.E.	C.R.	P	Std	假设结果
H1	变革型→满意感	0.857	0.068	12.645	***	0.643	支持
H2	满意感→持续意愿	0.333	0.044	7.662	***	0.423	支持
H3	变革型→持续意愿	0.322	0.061	5.309	***	0.307	支持

（四）结果解读

变革型对满意感影响的标准化系数为 0.643，P 值小于 0.001，假设 H1 成立。满意感对持续意愿的标准化系数为 0.423，P 值小于 0.001，假设 H2 成立。变革型对持续意愿的标准化系数为 0.307，P 值小于 0.001，假设 H3 成立。

二、中介效应分析

（一）分析方法 1

1. 具体分析步骤

（1）单击分析设置图标按钮，选择并打开“Bootstrap”标签页：勾选“Perform bootstrap”，输入 1000 至 5000 均可；勾选“Percentile confidence intervals”，输入 95；勾选“Bias-corrected confidence intervals”，输入 95，如图 5-9 所示。

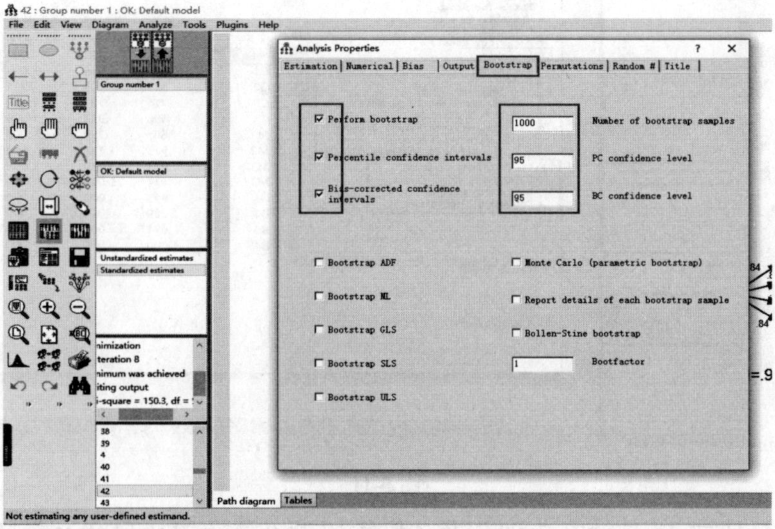

图 5-9

（2）单击执行计算图标按钮，如图 5-10 所示。

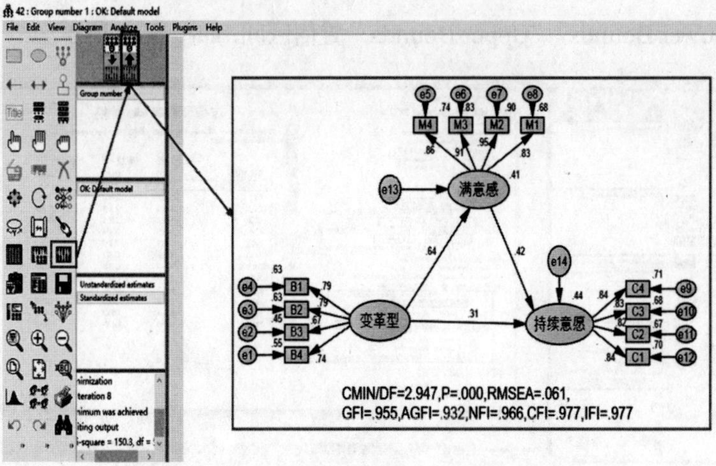

图 5-10

（3）单击结果展示图标按钮，执行“Estimates”→“Matrices”→“Total Effects”（总效应）命令，单击“Estimates/Bootstrap”选项下的“Estimates”（点估计值），以及“Bootstrap standard errors”（标准误）。然后用点估计值除以标准误，得出 Z 值。以此类推，分别计算“Indirect Effects”（间接效应）和“Direct Effects”（直接效应）的点估计值、标准误，如图 5-11 所示。

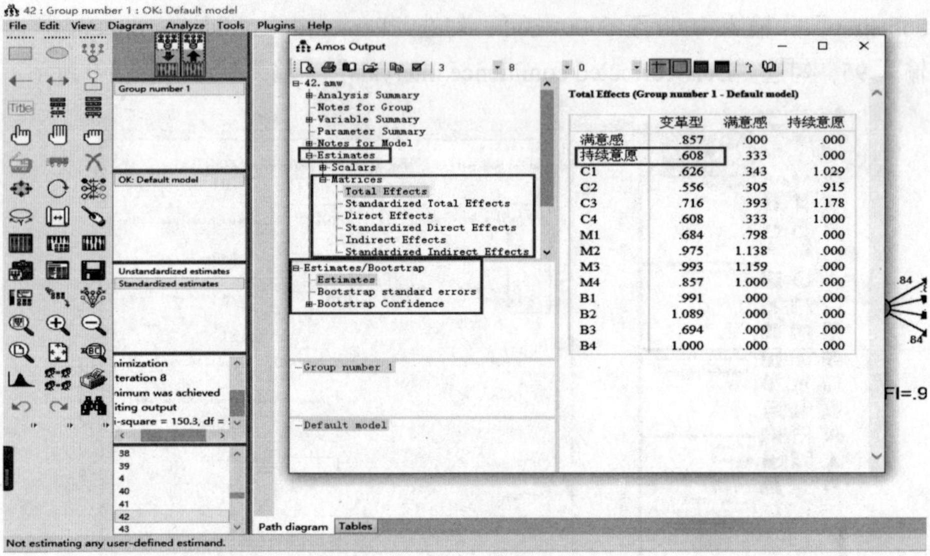

图 5-11

(4) 计算完点估计值、标准误及 Z 值后，先后在选择“Total Effects”“Indirect Effects”“Direct Effects”的状态下，单击“Bias-corrected percentile method”，选择 Bias-Corrected 方法的“Lower Bounds”“Upper Bounds ”置信区间和 Percentile 方法的“Lower Bounds”“Upper Bounds ”置信区间，如图 5-12 所示。

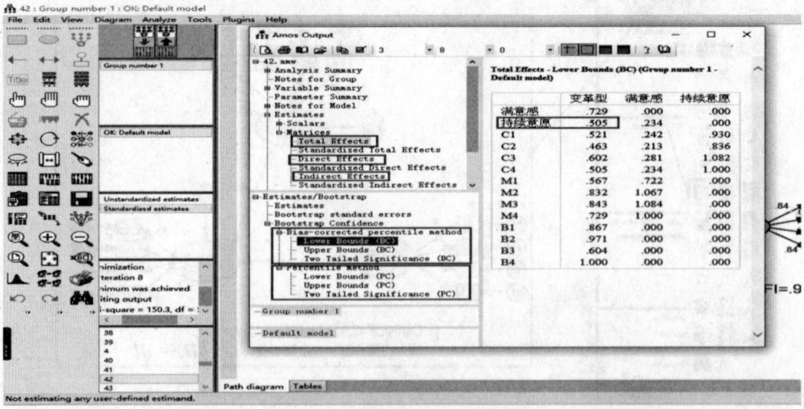

图 5-12

2. 报表制作

最终报表如表 5-3 所示。

表 5-3　例题模型的 Bootstrapping 中介效应检验结果

路径	点估计值	系数相乘积		Bootstrapping			
				Bias95%		Percentile95%	
		SE	Z	Lower	Upper	Lower	Upper
变革型→持续意愿	总效应						
	0.608	0.056	1.857	0.505	0.719	0.512	0.728
	间接效应						
	0.286	0.045	6.356	0.191	0.467	0.191	0.468
	直接效应						
	0.322	0.069	4.667	0.204	0.384	0.204	0.383

3. 结果解读

大学生体育课满意感在体育教师变革型领导行为和大学生持续体育锻炼意愿之间的中介效应如下：在 95% 置信水平下的，Bias-Corrected 方法的置信区间和 Percentile 方法的置信区间均不包含 0，总效应显著；在 95% 置信水平下，Bias-Corrected 方法的置信区间和 Percentile 方法的置信区间均不包含 0，间接效应显著；在 95% 置信水平下， Bias-Corrected 方法的置信区间和 Percentile 方法的置信区间均不包含 0，直接效应显著。所以大学生体育课满意感在体育教师变革型领导行为和大学生持续体育锻炼意愿之间具有部分中介效应。

（二）分析方法 2

1. 具体分析步骤

（1）分别点击变量间的指向线，并在“Regression weight”下分别输入“a”“b”“c”，如图 5-13 所示。

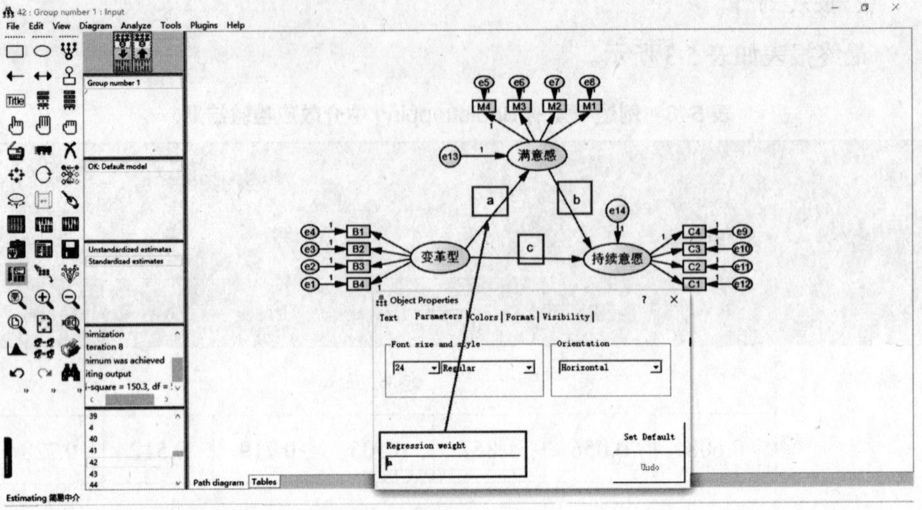

图 5-13

（2）用鼠标单击左下角边框页面，选择“Define new estimates”进入语法编写界面，如图 5-14 所示。

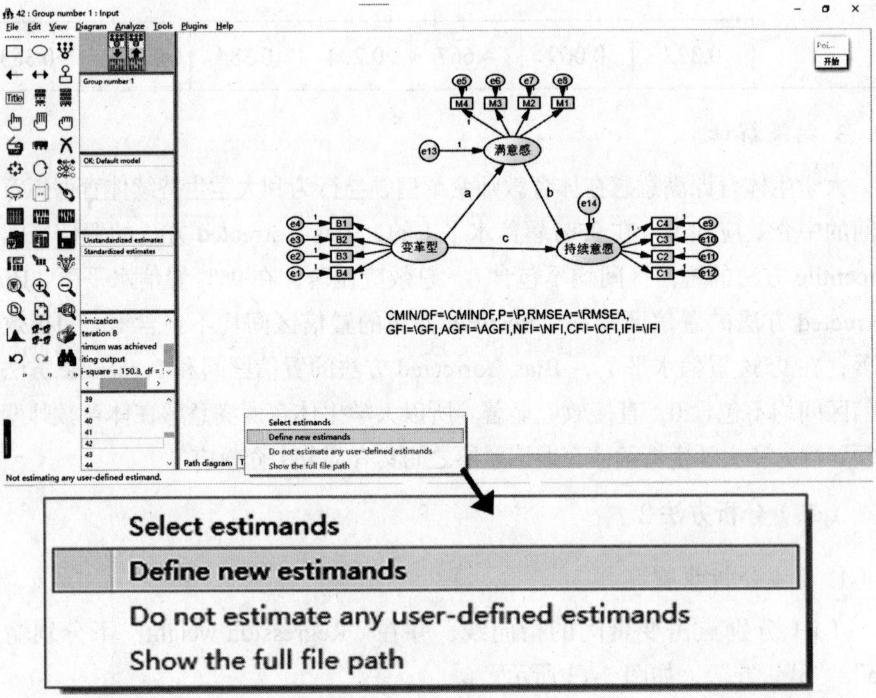

图 5-14

（3）在语法栏内输入以下代码，如图 5-15 所示。

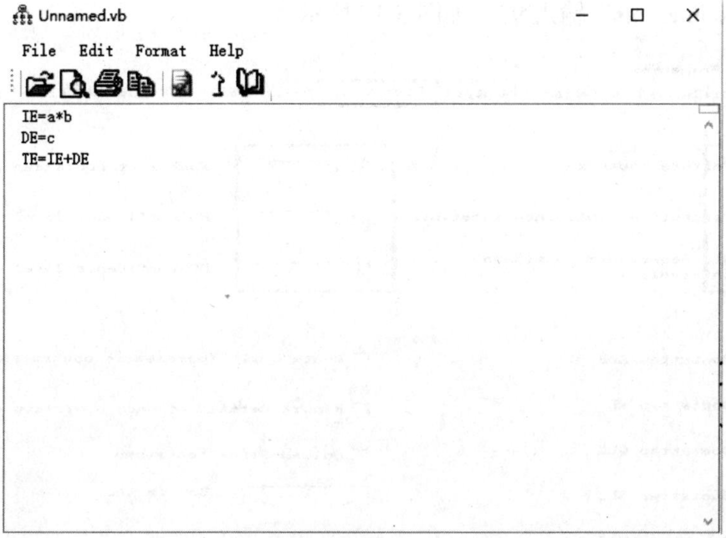

图 5-15

（4）单击关闭按钮系统将自动存档（需自行命名文件名称）。

（5）单击分析属性图标按钮，选择并打开“Output”标签页，分别将“Minimization history”“Standardized estimates”“Squared multiple correlations”“Indirect,direct&total effects”选中，如图 5-16 所示。

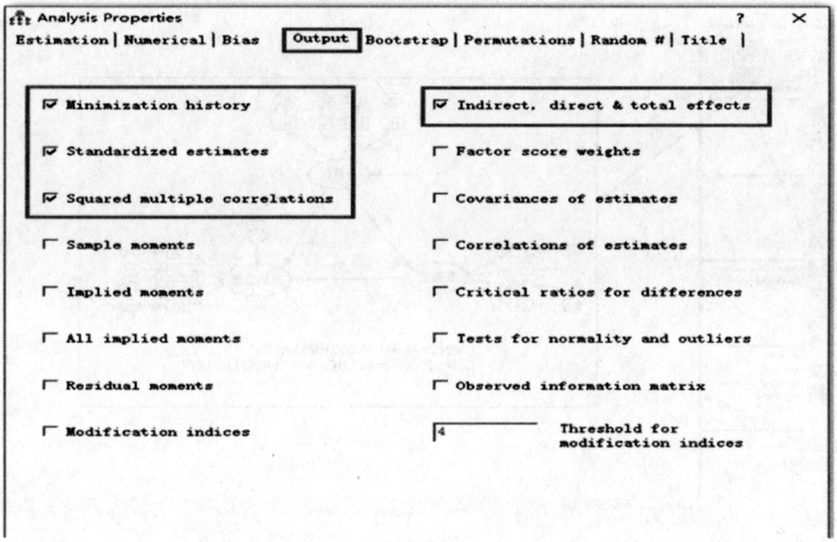

图 5-16

（6）单击分析设置图标按钮，选择并打开“Bootstrap”标签页：勾选“Perform bootstrap”，输入 1000；“Percentile confidence intervals”输入 95；“Bias-corrected confidence intervals”输入 95，如图 5-17 所示。

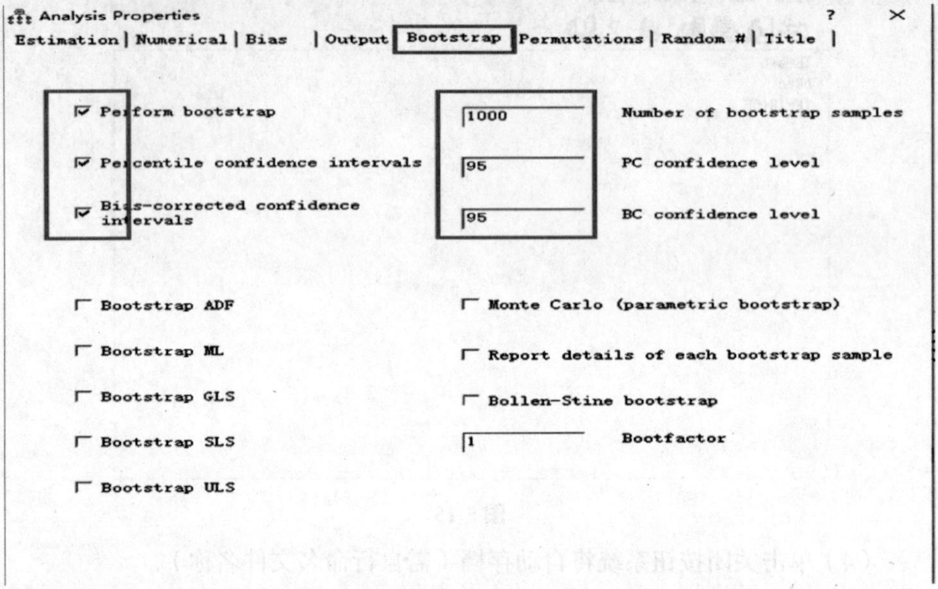

图 5-17

（7）单击执行计算图标按钮，确认分析结果，如图 5-18 所示。

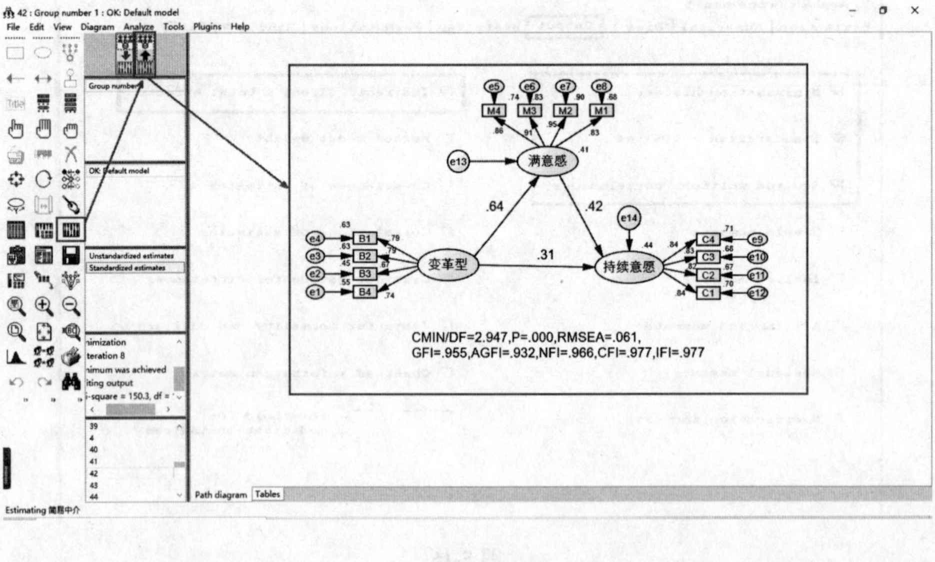

图 5-18

（8）单击结果展示图标按钮，执行“Estimates”→“Scalars”→“User-defined

estimands”命令，单击“Estimates/Bootstrap”选项下的“Estimates”（点估计值），以及“Bootstrap standard errors”（标准误）。然后用点估计值除以标准误，得出Z值，如图5-19所示。

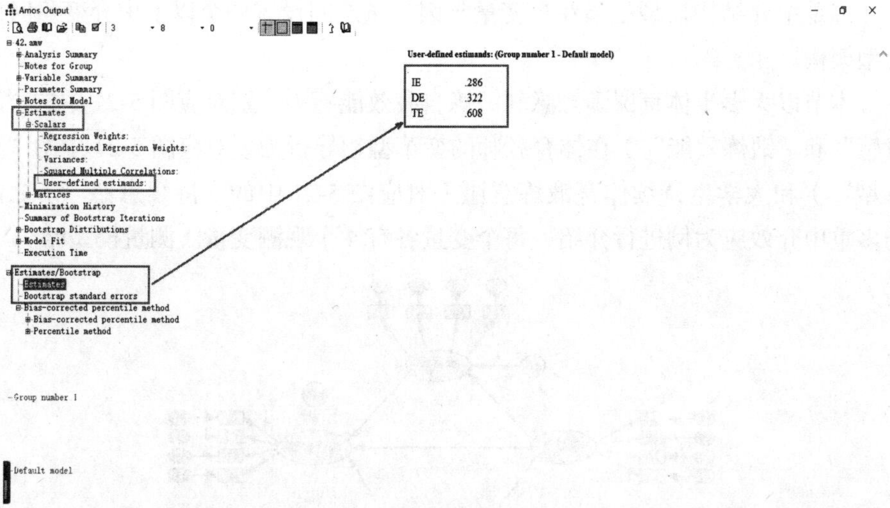

图 5-19

（9）计算完点估计值、标准误及Z值后，单击“Bias-corrected percentile method”，选择Bias-Corrected方法的“Lower Bounds”“Upper Bounds ”置信区间和Percentile方法的“Lower Bounds”“Upper Bounds ”置信区间，如图5-20所示。

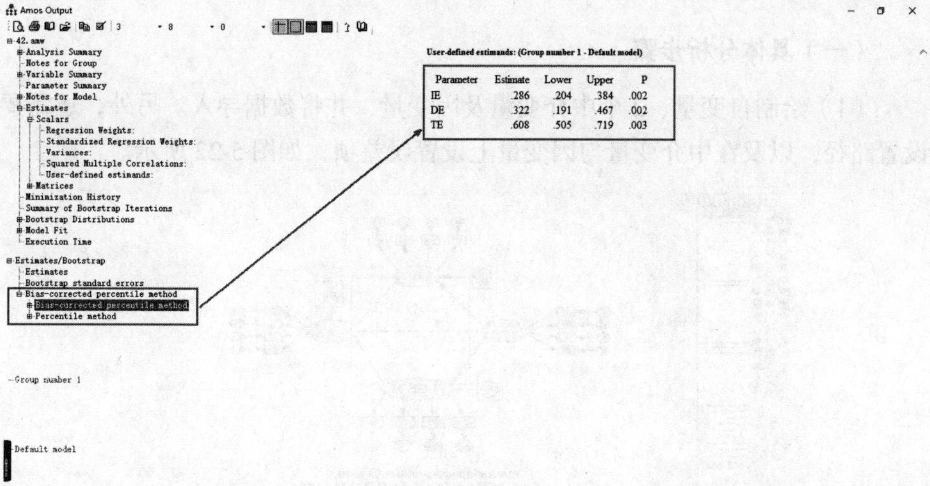

图 5-20

第二节 多重中介的结构模型（两个以上中介）分析

多重中介结构模型是指在自变量与因变量之间设置两个以上中介变量时的模型架构。

本节以大学生体育课满意感和锻炼自我效能感（分别对应图 5-21 中的“满意感”和“锻炼效能”）在体育教师的变革型领导行为（对应图 5-21 中的“变革型”）和大学生持续体育锻炼意愿（对应图 5-21 中的“持续意愿”）之间的多重中介效应为例进行介绍，每个变量各有 4 个观测变量。测量模型略。

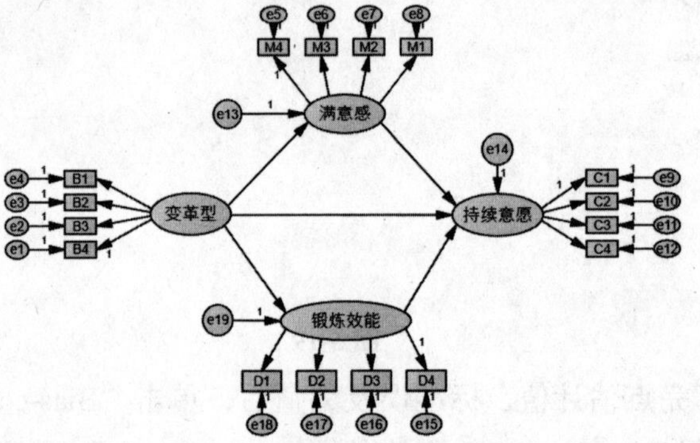

图 5-21

一、路径分析

（一）具体分析步骤

（1）绘制自变量、2 个中介变量及因变量，并将数据导入。另外，还需要设置路径，以及在中介变量与因变量上设置误差项，如图 5-22 所示。

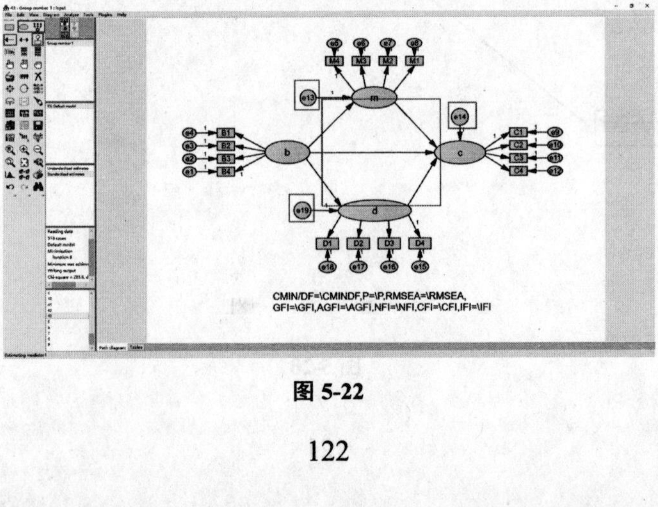

图 5-22

（2）单击分析属性图标按钮，选择并打开“Output”标签页，分别将“Minimization history”“Standardized estimates”“Squared multiple correlations”“Indirect,direct&total effects”选中，如图 5-23 所示。

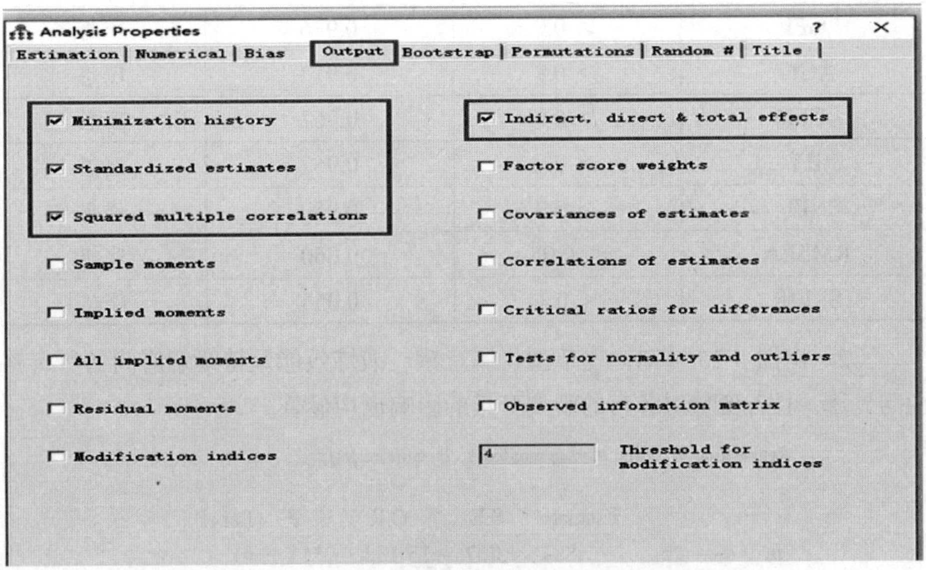

图 5-23

（3）单击执行计算图标按钮，确认分析结果，如图 5-24 所示。

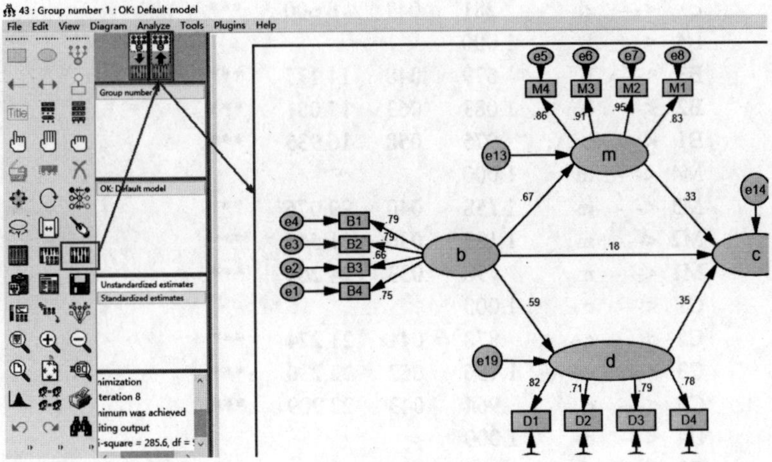

图 5-24

（二）分析结果

（1）模型拟合度。本例题所使用模型各拟合度指标均符合标准要求（表 5-4），这表明样本与模型间拟合良好，适合进行后续分析。

表 5-4　例题模型各拟合度指标的拟合结果

拟合度指标	建议指标值	本模型指标值	拟合评价
Chi-square/df	＜5	2.885	理想
GFI	＞0.9	0.936	理想
AGFI	＞0.8	0.912	理想
CFI	＞0.9	0.967	理想
IFI	＞0.9	0.967	理想
NFI	＞0.9	0.950	理想
RMSEA	＜0.08	0.060	理想
SRMR	＜0.1	0.055	理想

（2）由图 5-25 可知，变革型、满意感、锻炼效能及持续意愿间的所有路径均显著，且各变量对各自的观测变量的影响也均显著。

Regression Weights: (Group number 1 - Default model)

			Estimate	S.E.	C.R.	P	Label
m	<---	b	.884	.067	13.182	***	a1
d	<---	b	.772	.072	10.791	***	a2
c	<---	m	.268	.043	6.191	***	b1
c	<---	b	.190	.071	2.674	.007	cplus
c	<---	d	.281	.043	6.600	***	b2
B4	<---	b	1.000				
B3	<---	b	.679	.048	14.175	***	
B2	<---	b	1.083	.063	17.081	***	
B1	<---	b	.975	.058	16.935	***	
M4	<---	m	1.000				
M3	<---	m	1.158	.040	29.076	***	
M2	<---	m	1.137	.036	31.545	***	
M1	<---	m	.798	.033	24.264	***	
C1	<---	c	1.000				
C2	<---	c	.878	.041	21.274	***	
C3	<---	c	1.156	.052	22.230	***	
C4	<---	c	.964	.043	22.209	***	
D4	<---	d	1.000				
D3	<---	d	1.156	.064	18.028	***	
D2	<---	d	.922	.058	16.015	***	
D1	<---	d	1.153	.062	18.531	***	

图 5-25

（3）由图 5-26 可知，所有观测变量的标准化因素负荷均在 0.6 以上。

Standardized Regression Weights: (Group number 1 - Default model)

			Estimate
m	<---	b	.666
d	<---	b	.586
c	<---	m	.334
c	<---	b	.178
c	<---	d	.348
B4	<---	b	.746
B3	<---	b	.657
B2	<---	b	.793
B1	<---	b	.785
M4	<---	m	.860
M3	<---	m	.909
M2	<---	m	.949
M1	<---	m	.825
C1	<---	c	.835
C2	<---	c	.808
C3	<---	c	.834
C4	<---	c	.833
D4	<---	d	.776
D3	<---	d	.794
D2	<---	d	.711
D1	<---	d	.816

图 5-26

（4）由图 5-27 可知，变异数与误差皆为正值且显著。

Variances: (Group number 1 - Default model)

	Estimate	S.E.	C.R.	P	Label
b	.901	.096	9.364	***	
e13	.885	.081	10.898	***	
e19	1.028	.112	9.196	***	
e14	.503	.049	10.236	***	
e1	.720	.056	12.921	***	
e2	.546	.039	14.181	***	
e3	.623	.053	11.790	***	
e4	.532	.044	11.998	***	
e5	.561	.041	13.596	***	
e6	.450	.038	11.711	***	
e7	.229	.028	8.226	***	
e8	.473	.033	14.236	***	
e9	.444	.037	12.110	***	
e10	.418	.033	12.846	***	
e11	.599	.049	12.150	***	
e12	.419	.034	12.167	***	
e15	1.036	.083	12.410	***	
e16	1.229	.103	11.932	***	
e17	1.304	.096	13.628	***	
e18	1.040	.093	11.206	***	

图 5-27

（5）由图 5-28 可知，变革型对锻炼效能的 SMC 值为 0.343，变革型对满意感的 SMC 值为 0.443，变革型、锻炼效能、满意感对持续意愿的 SMC 值为 0.507。（0.19 为小、0.33 为中、0.67 为大）

Squared Multiple Correlations: (Group number 1 - Default model)

	Estimate
d	.343
m	.443
c	.507
D1	.667
D2	.505
D3	.630
D4	.602
C4	.694
C3	.695
C2	.653
C1	.697
M1	.681
M2	.900
M3	.825
M4	.739
B1	.617
B2	.629
B3	.432
B4	.556

图 5-28

（三）报表制作

最终报表如表 5-5 所示。

表 5–5　例题模型的路径关系检验结果

研究假设	路径关系	Unstd	S.E.	C.R.	P	Std	假设结果
H1	变革型→满意感	0.884	0.067	13.182	***	0.666	支持
H2	变革型→锻炼效能	0.772	0.072	1.791	***	0.586	支持
H3	满意度→持续意愿	0.268	0.043	6.191	***	0.334	支持
H4	变革型→持续意愿	0.190	0.071	2.674	0.007	0.178	支持
H5	锻炼效能→持续意愿	0.281	0.043	6.600	***	0.348	支持

（四）结果解读

变革型对满意感影响的标准化系数为 0.666，P 值小于 0.001，假设 H1 成立。变革型对锻炼效能影响的标准化系数为 0.586，P 值小于 0.001，假设 H2 成立。变革型对持续意愿影响的标准化系数为 0.178，P 值小于 0.01，假设 H3 成立。满意感对持续意愿影响的标准化系数为 0.334，P 值小于 0.001，假设 H4 成立。锻炼效能对持续意愿影响的标准化系数为 0.348，P 值小于 0.001，假设 H5 成立。

二、中介效应分析

（一）分析方法 1

1. 具体分析步骤

（1）分别在每条路径上设置编码，以便后续进行语法设置。编码可以自由命名，尽量以英文结合数字形式命名，如图 5-29 所示。

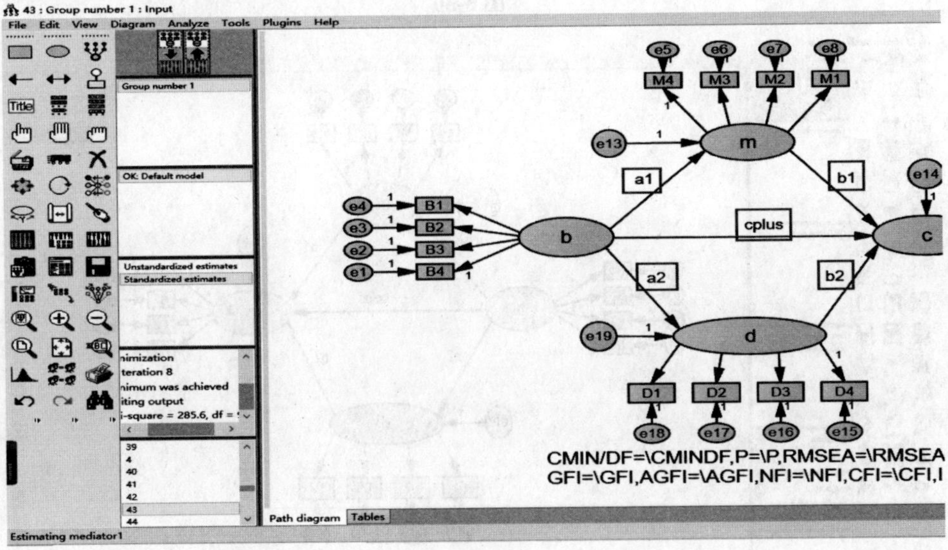

图 5-29

（2）用鼠标单击左下角边框页面，选择“Define new estimates”选项进入语法编写界面，如图 5-30 和图 5-31 所示。

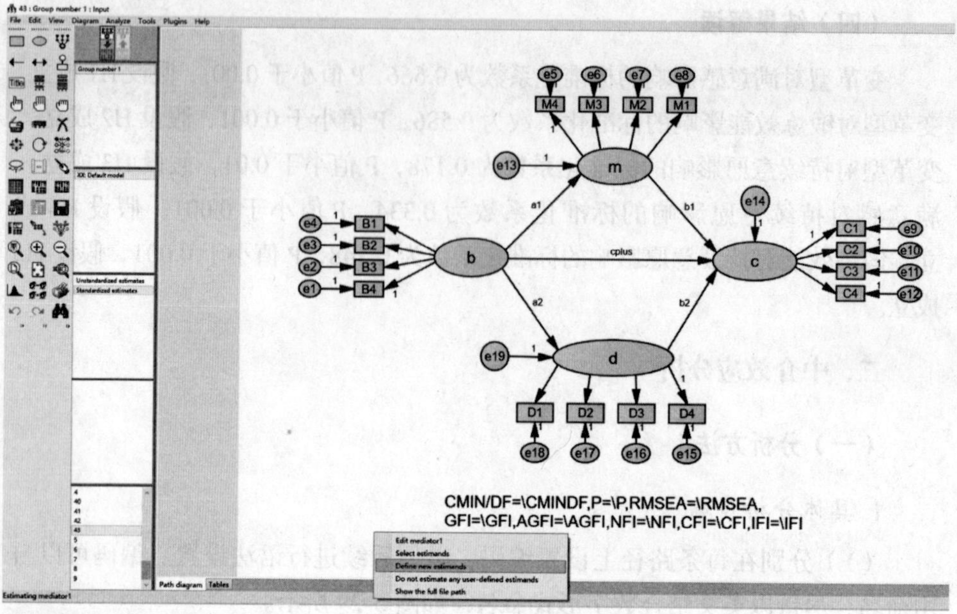

图 5-30

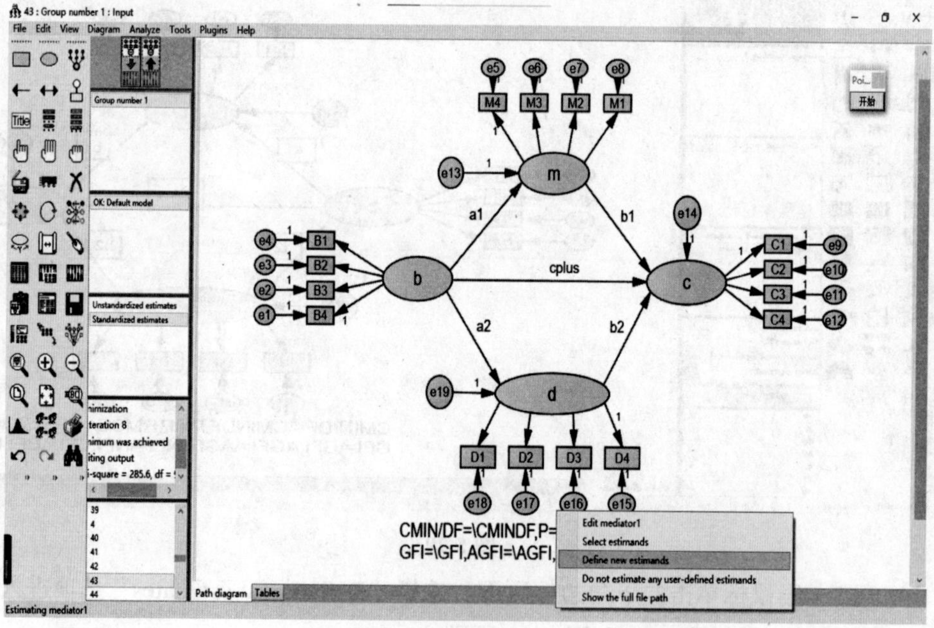

图 5-31

（3）选择“File”菜单，单击“New User-defined Estimand（VB）”选项，如图 5-32 所示。

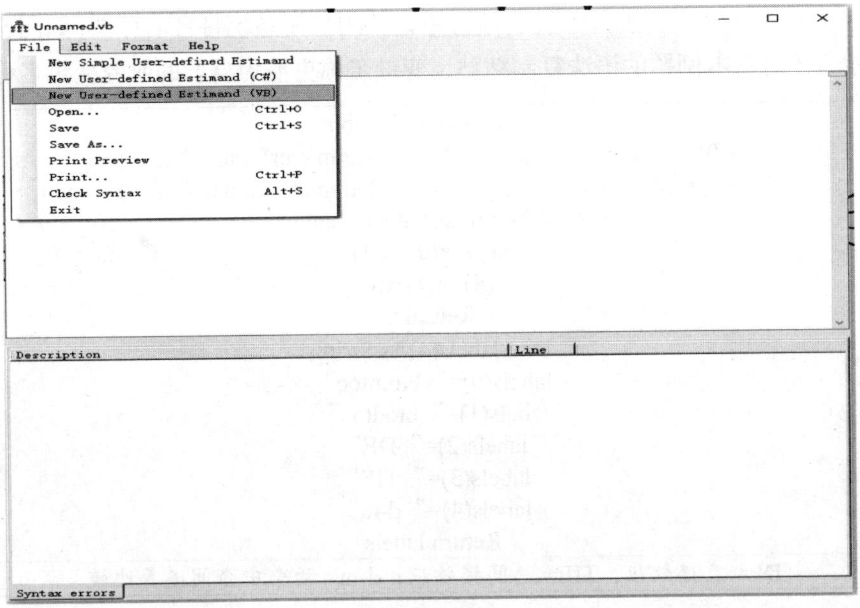

图 5-32

（4）在“Function Value(groupNumber As Integer, bootstrapSampleNumber As Integer, v As CValue) As Object Implements IUserValue.Value”下方输入语法。另外，在“You can replace the following line.”下方输入 Label 语法，如图 5-33 所示。

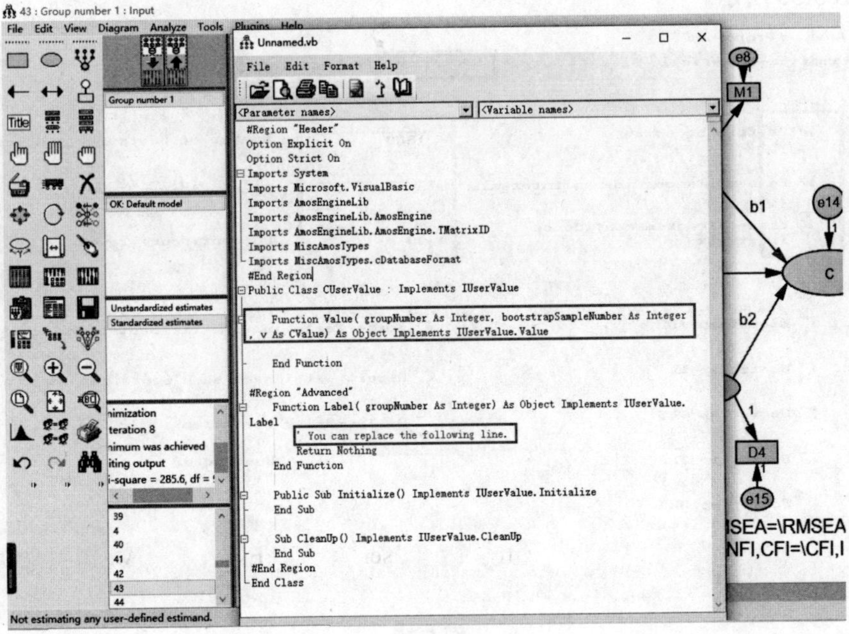

图 5-33

（5）输入以下语法，认真核对后，单击关闭按钮系统将自动存档，如图 5-34 所示。（可将本例题的语法复制粘贴，变量名称更换为自己的研究变量名称）

```
Dim x(4) As Double
x(0)=v.ParameterValue(“a1”)*v.ParameterValue(“a2”)
x(1)=v.ParameterValue(“b1”)*v.ParameterValue(“b2”)
x(2)=v.ParameterValue(“cplus”)
x(3)=x(0)+x(1)
x(4)=x(1)-x(0)
Return x

Dim labels(4)As String
labels(0)=”btomtoc”
labels(1)=”btodtoc”
labels(2)=”DE”
labels(3)=”TIE”
labels(4)=”d-m”
Return labels
```

DE= 直接效应；TIE= 总间接效应；d-m= 两个中介间差异比较

图 5-34

（6）单击分析设置图标按钮，选择并打开“Bootstrap”标签页：勾选“Perform bootstrap”，输入 1000 至 5000 均可；勾选“Percentile confidence intervals”，输入 95；勾选“Bias-corrected confidence intervals”，输入 95，如图 5-35 所示。

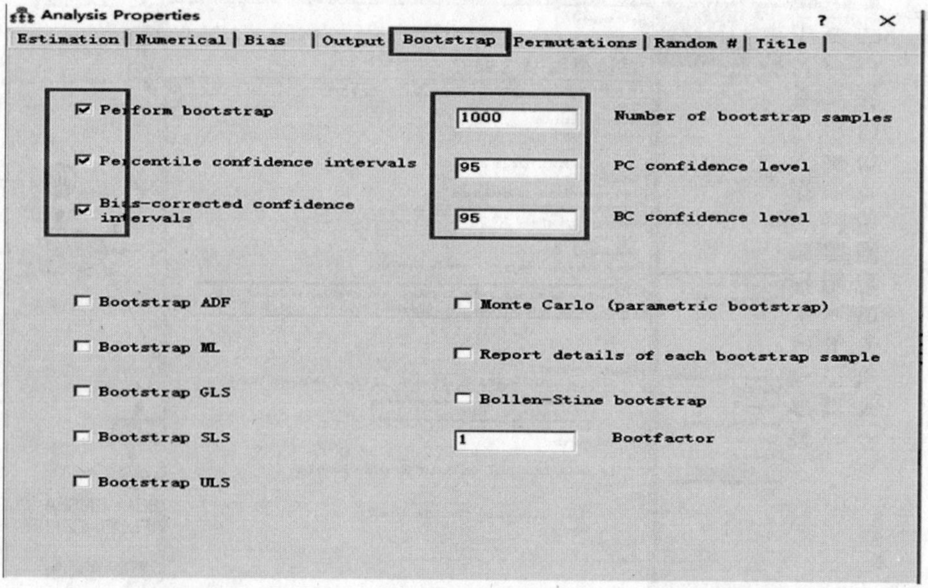

图 5-35

（7）单击执行计算图标按钮，确认分析结果，如图 5-36 所示。

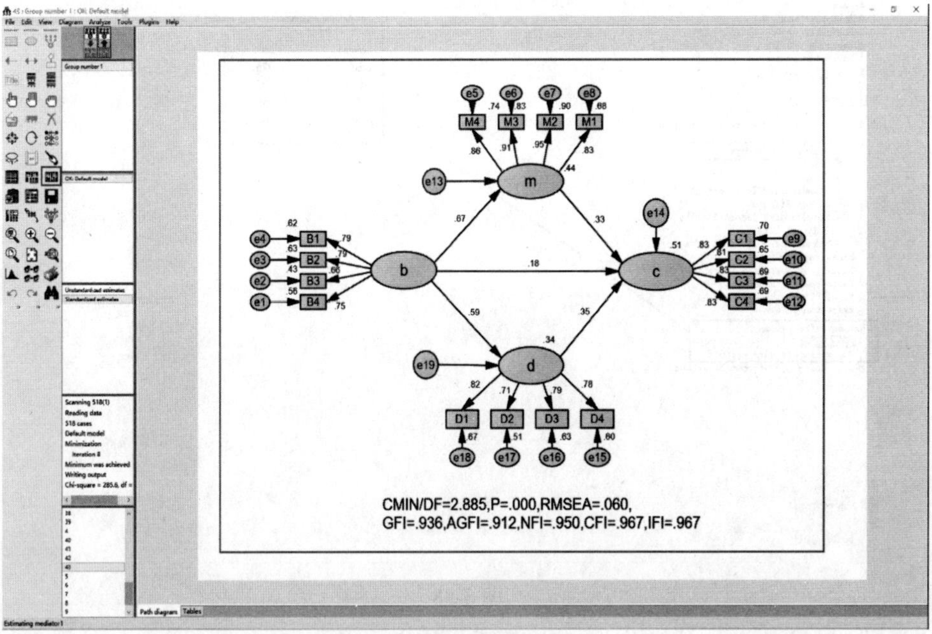

图 5-36

（8）单击结果展示图标按钮，执行“Estimates”→“Scalars”→“User-defined estimands”命令，单击“Estimates/Bootstrap”选项下的“Estimates”（点估计值），以及“Bootstrap standard errors”（标准误）。然后用点估计值除以标准误，得出 Z 值，如图 5-37 和图 5-38 所示。

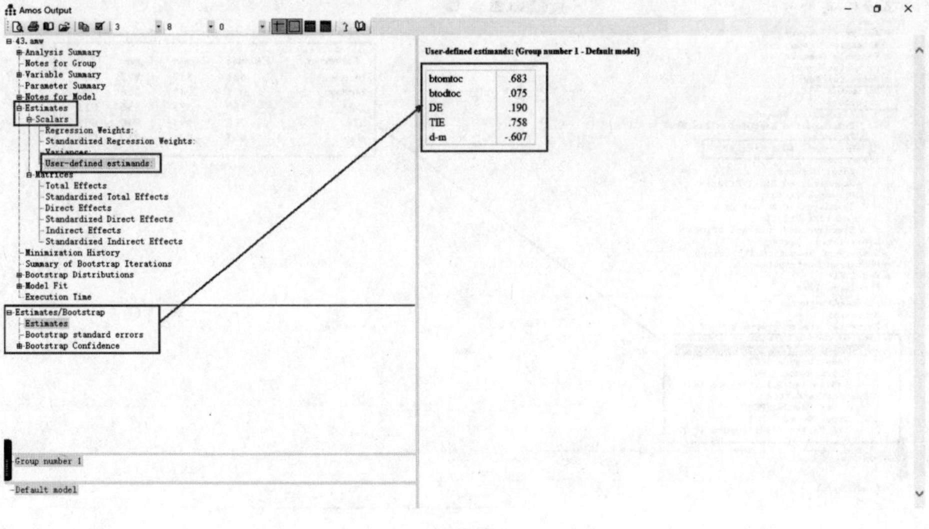

图 5-37

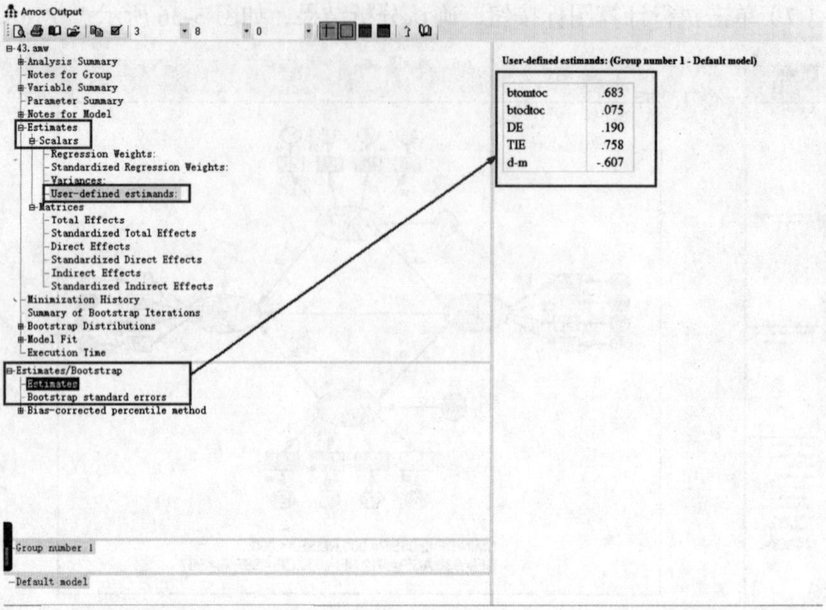

图 5-38

（9）计算完点估计值、标准误及 Z 值后，单击“Bias-corrected percentile method”，选择 Bias-Corrected 方法的“Lower Bounds”“Upper Bounds ”置信区间和 Percentile 方法的“Lower Bounds”“Upper Bounds ”置信区间，分别展示满意感、锻炼效能的各自中介效应、总中介效应，以及二者间的中介效应差异性，另外，展示变革型对持续意愿的直接影响效应，如图 5-39 所示。

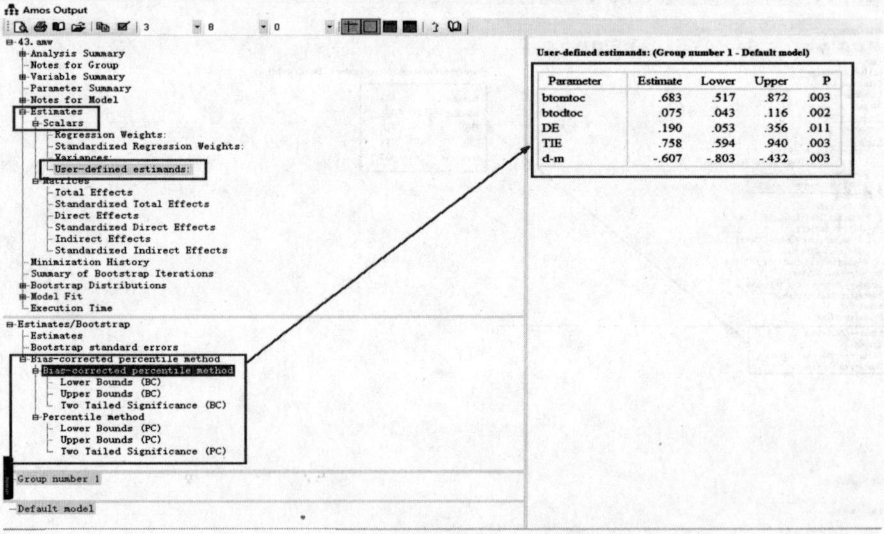

图 5-39

2. 报表制作

最终报表如 5-6 所示。

表 5–6 例题模型的 Bootstrapping 中介效应检验结果

检验项目	点估计值	系数相乘积		Bootstrapping			
				Bias95%		Percentile95%	
		SE	z-value	Lower	Upper	Lower	Upper
中介效应检验							
满意感	0.683	0.090	7.589	0.517	0.872	0.523	0.881
锻炼效能	0.075	0.018	4.167	0.043	0.116	0.042	0.114
变革型→持续意愿 直接效应	0.190	0.074	2.568	0.053	0.356	0.050	0.353
总间接效应	0.758	0.090	8.422	0.594	0.940	0.602	0.952
中介效应比较							
锻炼效能 VS 满意感	−0.607	0.094	−6.457	−0.803	−0.432	−0.813	−0.439

3. 结果解读

大学生体育课满意感在体育教师变革型领导行为和大学生持续体育锻炼意愿之间的中介效应：在 95% 置信水平下，Bias-Corrected 方法的置信区间和 Percentile 方法的置信区间均不包含 0，间接效应显著。大学生锻炼自我效能感在体育教师变革型领导行为和持续体育锻炼意愿之间的中介效应：在 95% 置信水平下，Bias-Corrected 方法的置信区间和 Percentile 方法置信区间不包含 0，间接效应显著。由于体育教师变革型领导行为对大学生持续体育锻炼意愿的直接效应显著，所以大学生体育课满意感和锻炼自我效能感在二者间具有部分中介效应。另外，大学生体育课满意感和锻炼自我效能感的中介效应具有差异性，前者优于后者。

（二）分析方法 2

1. 具体分析步骤

（1）分别在每条路径上设置编码，以便后续的语法设置。编码可以自由命名，尽量以英文结合数字形式命名，如图 5-40 所示。

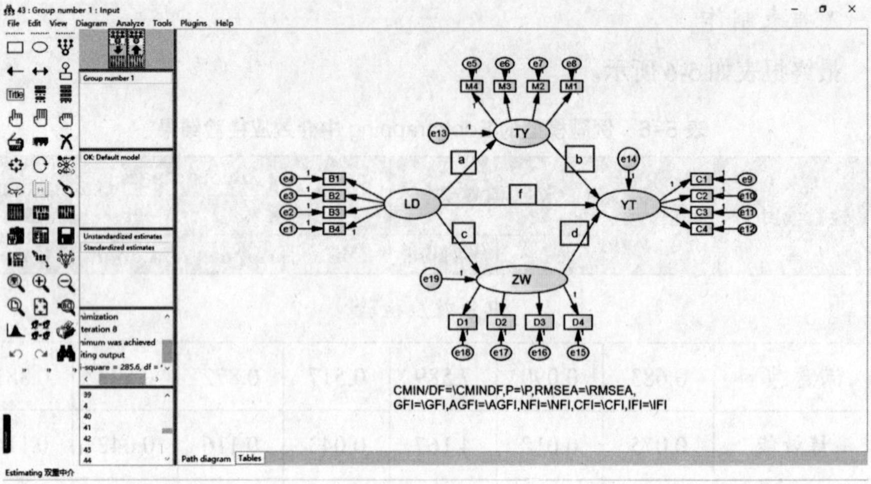

图 5-40

（2）用鼠标点击左下角边框页面，选择“Define new estimates”进入语法编写界面，如图 5-41 所示。

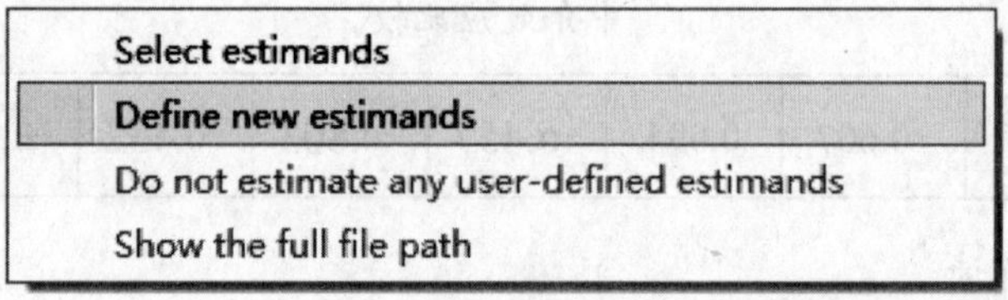

图 5-41

（3）在语法栏内输入以下内容，如图 5-42 所示。

TYIE=a*b（TY 特定中介）
ZWIE=c*d（ZW 特定中介）
DE=f（直接效应）
TIE=a*b+c*d（总间接效应）
TE=DE+TIE（总效应）
TYZW=TYIE-ZWIE（TY 与 ZW 中介效应比较）
P1=TYIE/TIE（TY 占中介效应的比例）
P2=ZWIE/TIE（ZW 占中介效应的比例）
P3=TIE/TE（中介效应占总效应的比例）

图 5-42

（4）输入以下语法，认真核对后，单击关闭按钮系统将自动存档。（可将本例题的语法复制粘贴，更换为自己的研究变量的代码）

（5）单击分析属性图标按钮，选择并打开“Output”标签页，分别将“Minimization history”“Standardized estimates”“Squared multiple correlations”“Indirect,direct&total effects”选中，如图 5-43 所示。

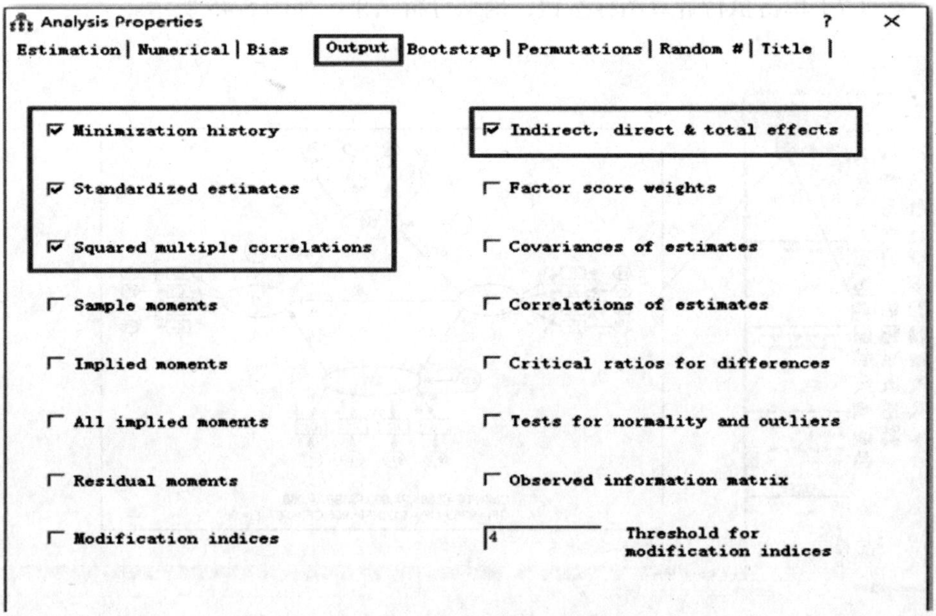

图 5-43

(6)单击分析设置图标按钮，选择并打开“Bootstrap”标签页：勾选“Perform bootstrap”，输入 1000；勾选“Percentile confidence intervals”，输入 95；勾选“Bias-corrected confidence intervals”，输入 95，如图 5-44 所示。

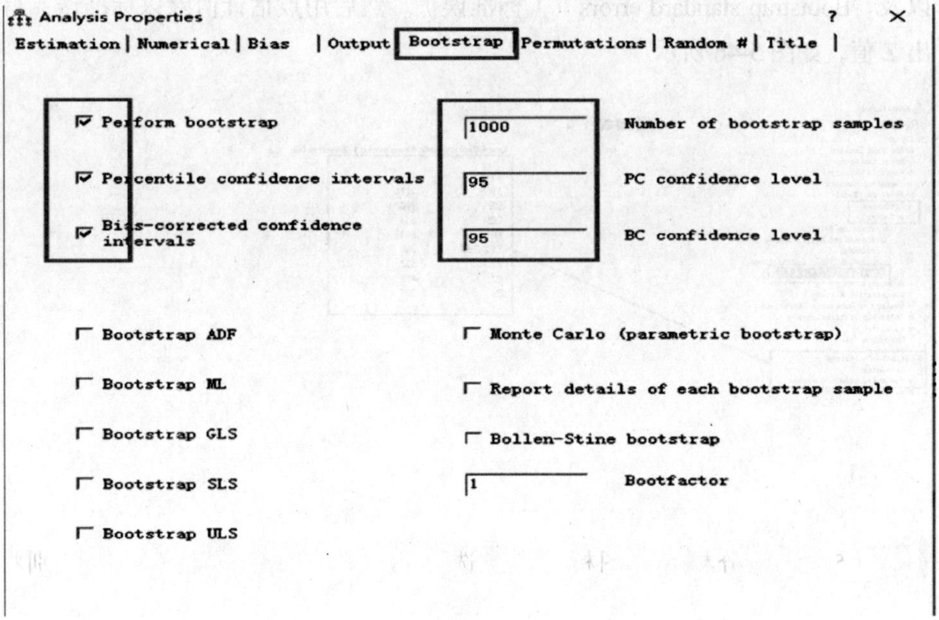

图 5-44

（7）单击执行计算图标按钮，确认分析结果，如图 5-45 所示。

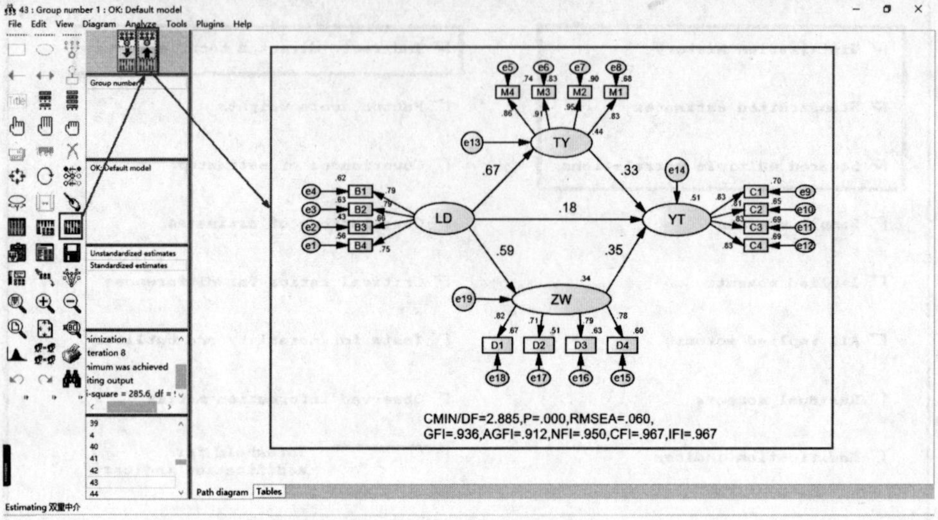

图 5-45

（8）单击结果展示图标按钮，执行“Estimates”→“Scalars”→“User-defined estimands”命令，单击“Estimates/Bootstrap”选项下的“Estimates”（点估计值），以及“Bootstrap standard errors”（标准误）。然后用点估计值除以标准误，得出 Z 值，如图 5-46 所示。

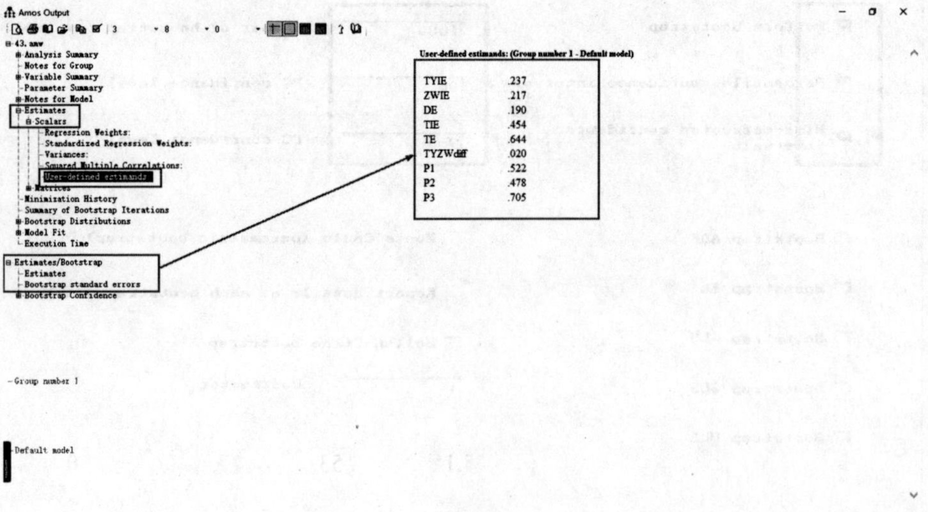

图 5-46

（9）计算完点估计值、标准误及 Z 值后，单击“Bias-corrected percentile method”，选择 Bias-Corrected 方法的“Lower Bounds”“Upper Bounds”置信区间和 Percentile 方法的“Lower Bounds”“Upper Bounds”置信区间，如图 5-47 所示。

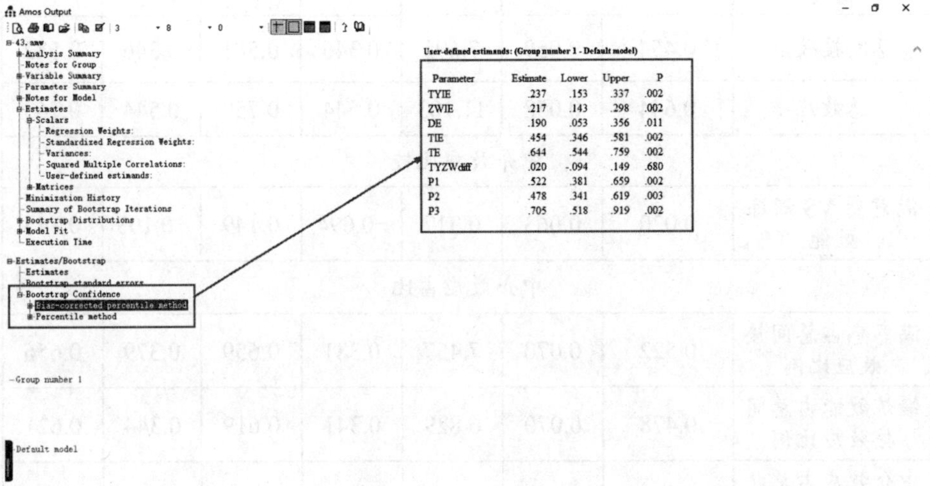

图 5-47

2. 报表制作

最终报表表 5-7 所示。

表 5–7　例题模型的 Bootstrapping 中介效应检验结果

路径关系	点估计值	系数乘积		Bootstrapping			
				bias-corrected 95%CI		percentile 95% CI	
		SE	Z	Lower	Upper	Lower	Upper
中介效应、直接效应、总效应							
变革型→满意感→持续意愿	0.237	0.046	5.152	0.153	0.337	0.149	0.333
变革型→锻炼效能→持续意愿	0.217	0.040	5.425	0.143	0.298	0.144	0.299

续表

路径关系	点估计值	系数乘积		Bootstrapping			
				bias-corrected 95%CI		percentile 95% CI	
		SE	Z	Lower	Upper	Lower	Upper
变革型→持续意愿	0.190	0.074	2.568	0.053	0.356	0.05	0.353
总间接效应	0.454	0.059	7.695	0.346	0.581	0.346	0.582
总效应	0.644	0.058	11.103	0.544	0.759	0.544	0.763
中介效应比较							
满意感 VS 锻炼效能	0.020	0.063	0.317	−0.094	0.149	−0.103	0.145
中介效应占比							
满意感占总间接效应比例	0.522	0.070	7.457	0.381	0.659	0.379	0.656
锻炼效能占总间接效应比例	0.478	0.070	6.829	0.341	0.619	0.344	0.621
中介效应占总效应比例	0.705	0.101	6.980	0.518	0.919	0.518	0.918

3. 结果解读

大学生体育课满意感在体育教师变革型领导行为和大学生持续体育锻炼意愿之间的中介效应，在 95% 置信水平下 Bias-Corrected 方法的置信区间和 Percentile 方法置信区间均不包含 0，间接效应显著；大学生锻炼自我效能感在体育教师变革型领导行为和大学生持续体育锻炼意愿之间的中介效应，在 95% 置信水平下 Bias-Corrected 方法的置信区间和 Percentile 方法置信区间不包含 0，间接效应显著。由于体育教师变革型领导行为对大学生持续体育锻炼意愿的直接效应显著，所以大学生体育课满意感和锻炼自我效能感在二者间具有部分中介效应。

另外，大学生体育课满意感和锻炼自我效能感的中介效应不具有统计差异性。

大学生体育课满意感、锻炼自我效能感的中介效应分别为 0.237、0.217，占总中介效应（0.454）的比值分别为 52.2%、47.8%，而且二者的总间接效应占总效应的 70.5%。

第三节 远程（链式）中介的结构模型分析

如果把多重中介结构模型看作一种并联形式的中介模型的话，那么远程中介结构模型则属于一种串联形式的中介模型，一般最多构建 2 个中介变量，如果超过 3 个则很容易导致中介效应不显著。

本节以高校体育教师的变革型领导行为（对应图 5-48 中的“变革型”）为自变量，体育课满意感和锻炼自我效能感（分别对应图 5-48 中的“满意感”和“锻炼效能”）为串联形式中介变量，持续体育锻炼意愿（对应图 5-48 中的“持续意愿”）为因变量进行介绍，每个变量各有 4 个观测变量。测量模型参照前面章节（略）。

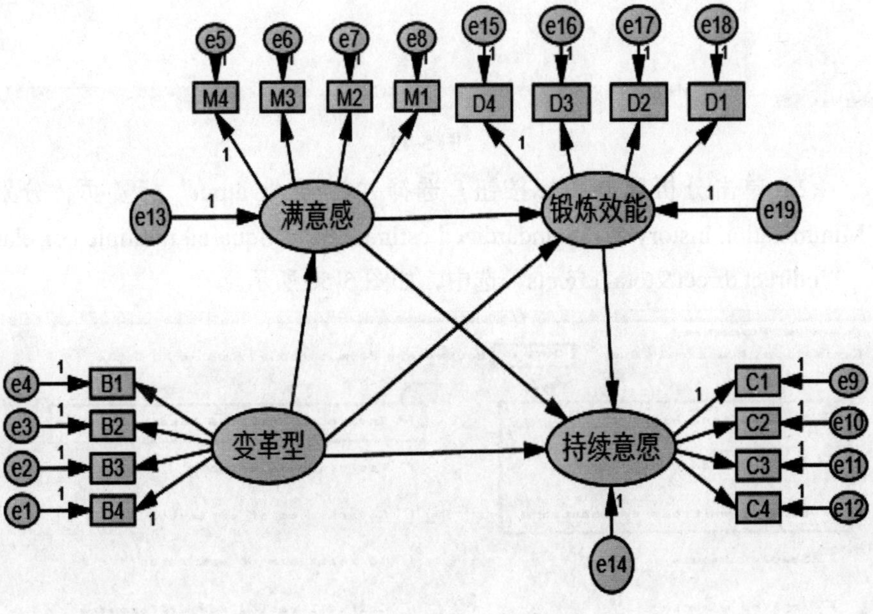

图 5-48

一、路径分析

（一）具体分析步骤

（1）绘制自变量、2 个中介变量及因变量，并将数据导入。另外，还需要设置路径，以及在中介变量与因变量上设置误差项，如图 5-49 所示。

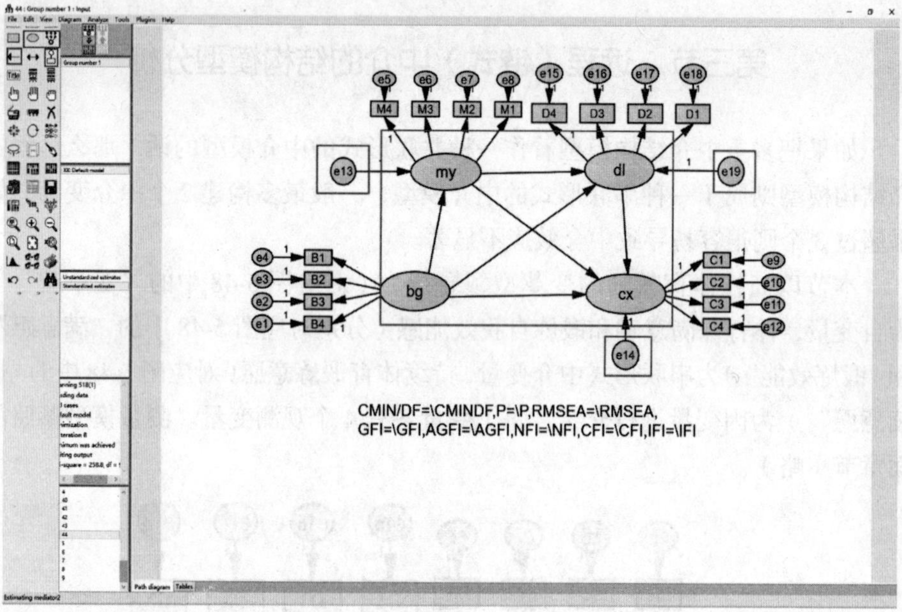

图 5-49

（2）单击分析属性图标按钮，选择并打开“Output”标签页，分别将“Minimization history”“Standardized estimates”“Squared multiple correlations”“Indirect,direct&total effects”选中，如图 5-50 所示。

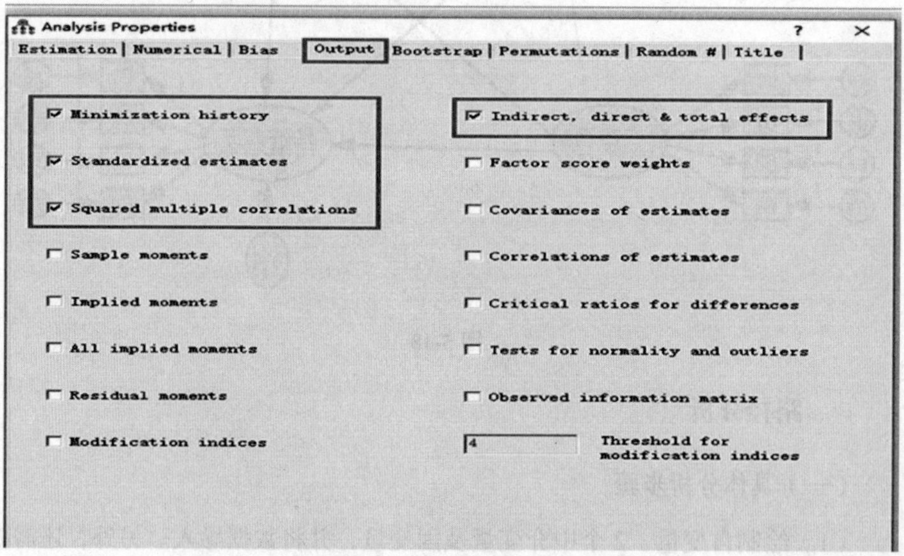

图 5-50

（3）单击执行计算图标按钮，确认分析结果，如图 5-51 所示。

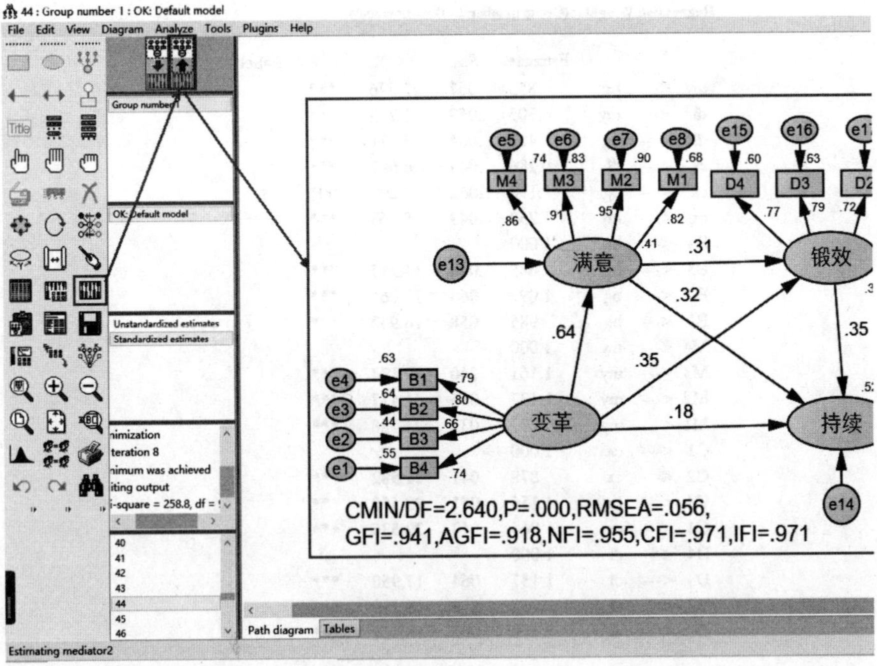

图 5-51

（二）分析结果

（1）模型拟合度。本例题所使用模型各拟合度指标均符合标准要求（表 5-8），这表明样本与模型间拟合良好，适合进行后续分析。

表 5–8 例题模型各拟合度指标的拟合效果

拟合度指标	建议指标值	本模型指标值	拟合评价
Chi-square/df	＜5	2.640	理想
GFI	＞0.9	0.941	理想
AGFI	＞0.8	0.918	理想
CFI	＞0.9	0.971	理想
IFI	＞0.9	0.971	理想
NFI	＞0.9	0.955	理想
RMSEA	＜0.08	0.056	理想
SRMR	＜0.1	0.039	理想

（2）由图 5-52 可知，变革型、满意感、锻炼效能及持续意愿间的所有路径均显著，且各变量对各自的观测变量的影响也均显著。

Regression Weights: (Group number 1 - Default model)

			Estimate	S.E.	C.R.	P	Label
my	<---	bg	.853	.067	12.676	***	
dl	<---	my	.305	.059	5.203	***	
dl	<---	bg	.466	.084	5.571	***	
cx	<---	dl	.286	.043	6.697	***	
cx	<---	bg	.198	.062	3.202	.001	
cx	<---	my	.258	.043	5.963	***	
B4	<---	bg	1.000				
B3	<---	bg	.685	.048	14.215	***	
B2	<---	bg	1.092	.064	17.061	***	
B1	<---	bg	.985	.058	16.952	***	
M4	<---	my	1.000				
M3	<---	my	1.161	.040	29.174	***	
M2	<---	my	1.137	.036	31.437	***	
M1	<---	my	.797	.033	24.188	***	
C1	<---	cx	1.000				
C2	<---	cx	.878	.041	21.582	***	
C3	<---	cx	1.156	.051	22.558	***	
C4	<---	cx	.964	.043	22.536	***	
D4	<---	dl	1.000				
D3	<---	dl	1.157	.064	17.950	***	
D2	<---	dl	.932	.058	16.110	***	
D1	<---	dl	1.158	.063	18.521	***	

图 5-52

（3）由图 5-53 可知，所有观测变量的标准化因素负荷均在 0.6 以上。

Standardized Regression Weights: (Group number 1 - Default model)

			Estimate
my	<---	bg	.642
dl	<---	my	.308
dl	<---	bg	.355
cx	<---	dl	.348
cx	<---	bg	.183
cx	<---	my	.317
B4	<---	bg	.745
B3	<---	bg	.662
B2	<---	bg	.798
B1	<---	bg	.793
M4	<---	my	.859
M3	<---	my	.911
M2	<---	my	.947
M1	<---	my	.824
C1	<---	cx	.838
C2	<---	cx	.811
C3	<---	cx	.837
C4	<---	cx	.836
D4	<---	dl	.773
D3	<---	dl	.792
D2	<---	dl	.716
D1	<---	dl	.817

图 5-53

（4）由图 5-54 可知，变异数与误差皆为正值且显著。

Variances: (Group number 1 - Default model)

	Estimate	S.E.	C.R.	P	Label
bg	.898	.096	9.321	***	
e13	.932	.085	10.982	***	
e19	.992	.107	9.306	***	
e14	.503	.049	10.277	***	
e1	.722	.056	12.833	***	
e2	.540	.038	14.068	***	
e3	.609	.053	11.462	***	
e4	.516	.044	11.644	***	
e5	.564	.041	13.621	***	
e6	.440	.038	11.602	***	
e7	.234	.028	8.396	***	
e8	.476	.033	14.255	***	
e9	.444	.037	12.120	***	
e10	.419	.033	12.856	***	
e11	.599	.049	12.160	***	
e12	.419	.034	12.179	***	
e15	1.048	.084	12.529	***	
e16	1.240	.103	12.050	***	
e17	1.286	.095	13.592	***	
e18	1.036	.092	11.248	***	

图 5-54

（5）由图 5-55 可知，变革型对满意感的 SMC 值为 0.412，变革型与满意感对锻炼效能的 SMC 值为 0.361，变革型、满意感及锻炼效能对持续意愿的 SMC 值为 0.519。（0.19 为小、0.33 为中、0.67 为大）

Squared Multiple Correlations: (Group number 1 - Default model)

	Estimate
my	.412
dl	.361
cx	.519
D1	.668
D2	.512
D3	.627
D4	.597
C4	.699
C3	.700
C2	.658
C1	.702
M1	.679
M2	.898
M3	.830
M4	.738
B1	.628
B2	.637
B3	.438
B4	.554

图 5-55

（三）报表制作

最终报表如表 5-9 所示。

表 5-9　例题模型的路径关系检验结果

研究假设	路径关系	Unstd	S.E	C.R	P	Std	假设结果
H1	变革型→满意感	0.853	0.067	12.676	***	0.642	支持
H2	满意感→锻炼效能	0.305	0.059	5.203	***	0.308	支持
H3	变革型→锻炼效能	0.466	0.084	5.571	***	0.355	支持
H4	锻炼效能→持续意愿	0.286	0.043	6.697	***	0.348	支持
H5	变革型→持续意愿	0.198	0.062	3.202	0.001	0.183	支持
H6	满意感→持续意愿	0.258	0.043	5.963	***	0.317	支持

（四）结果解读

变革型对满意感影响的标准化系数为 0.642，P 值小于 0.001，假设 H1 成立。满意感对锻炼效能的标准化系数为 0.308，P 值小于 0.001，假设 H2 成立。变革型对锻炼效能影响的标准化系数为 0.355，P 值小于 0.001，假设 H3 成立。锻炼效能对持续意愿影响的标准化系数为 0.348，P 值小于 0.001，假设 H4 成立。变革型对持续意愿影响的标准化系数为 0.183，P 值小于 0.01，假设 H5 成立。满意感对持续意愿影响的标准化系数为 0.317，P 值小于 0.001，假设 H6 成立。

二、中介效应分析

（一）分析方法 1

1. 具体分析步骤

（1）分别在每条路径上设置编码，以便后续进行语法设置。编码可以自由命名，尽量以英文结合数字形式命名，如图 5-56 所示。

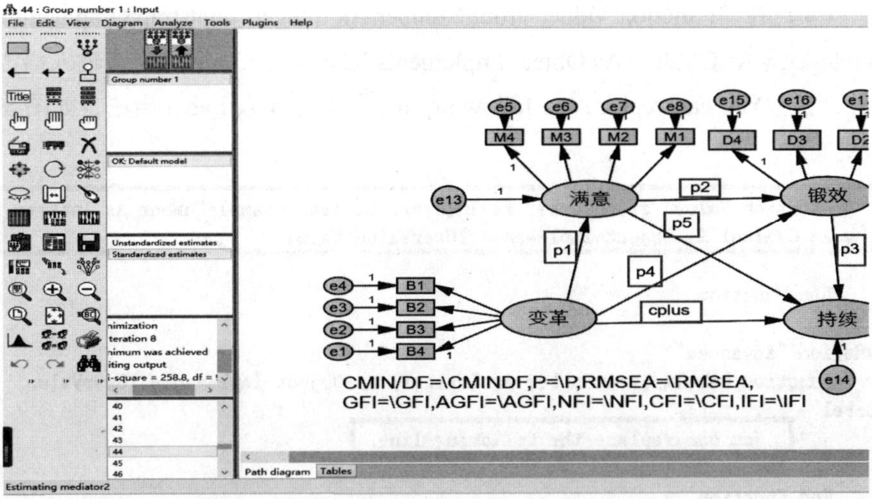

图 5-56

（2）用鼠标单击左下角边框页面，选择“Define new estimates”选项进入语法编写界面，如图 5-57 所示。

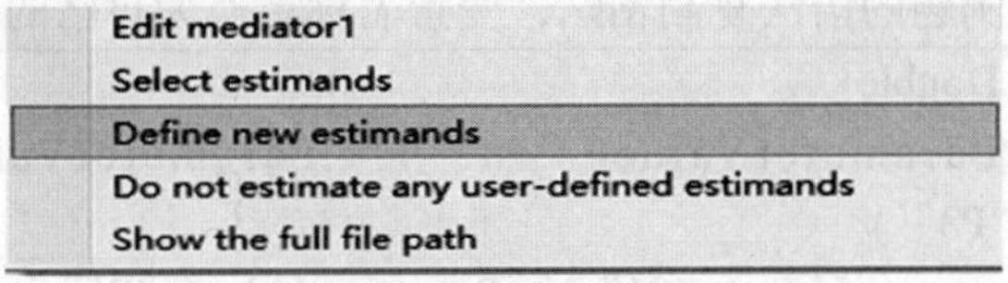

图 5-57

（3）选择“File”菜单，单击“New User-defined Estimand（VB）”选项，如图 5-58 所示。

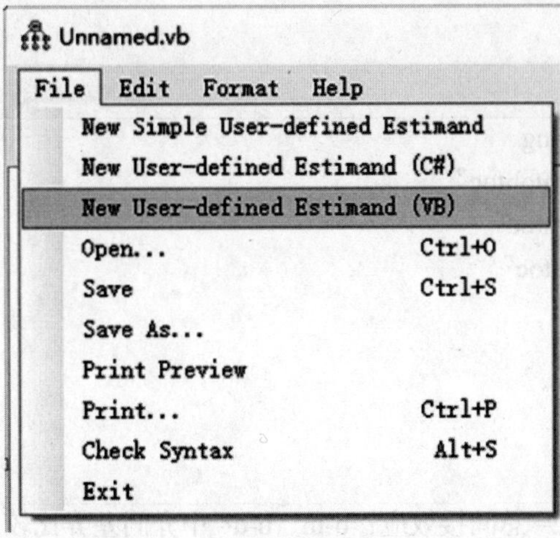

图 5-58

（4）在“Function Value(groupNumber As Integer, bootstrapSampleNumber As Integer, v As CValue) As Object Implements IUserValue.Value”下方输入语法。另外，在“You can replace the following line.”下方输入 Label 语法，如图 5-59 所示。

```
    Function Value( groupNumber As Integer, bootstrapSampleNumber As Integer
, v As CValue) As Object Implements IUserValue.Value

    End Function

#Region "Advanced"
    Function Label( groupNumber As Integer) As Object Implements IUserValue.
Label
        ' You can replace the following line.
        Return Nothing
    End Function
```

图 5-59

（5）输入以下语法，认真核对后，单击关闭按钮系统将自动存档，如图 5-60 所示。（可将本例题的语法复制粘贴，变量名称更换为自己的研究变量名称）

```
Dim x(6) As Double
    x(0)=v.ParameterValue( “P1” )*v.ParameterValue( “P2” )*v.
ParameterValue( “P3” )
    x(1)=v.ParameterValue( “P1” )*v.ParameterValue( “P5” )
    x(2)=v.ParameterValue( “P4” )*v.ParameterValue( “P3” )
    x(3)=v.ParameterValue( “cplus” )
    x(4)=x(0)+x(1)+x(2)
    x(5)=x(0)-x(1)
    x(6)=x(0)-x(2)
    Return x
```

```
Dim labels(6)As String
    labels(0)=” btomtobtoc”
    labels(1)=” btomtoc”
    labels(2)=” btodtoc”
    labels(3)=” DE”
    labels(4)=” TE”
    labels(5)=” b-m”
    labels(6)=” b-d”
    Return labels
```

DE= 直接效应；TE= 总间接效应；b-m、b-d= 中介间差异比较

图 5-60

（6）单击分析设置图标按钮，选择并打开“Bootstrap”标签页：勾选“Perform bootstrap”，输入 1000；勾选“Percentile confidence intervals”，输入 95；勾选“Bias-corrected confidence intervals”，输入 95，如图 5-61 所示。

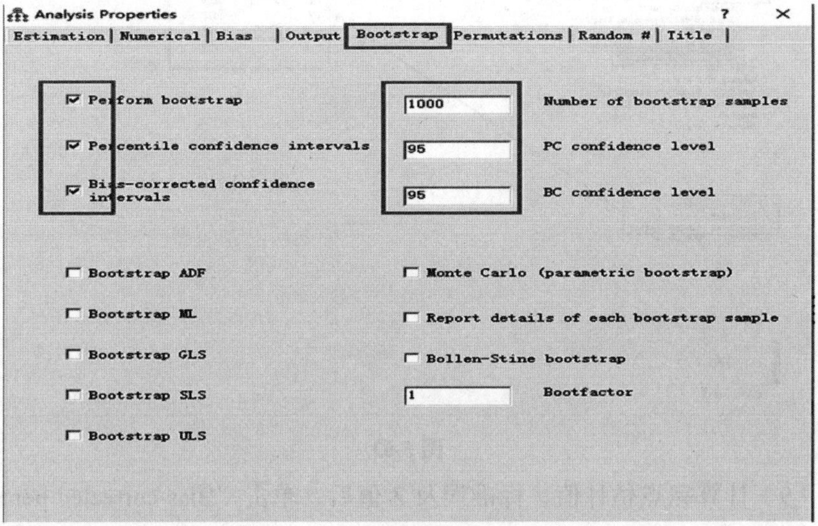

图 5-61

（7）单击执行计算图标按钮，确认分析结果，如图 5-62 所示。

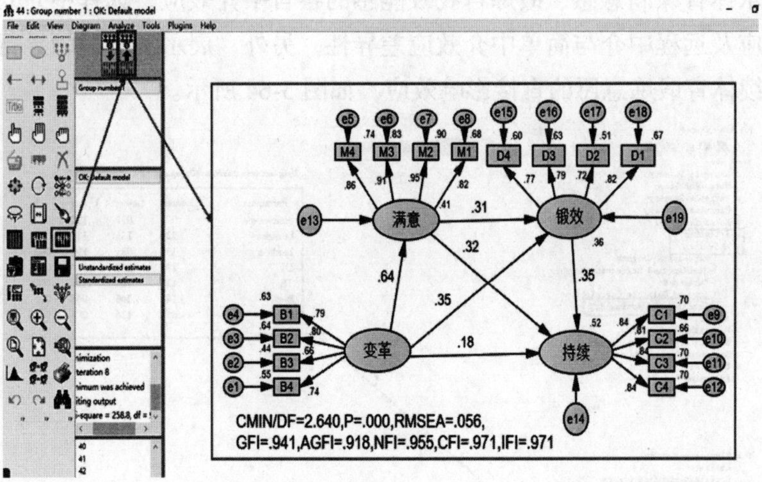

图 5-62

（8）单击结果展示图标按钮，执行“Estimates”→“Scalars”→“User-defined estimands”命令，单击“Estimates/Bootstrap”选项下的“Estimates”（点估计值），以及“Bootstrap standard errors”（标准误）。然后用点估计值除以标准误，得出 Z 值，如图 5-63 所示。

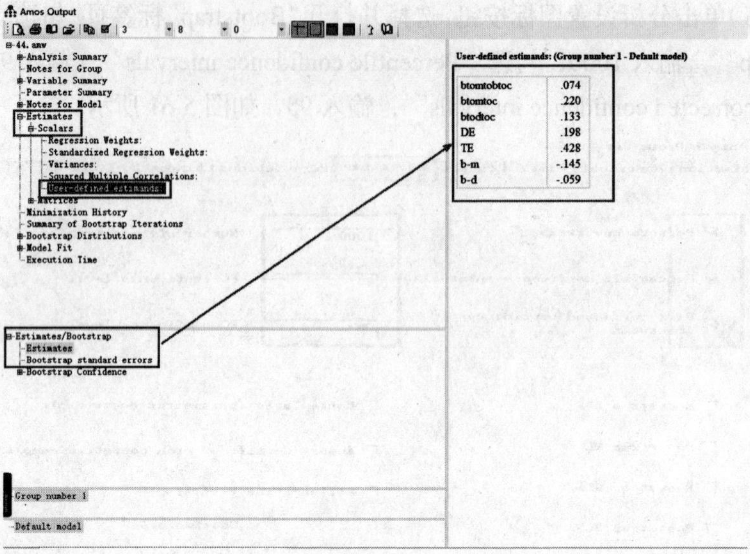

图 5-63

（9）计算完点估计值、标准误及 Z 值后，单击“Bias-corrected percentile method”选项，选择 Bias-Corrected 方法的“Lower Bounds”“Upper Bounds”置信区间和 Percentile 方法的“Lower Bounds”“Upper Bounds”置信区间，分别展示体育课满意感、锻炼自我效能感的各自中介效应、远程中介效应、总中介效应及远程中介与简单中介效应差异性，另外，展示变革型领导行为对大学生持续体育锻炼意愿的直接影响效应，如图 5-64 所示。

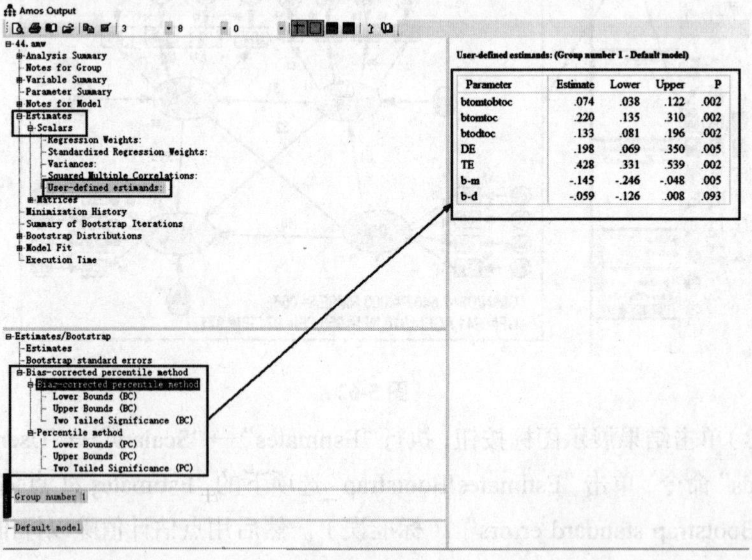

图 5-64

2. 报表制作

最终报表如表 5-10 所示。

表 5-10　例题模型的 Bootstrapping 中介效应检验结果

检验项目	点估计值	系数相乘积		Bootstrapping			
				Bias95%		Percentile95%	
		SE	z-value	Lower	Upper	Lower	Upper
中介效应							
满意感→锻炼效能中介	0.074	0.021	3.524	0.038	0.122	0.037	0.121
满意感	0.220	0.045	4.889	0.135	0.310	0.136	0.311
锻炼效能	0.133	0.030	4.433	0.081	0.196	0.079	0.195
总间接效应	0.428	0.053	8.075	0.331	0.539	0.332	0.541
直接效应							
变革型→持续意愿直接效应	0.198	0.069	2.870	0.069	0.350	0.068	0.348
中介效应比较							
满意感→锻炼效能 VS 满意感	−0.145	0.050	−2.900	−0.246	−0.048	−0.244	−0.045
满意感→锻炼效能 VS 锻炼效能	−0.059	0.035	−1.686	−0.126	0.008	−0.127	0.008

3. 结果解读

大学生体育课满意感和锻炼自我效能感在体育教师变革型领导行为和大学生持续体育锻炼意愿之间的链式中介效应：在 95% 置信水平下，Bias-Corrected 方法的置信区间和 Percentile 方法的置信区间均不包含 0，表明链式间接效应显著。大学生体育课满意感在体育教师的变革型领导行为和大学生持续体育锻炼意愿之间的中介效应：在 95% 置信水平下，Bias-Corrected 方法的置信区间和 Percentile 方法的置信区间不包含 0，表明间接效应显著。锻炼自我效能感在体育教师的变革型领导行为和大学生持续体育锻炼意愿之间的中介效应：在 95% 置信水平下，Bias-Corrected 方法的置信区间和 Percentile 方法的置信区间不包含 0，表明间接效应显著。由于体育教师的变革型领导行为对大学生持续体育锻炼意愿的直接效应显著，所以大学生体育课满意感和锻炼自我效能感在二者间具有部分中介效应。另外，大学生体育课满意感和锻炼自我效能感的链式中介效应与大学生体育课满意感的中介效应具有差异性，后者优于前者。

（二）分析方法 2

1. 具体分析步骤

（1）分别在每条路径上设置编码，以便后续的语法设置。编码可以自由命名，尽量以英文结合数字形式命名，如图 5-65 所示。

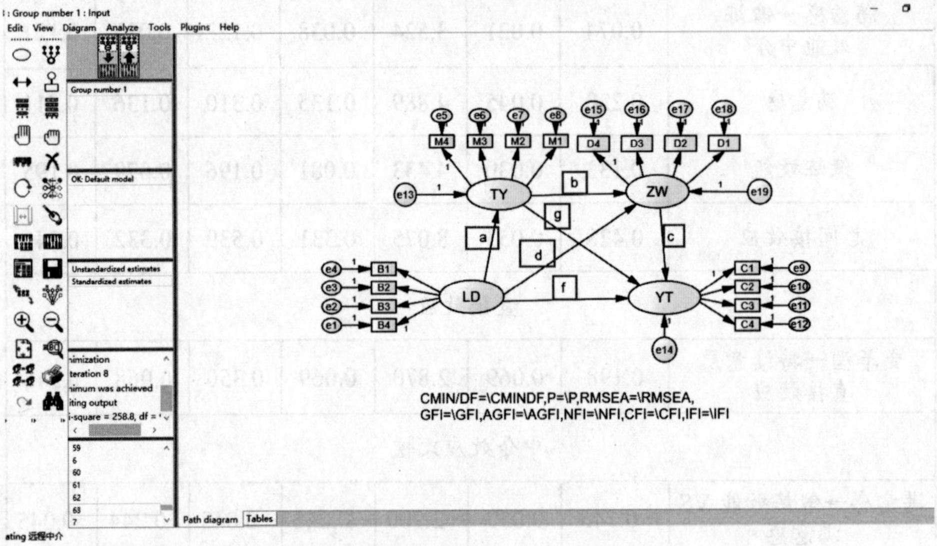

图 5-65

（2）用鼠标单击左下角边框页面，选择“Define new estimates”进入语法编写界面，如图 5-66 所示。

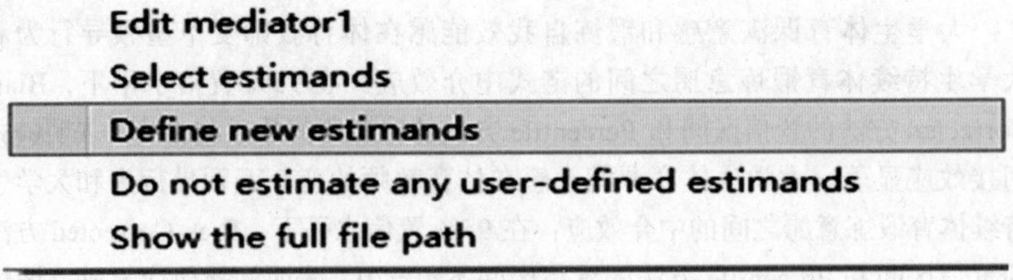

图 5-66

（3）在语法栏内输入以下内容，如图 5-67 所示。

IE=a*b*c（远程中介）
TYIE=a*g（特定中介）
ZWIE=d*c（特定中介）
TIE=a*b*c+a*g+d*c（总间接效应）
DE=f（直接效应）
TE=DE+TIE（总效应）
TYDIE=TYIE-IE（TY 与远程中介比较）
ZWDIE=ZWIE-IE（ZW 与远程中介比较）
TYZW=TYIE-ZWIE（TY 与 ZW 中介比较）
P1=IE/TIE（远程中介占中介效应的比例）
P2=TYIE/TIE（TY 占中介效应的比例）
P3=ZWIE/TIE（ZW 占中介效应的比例）
P4=TIE/TE（中介效应占总效应的比例）
P5=DE/TE（直接效应占总效应的比例）

图 5-67

（4）输入以下语法，认真核对后，单击关闭按钮系统将自动存档。（可将本例题的语法复制粘贴，更换为自己的研究变量的代码。

（5）单击分析属性图标按钮，选择并打开“Output”标签页，分别将“Minimization history”“Standardized estimates”“Squared multiple correlations”“Indirect,direct&total effects”选中，如图 5-68 所示。

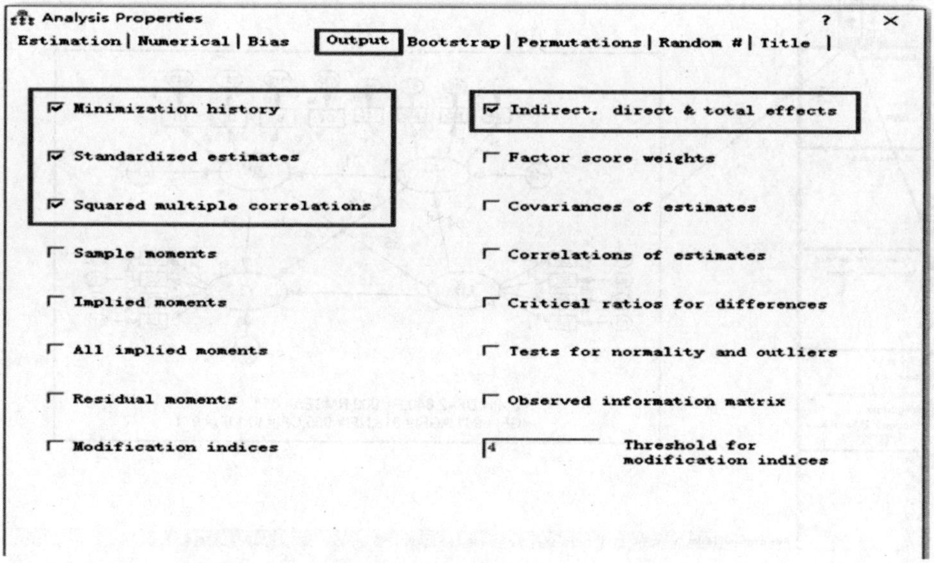

图 5-68

（6）单击分析设置图标按钮，选择并打开“Bootstrap”标签页：勾选“Perform bootstrap”，输入 1000；“Percentile confidence intervals”，输入 95；勾选

“Bias-corrected confidence intervals”，输入 95，如图 5-69 所示。

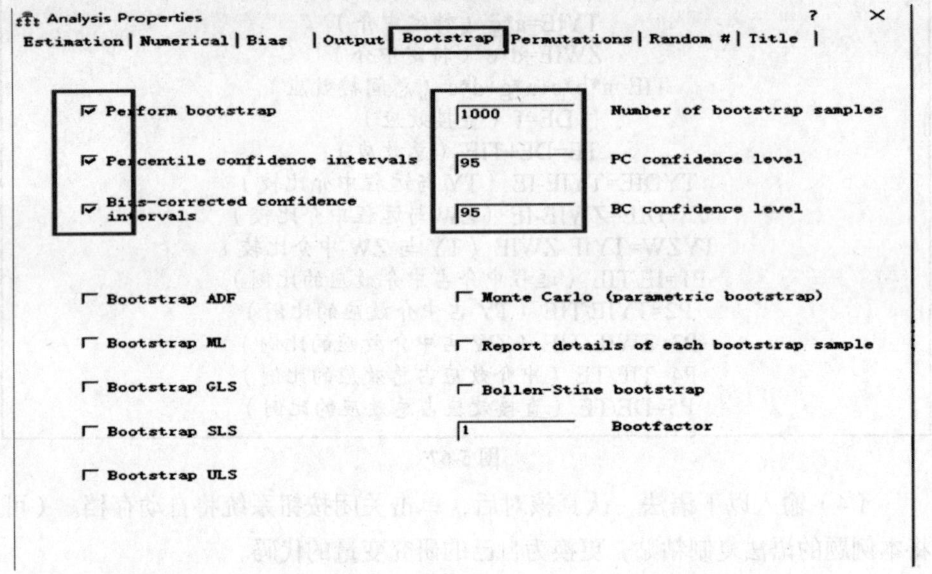

图 5-69

（7）单击执行计算图标按钮，确认分析结果，如图 5-70 所示。

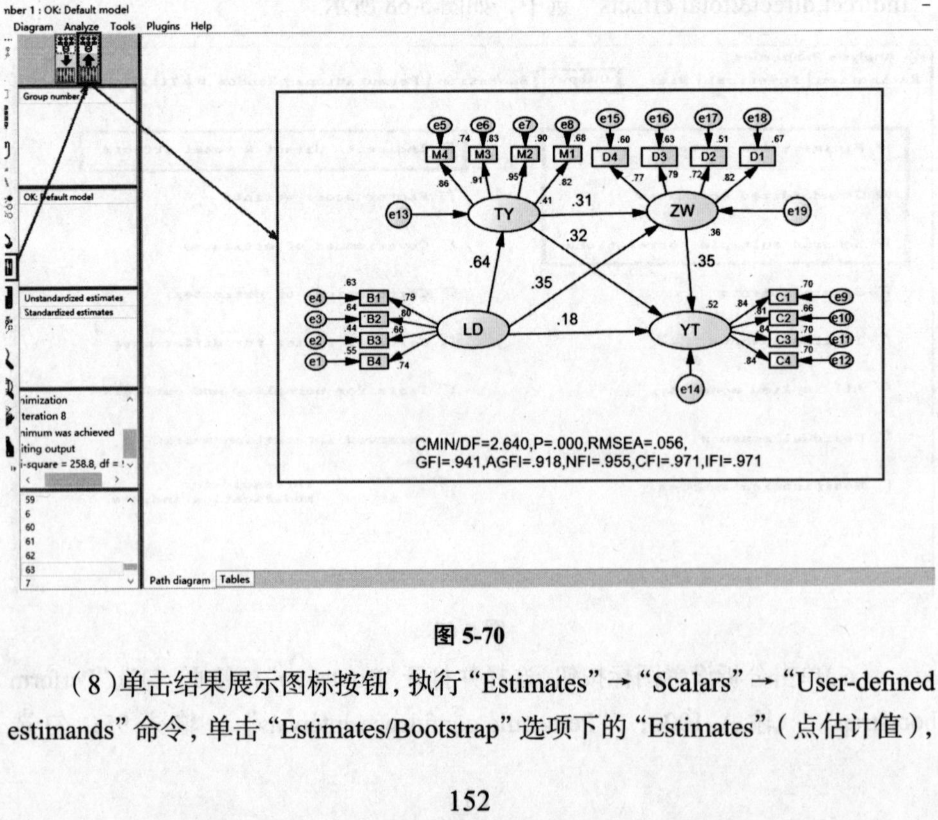

图 5-70

（8）单击结果展示图标按钮，执行“Estimates”→“Scalars”→“User-defined estimands”命令，单击“Estimates/Bootstrap”选项下的“Estimates”（点估计值），

以及“Bootstrap standard errors”（标准误）。然后用点估计值除以标准误，得出 Z 值，如图 5-71 所示。

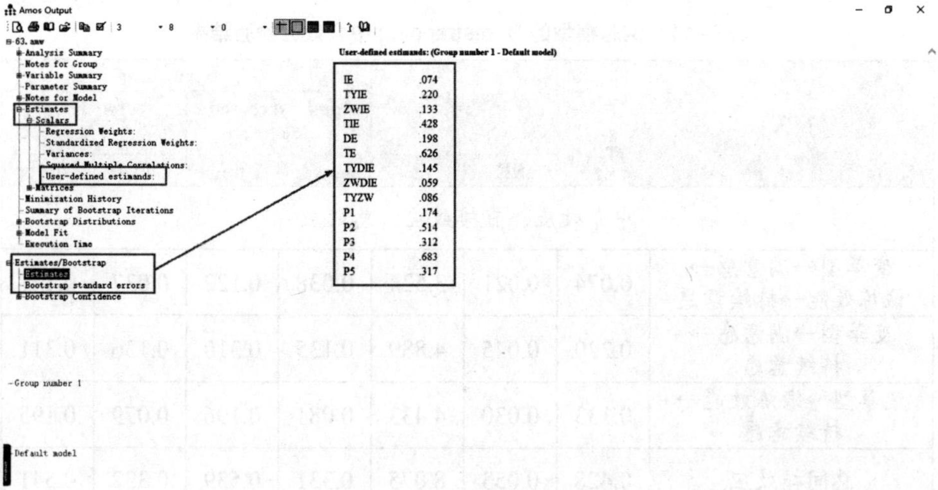

图 5-71

（9）计算完点估计值、标准误及 Z 值后，单击“Bias-corrected percentile method”，选择 Bias-Corrected 方法的“Lower Bounds”“Upper Bounds ”置信区间和 Percentile 方法的“Lower Bounds”“Upper Bounds ”置信区间，如图 5-72 所示。

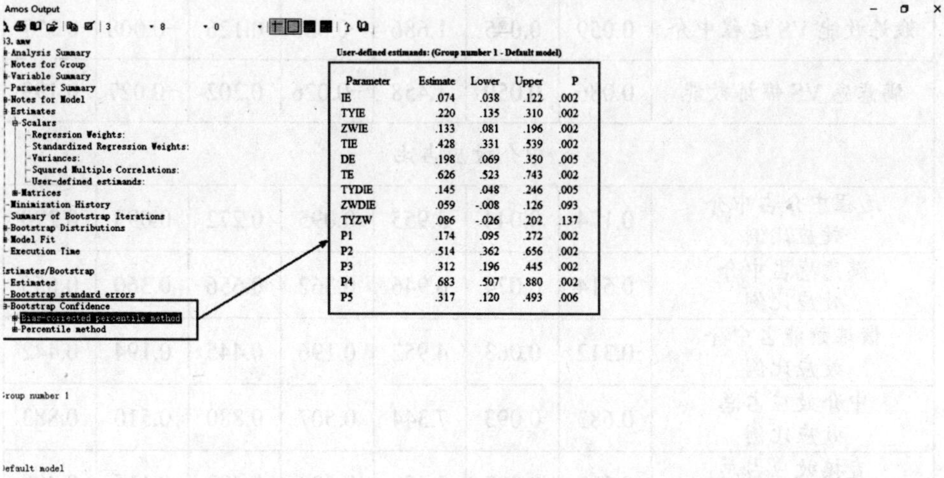

图 5-72

2. 报表制作

最终报表如表 5-11 所示。

表 5-11 例题模型的 Bootstrapping 中介效应检验结果

路径关系	点估计值	系数乘积		Bootstrapping			
				bias-corrected 95%CI		percentile 95% CI	
		SE	Z	Lower	Upper	Lower	Upper
中介效应、直接效应、总效应							
变革型→满意感→锻炼效能→持续意愿	0.074	0.021	3.524	0.038	0.122	0.037	0.121
变革型→满意感→持续意愿	0.220	0.045	4.889	0.135	0.310	0.136	0.311
变革型→锻炼效能→持续意愿	0.133	0.030	4.433	0.081	0.196	0.079	0.195
总间接效应	0.428	0.053	8.075	0.331	0.539	0.332	0.541
直接效应	0.198	0.069	2.870	0.069	0.350	0.068	0.348
总效应	0.626	0.057	1.982	0.523	0.743	0.524	0.746
中介效应比较							
满意感 VS 远程中介	0.145	0.050	2.900	0.048	0.246	0.045	0.244
锻炼效能 VS 远程中介	0.059	0.035	1.686	−0.008	0.126	−0.008	0.127
满意感 VS 锻炼效能	0.086	0.059	1.458	−0.026	0.202	−0.027	0.199
中介效应占比							
远程中介占中介效应比例	0.174	0.044	3.955	0.095	0.272	0.093	0.270
满意感占中介效应比例	0.514	0.074	6.946	0.362	0.656	0.360	0.655
锻炼效能占中介效应比例	0.312	0.063	4.952	0.196	0.445	0.194	0.442
中介效应占总效应比例	0.683	0.093	7.344	0.507	0.880	0.510	0.883
直接效应占总效应比例	0.317	0.093	3.409	0.120	0.493	0.117	0.490

3. 结果解读

大学生体育课满意感和锻炼自我效能感在体育教师变革型领导行为和大学

生持续体育锻炼意愿之间的链式中介效应，在 95% 置信水平下 Bias-Corrected 方法的置信区间和 Percentile 方法置信区间均不包含 0，表明链式间接效应显著；大学生体育课满意感在体育教师变革型领导行为和大学生持续体育锻炼意愿之间的中介效应，在 95% 置信水平下 Bias-Corrected 方法的置信区间和 Percentile 方法置信区间均不包含 0，间接效应显著；大学生锻炼自我效能感在体育教师变革型领导行为和大学生持续体育锻炼意愿之间的中介效应，在 95% 置信水平下 Bias-Corrected 方法的置信区间和 Percentile 方法置信区间不包含 0，间接效应显著。由于体育教师变革型领导行为对大学生持续体育锻炼意愿的直接效应显著，所以大学生体育课满意感、锻炼自我效能感在二者间具有部分中介效应。

另外，大学生体育课满意感的中介效应与大学生体育课满意感和锻炼自我效能感的远程中介效应具有统计差异性，大学生体育课满意感的中介效应优于远程中介效应。

大学生体育课满意感、锻炼自我效能感的中介效应，以及远程中介效应分别为 0.220、0.133、0.074，占总中介效应（0.428）的比值分别为 51.4%、31.2%、17.4%，总间接效应占总效应的 68.3%，直接效应占总效应的 31.7%。

本章要点：

（1）进行单一中介效应检验时，选择并打开“Bootstrap”标签页，勾选“Perform bootstrap”，输入 1000 至 5000 次均可；同时分别勾选“Percentile confidence intervals”和“Bias-corrected confidence intervals”，均输入 95。而进行多重中介与远程（链式）中介效应检验时，在 AMOS 内必须通过语法编写才可处理，所以应熟练掌握语法编写操作。

（2）中介效应必须要在路径分析基础之上通过中介效应检验才可下定论，即使路径分析结果显示 A 到 C 之间经过 B 的两条路径都显著也不可轻易认为 B 具有中介作用，而需要通过中介效果检验。

（3）理解部分中介与完全中介的区别，以及判定标准。

（4）当进行多重中介效应检验时，可以比较各自的中介效应大小，从而进一步拓展研究价值。

（5）多重中介与远程中介的语法输入均分为两部分，一部分为实际效应检验语法，另一部分为效应检验语法的具体说明，所以在录入语法时切记要完成以上两部分。

（6）在进入语法编写界面前，在每条线上尽量以英文结合数字的形式命名编码，以便后续在语法中容易识别和解读编码。

第六章　结构方程模型的调节效应分析

调节变量是指可以控制或干扰自变量与因变量间关系强弱和方向的变量。它不同于中介变量，中介变量的主要作用是为了递进自变量与因变量间的关系程度，或探求二者间产生较强关系的“黑匣子”是什么。而调节变量的主要意义是调节自变量与因变量间的关系程度，属于双向调节，即可以使二者间关系增强也可以减弱二者间关系，可以是正向的也可以为负向的。

在进行调节效应分析时，首先需要了解调节变量的具体类型，因为不同类型的调节变量所对应的调节效应分析方法会有所不同。目前，调节变量大致分为两种：一种是分类变量（又称名义变量），如人口统计学变量性别、国籍等；另一种是连续型变量，如以李克特形式调查的变量，以及体育课满意感、锻炼自我效能感、持续体育锻炼意愿等潜变量。

本章将主要介绍以下几种研究中常涉及的调节效应检验方法：（1）调节变量、自变量和因变量都为连续型变量的调节效应分析；（2）调节变量为分类变量，自变量和因变量都为连续型变量的调节效应分析；（3）中介效应的调节效应分析，或称调节效应的中介效应分析。

第一节　调节变量、自变量和因变量为连续型变量（观测变量）的调节效应分析

本节例题以体育教师变革型领导行为(对应图6-1中的“变革型”)为自变量，大学生体育课满意感（对应图6-1中的“满意感”）为调节变量，大学生持续体育锻炼意愿（对应图6-1中的“持续意愿”）为因变量。

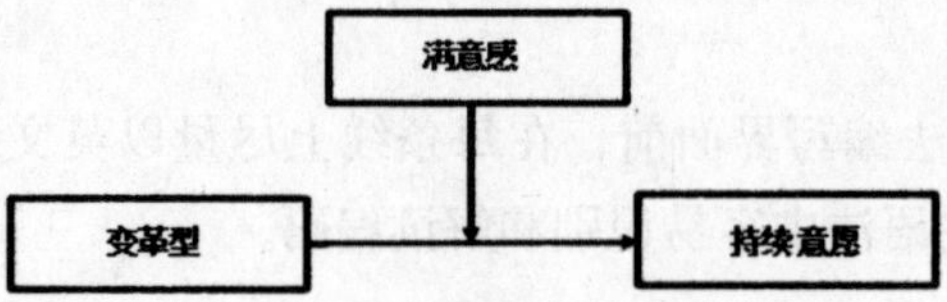

图 6-1

一、具体分析步骤

（1）首先进行测量模型检验（参照一阶因子测量模型），将满足要求的题项保留，如图 6-2 所示。

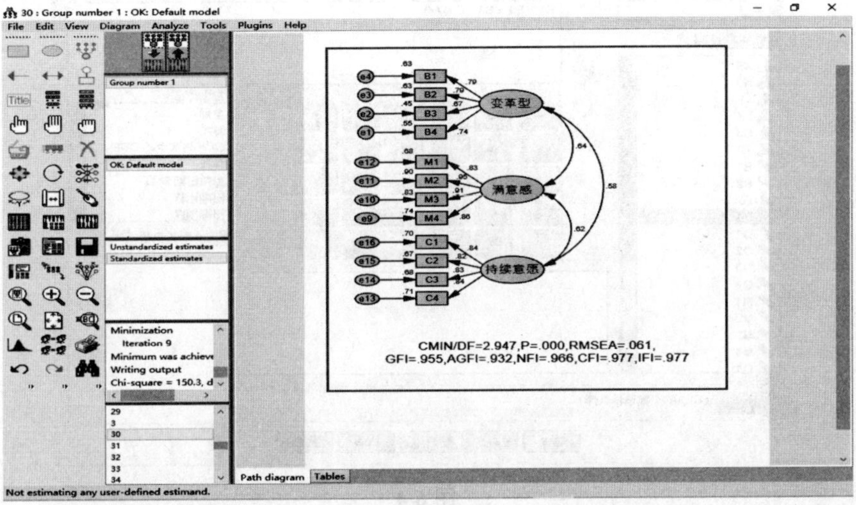

图 6-2

（2）打开 SSPS，单击计算变量选项，如图 6-3 所示。

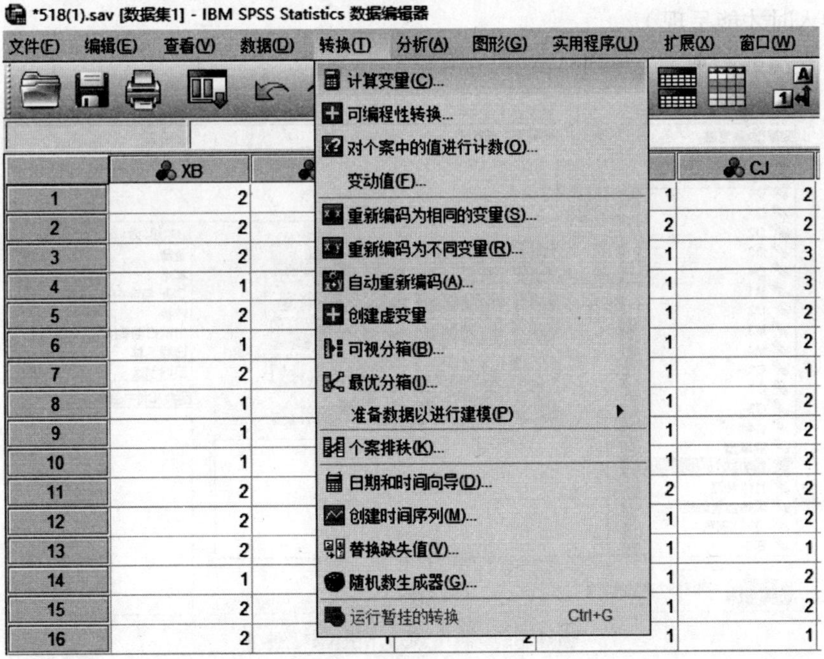

图 6-3

（3）依次将通过测量模型检验的各变量题项进行加总平均，目的是将潜变量转化为观测变量，如图 6-4 所示。

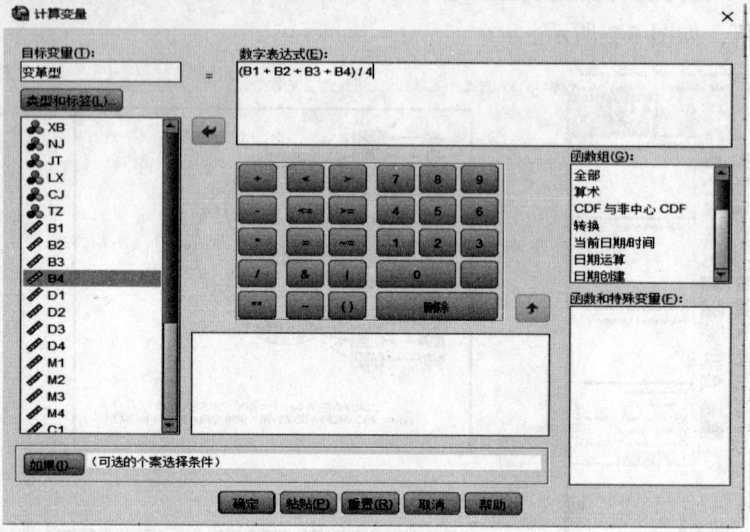

图 6-4

（4）将转化成观测变量的自变量与调节变量相乘，并生成新变量，然后单击“确定”按钮进行保存，如图 6-5 所示。（只有保存后，该变量在 AMOS 数据导入时才能呈现）

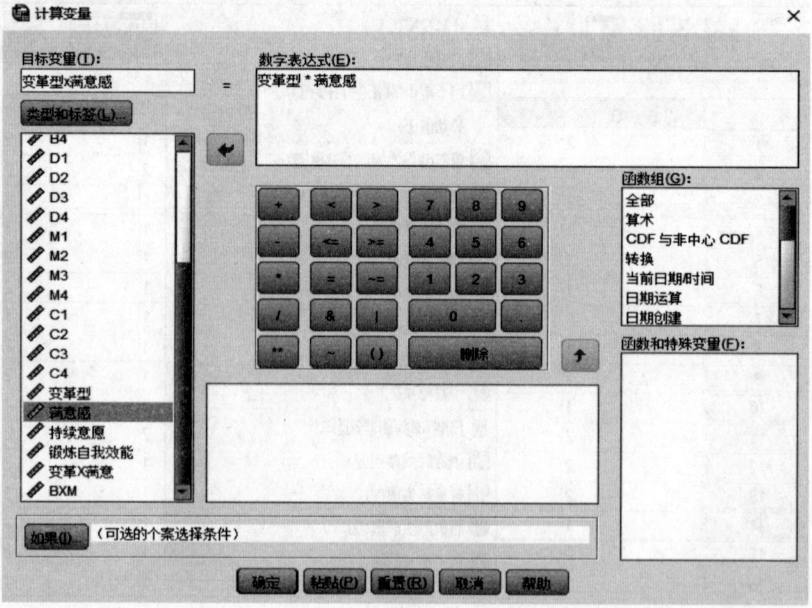

图 6-5

（5）打开 AMOS，绘制观测变量及误差项，同时设置相关箭头，并分别将自变量、调节变量以及二者相乘变量的数据导入观测变量，如图 6-6 所示。

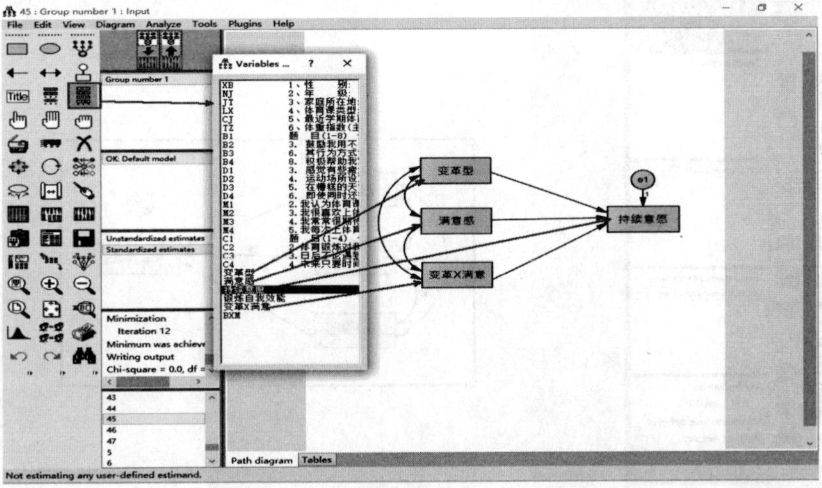

图 6-6

（6）单击分析属性图标按钮，选择并打开“Output”标签页，分别将“Minimization history”“Standardized estimates”“Squared multiple correlations”选中，如图 6-7 所示。

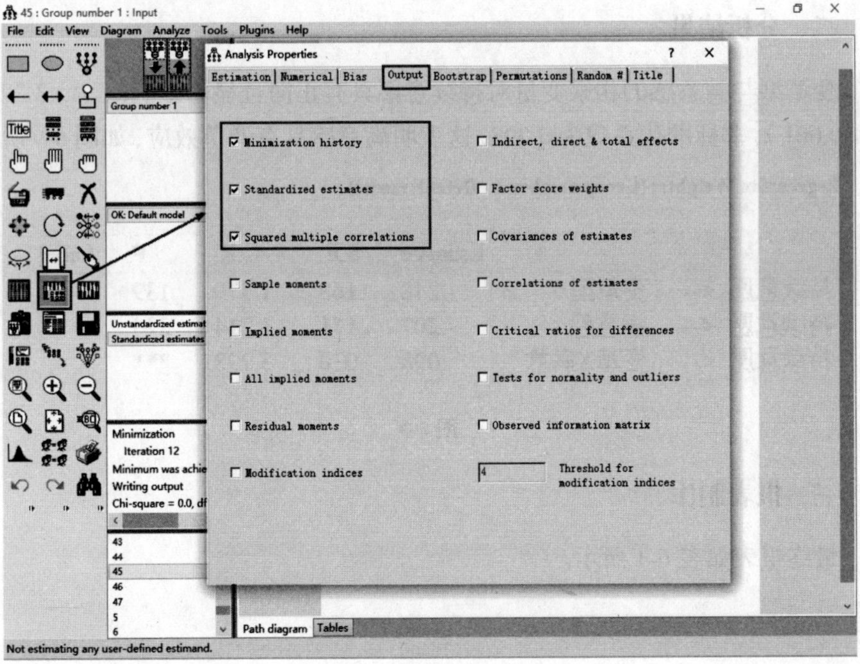

图 6-7

（7）单击执行计算图标按钮，确认分析结果，如图 6-8 所示。

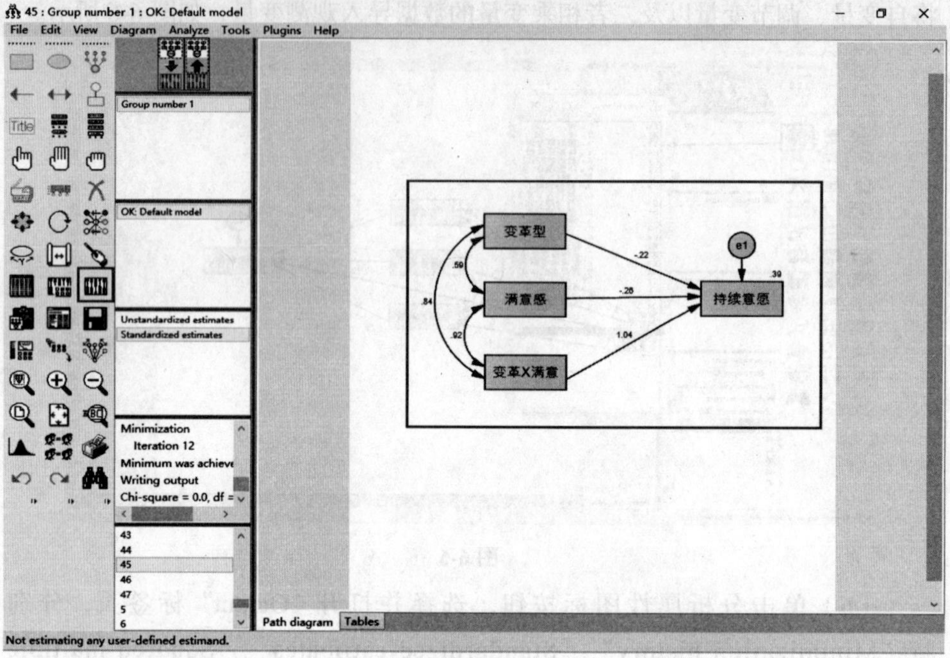

图 6-8

二、分析结果

变革型与满意感的相乘变量对持续意愿具有正向且显著影响(C.R.=3.298，P＜0.001)，非标准化系数为 0.098，这表明满意感具有调节效应，如图 6-9 所示。

Regression Weights: (Group number 1 - Default model)

	Estimate	S.E.	C.R.	P	Label
持续意愿 <--- 变革型	-.248	.168	-1.479	.139	
持续意愿 <--- 满意感	-.207	.171	-1.214	.225	
持续意愿 <--- 变革X满意	.098	.030	3.298	***	

图 6-9

三、报表制作

最终报表如表 6-1 所示。

表 6-1　例题模型的调节效应检验结果

研究假设	路径关系	Unstd	S.E.	C.R.	P	假设结果
H1	变革型 × 满意感→持续意愿	0.098	0.030	3.298	***	支持

四、结果解读

大学生体育课满意感在体育教师变革型领导行为和大学生持续体育锻炼意愿之间具有显著调节效应（Z=3.298，P < 0.001），假设 H1 成立。

第二节　调节变量、自变量和因变量为连续型变量（潜变量）的调节效应分析

本节例题以体育教师变革型领导行为（对应图 6-10 中的“变革型”）为自变量，大学生体育课满意感（对应图 6-10 中的“满意感”）为调节变量，大学生持续体育锻炼意愿（对应图 6-10 中的“持续意愿”）或大学生锻炼自我效能（对应图 6-10 中的“锻炼效能”）为因变量。此例题变量均为潜变量，故采用的调节效应分析方法与本章第一节不同。

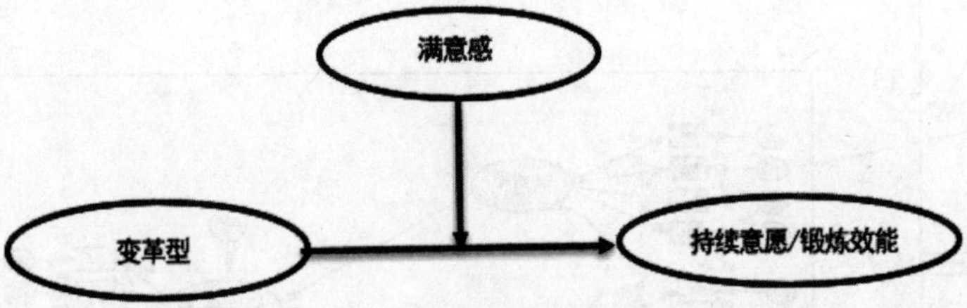

图 6-10

一、分析方法 1

（一）具体分析步骤

（1）测量模型检验略。（参照前面章节）

（2）分别将“变革型”与“满意感”的观测变量线上的“1”删除，设置在“变革型”和“满意感”的椭圆形潜变量上，如图 6-11 所示。

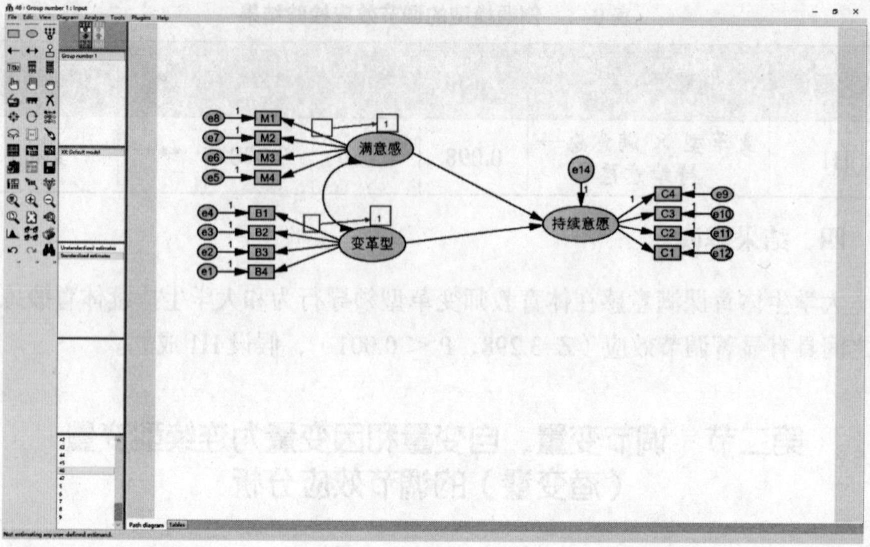

图 6-11

（3）执行分析，得出“变革型”与“满意感”的非标准化因素负荷量，如图 6-12 所示。

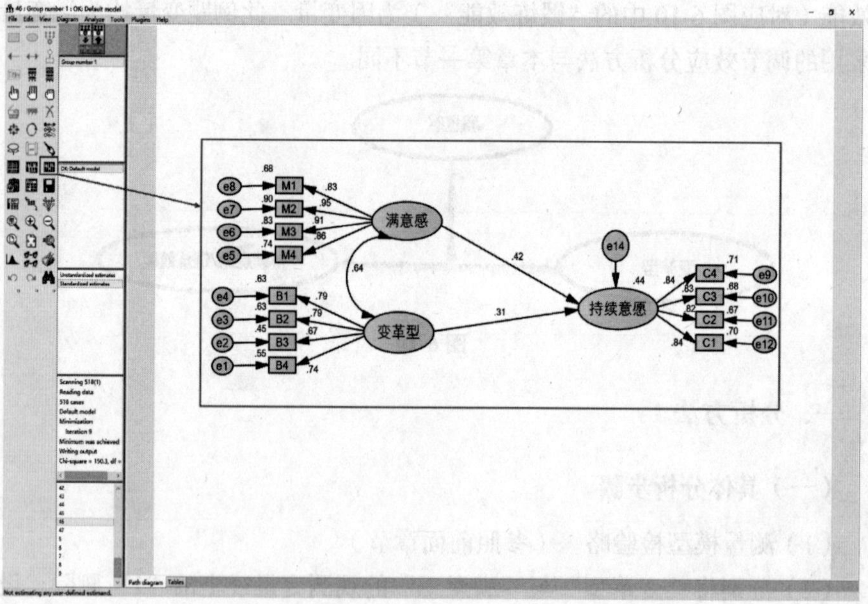

图 6-12

（4）打开张伟豪制作的计算程序，分别将非标准化因素负荷及误差值输入各自对应的框内，得出二者相乘的因素负荷量（18.4212）及误差值（89.5159），如图 6-13 所示。

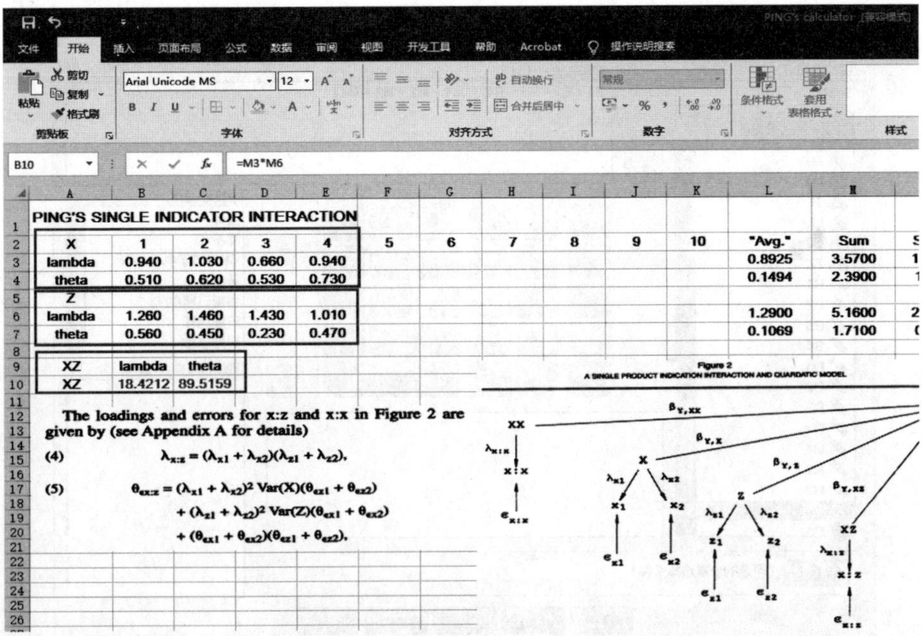

图 6-13

（5）打开 SPSS，选择“转换”菜单下的“计算变量”选项，如图 6-14 所示。

图 6-14

（6）设置“变革型”与“满意感”相乘的新变量，然后保存，如图 6-15 所示。

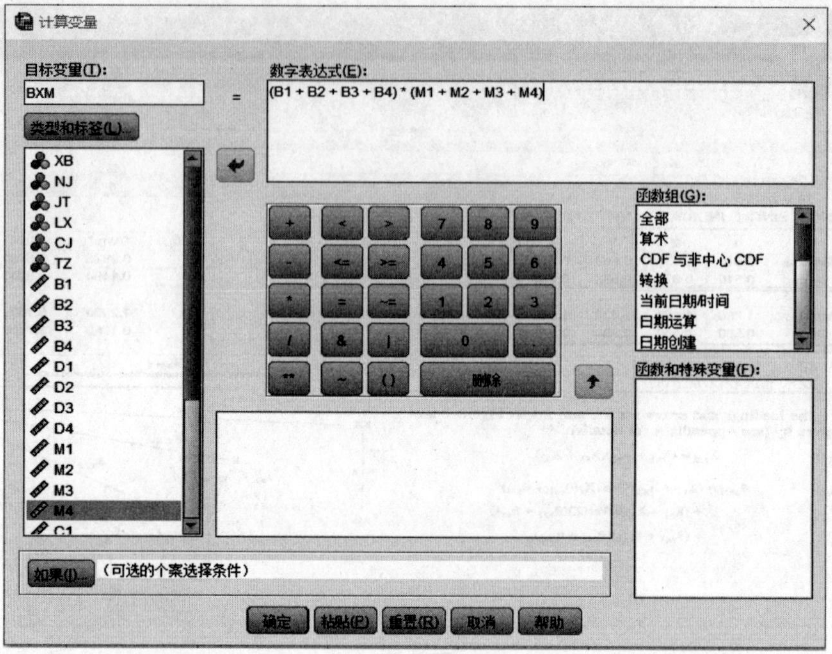

图 6-15

（7）绘制“变革型”与“满意感”相乘的潜变量，并设置一个观测变量，如图 6-16 所示。

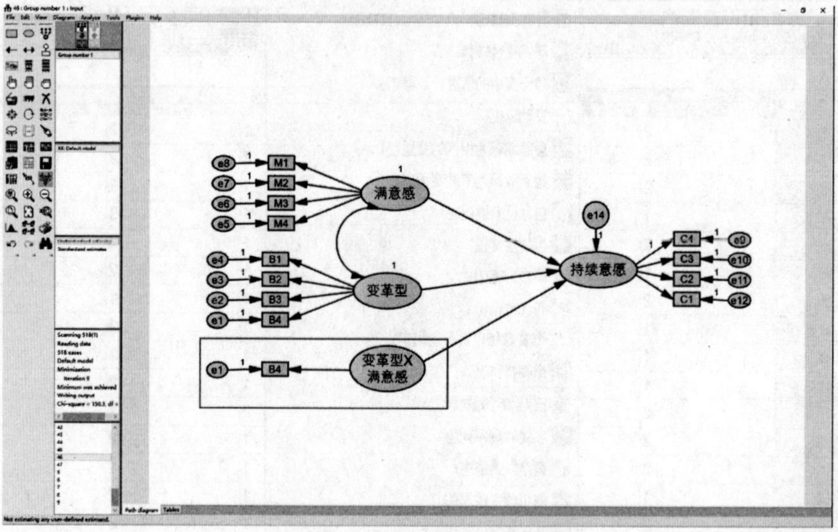

图 6-16

（8）将二者相乘的非标准化负荷量（此处做“保留两位小数”处理取 18.42）设置在潜变量与观测变量之间的线上，同时将误差值（此处做“保留两位小数”处理取 89.51）设置在误差线上。另外，将在 SPSS 生成的二者相乘的新变量拖入观测变量框内，如图 6-17 所示。

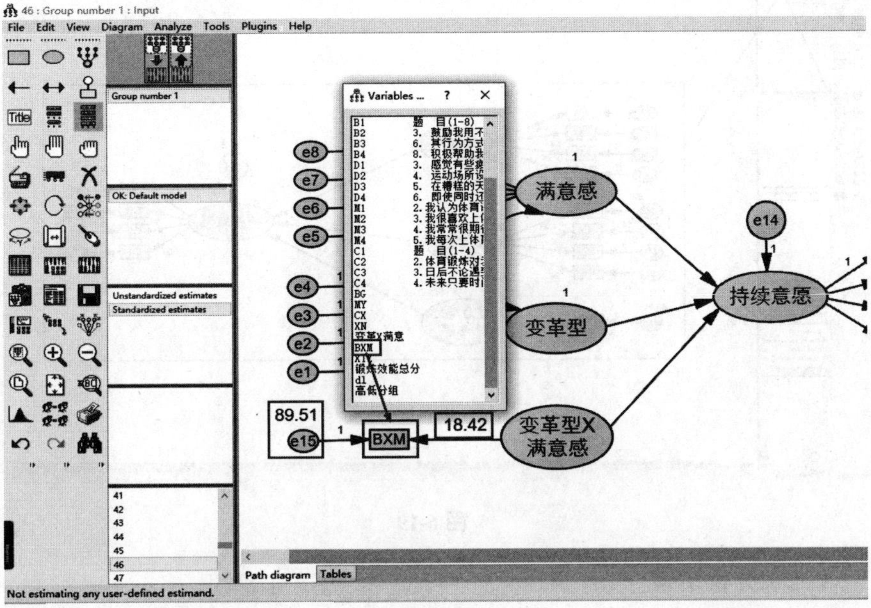

图 6-17

（9）单击分析属性图标按钮，选择并打开“Output”标签页，分别将“Minimization history”“Standardized estimates”选中，如图 6-18 所示。

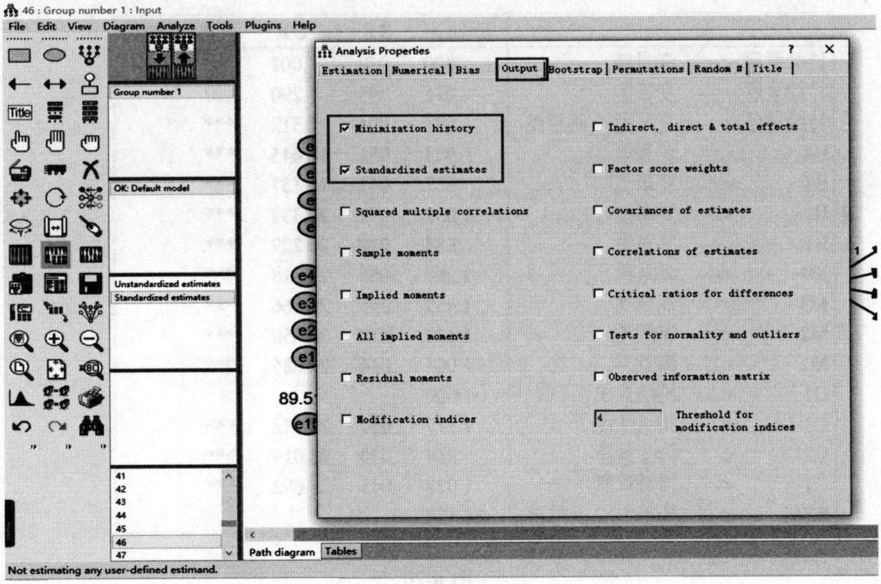

图 6-18

（10）单击执行计算图标按钮，确认分析结果，如图 6-19 所示。

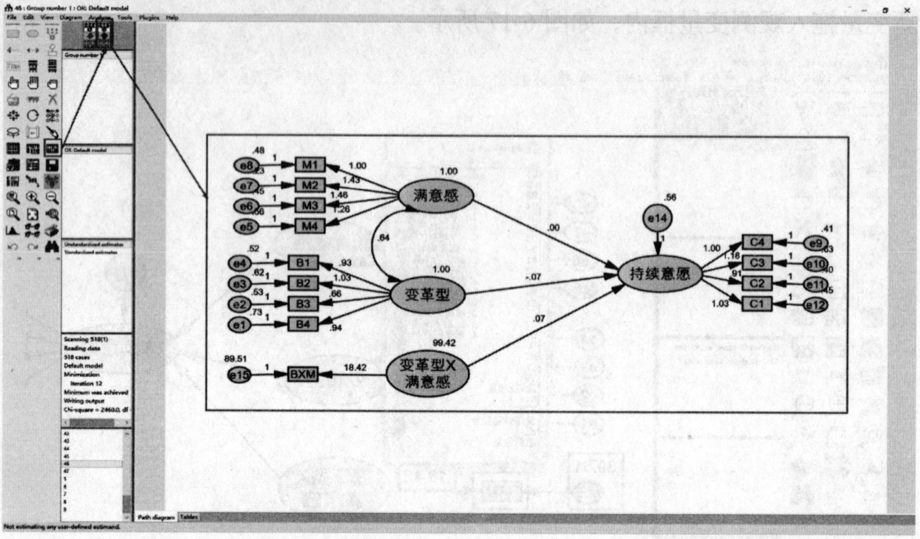

图 6-19

（二）分析结果

变革型与满意感的相乘变量对持续意愿具有正向且显著影响（P＜0.001），非标准化系数为 0.071，这表明满意感具有调节效应，如图 6-20 所示。

Regression Weights: (Group number 1 - Default model)

			Estimate	S.E.	C.R.	P	Label
持续意愿	<---	满意感	.000	.052	.001	.999	
持续意愿	<---	变革型	-.071	.055	-1.290	.197	
持续意愿	<---	变革型×_满意感	.071	.004	17.512	***	
B4	<---	变革型	.943	.051	18.445	***	
B3	<---	变革型	.657	.041	16.157	***	
B2	<---	变革型	1.031	.051	20.333	***	
B1	<---	变革型	.934	.046	20.229	***	
M4	<---	满意感	1.262	.052	24.318	***	
M3	<---	满意感	1.459	.055	26.566	***	
M2	<---	满意感	1.433	.050	28.650	***	
M1	<---	满意感	1.004	.044	22.685	***	
C4	<---	持续意愿	1.000				
C3	<---	持续意愿	1.177	.050	23.342	***	
C2	<---	持续意愿	.914	.040	23.019	***	
C1	<---	持续意愿	1.028	.043	23.692	***	
BXM	<---	变革型×_满意感	18.420				

图 6-20

（三）报表制作

最终报表如表 6-2 所示。

表 6-2　例题模型的调节效果检验那颗

研究假设	路径关系	Unstd	S.E.	C.R.	P	假设结果
H1	变革型 × 满意感→持续意愿	0.071	0.004	17.512	***	支持

（四）结果解读

大学生体育课满意感在体育教师变革型领导行为和大学生持续体育锻炼意愿之间具有显著调节效应（Z=17.512，P ＜ 0.001），假设 H1 成立。

二、分析方法 2

（一）具体分析步骤

（1）分别将自变量“变革型”、调节变量“满意感”、因变量“锻炼效能”等变量，在 SPSS 内转化为观测变量。

（2）打开 SPSS 的“分析”菜单，选择“回归”选项，单击 PROCESS 程序。（PROCESS 程序需要自行安装），如图 6-21 所示。

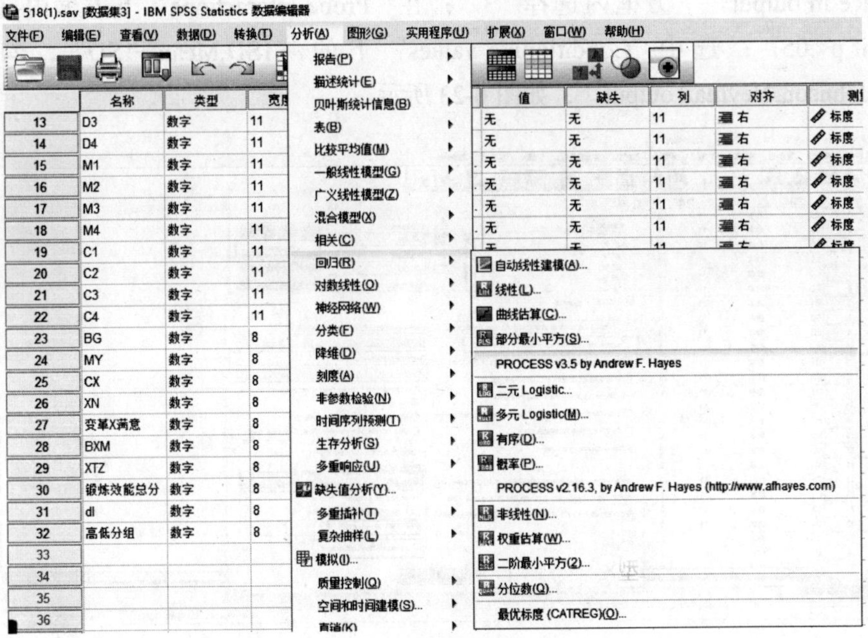

图 6-21

（3）在“Model number”下方框内选择“1”；在“Confidence intervals”下方框内输入“95”；在“Number of bootstrap samples”下方框内输入“1000”；将自变量输入“X variable”下方框内、因变量输入“Y variable”下方框内、调节变量输入“Moderator variable”下方框内，如图 6-22 所示。

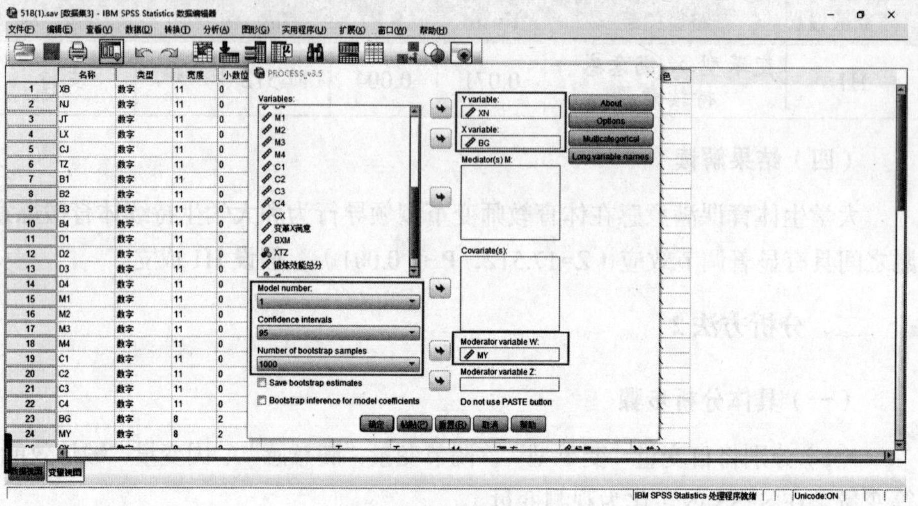

图 6-22

（4）单击“Options”标签页，勾选“Generate code”；在“Decimal place in output”下方框内选择“3”；在“Probe interactions”下方框内选择“if p<.05”；选中“Conditioning values”下的“-1SD,Mean,+1SD”，勾选“Johnson-Neyman output”，如图 6-23 所示。

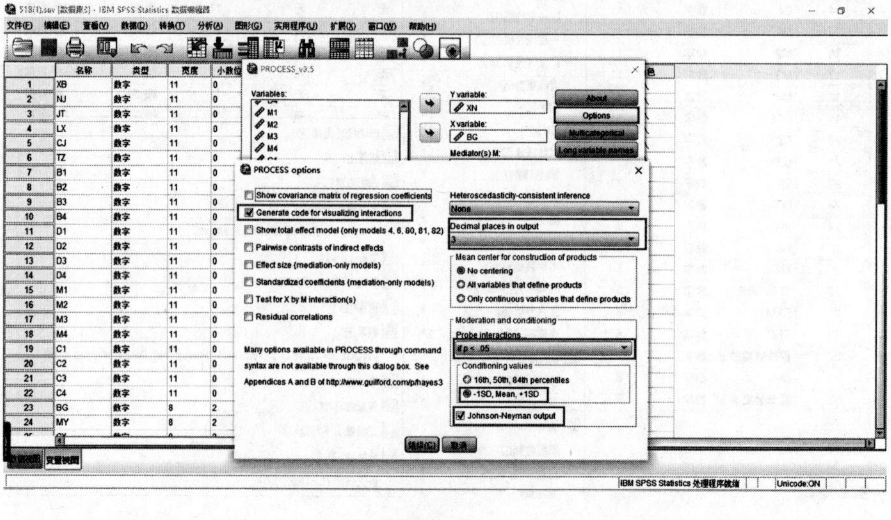

图 6-23

（5）单击“继续”按钮，选择“确定”按钮，如图 6-24 所示。

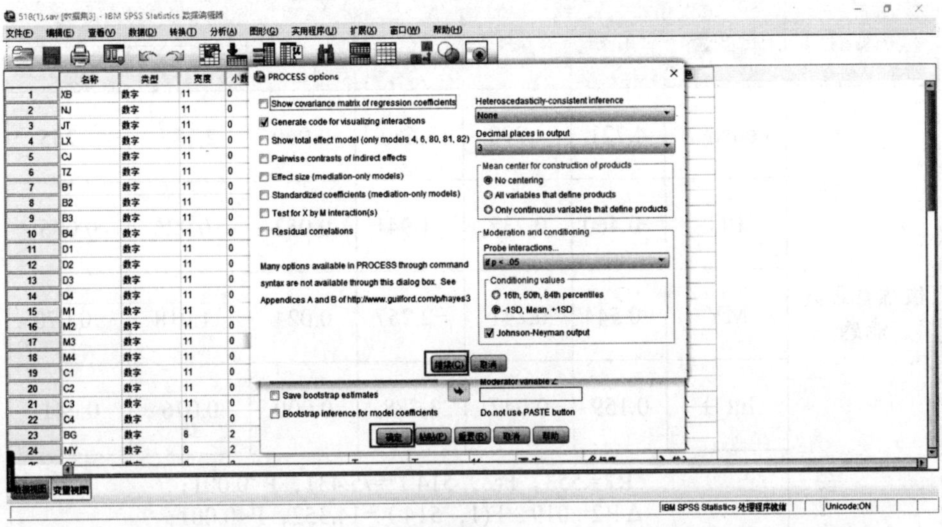

图 6-24

（6）单击输出结果文档按钮，确认分析结果，如图 6-25 所示。

```
OUTCOME VARIABLE:
 XN

Model Summary
          R       R-sq        MSE          F        df1        df2          p
      0.553      0.306      1.427     75.431      3.000    514.000      0.000

Model
              coeff         se          t          p       LLCI       ULCI
constant      4.721      1.290      3.660      0.000      2.187      7.255
BG           -0.460      0.237     -1.941      0.053     -0.926      0.006
MY           -0.544      0.241     -2.257      0.024     -1.018     -0.070
Int_1         0.159      0.042      3.788      0.000      0.076      0.241

Product terms key:
 Int_1    :        BG        x        MY

Test(s) of highest order unconditional interaction(s):
       R2-chng          F        df1        df2          p
X*W      0.019     14.352      1.000    514.000      0.000
----------
```

图 6-25

（二）报表制作

最终报表如表 6-3 所示。

表 6-3　例题模型各变量的置信区间

因变量	自变量	Unstd	se	t	p	95% 置信区间	
						LLCI	ULCI
锻炼自我效能感	constant	4.721	1.290	3.660	0.000	2.187	7.255
	BG	−0.460	0.237	−1.941	0.053	−0.926	0.006
	MY	−0.544	0.241	−2.257	0.024	−1.018	−0.070
	Int_1	0.159	0.042	3.788	0.000	0.076	0.241
	R2=.553，F(3，514）=75.431，P<0.001； ΔR2=.019，F(1，514）=14.352，P<0.001；						

（三）调节效应图制作（调节变量为连续型变量）

（1）打开“PROCESS”程序，选择“Johnson-Neyman output”，单击“确定”按钮，如图 6-26 所示。

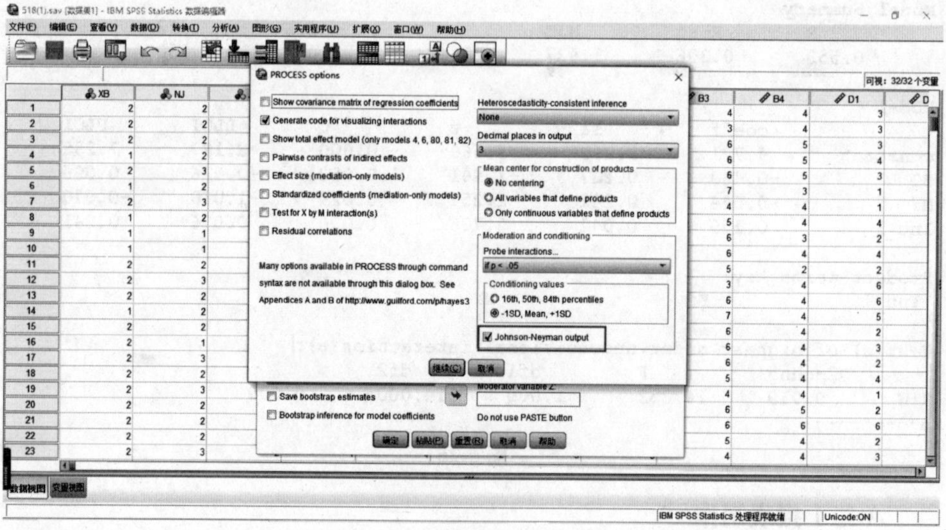

图 6-26

（2）将以下数据复制后，在 EXCEL 内进行整理，如图 6-27 所示。

Conditional effect of focal predictor at values of the moderator:

MY	Effect	se	t	p	LLCI	ULCI
1.500	-0.222	0.178	-1.250	0.212	-0.571	0.127
1.775	-0.178	0.167	-1.068	0.286	-0.507	0.150
2.050	-0.135	0.157	-0.861	0.390	-0.443	0.173
2.325	-0.091	0.146	-0.623	0.534	-0.379	0.196
2.600	-0.047	0.136	-0.349	0.727	-0.315	0.220
2.875	-0.004	0.126	-0.030	0.976	-0.252	0.244
3.150	0.040	0.117	0.342	0.733	-0.189	0.269
3.425	0.084	0.107	0.778	0.437	-0.128	0.295
3.700	0.127	0.099	1.289	0.198	-0.067	0.321
3.975	0.171	0.091	1.887	0.060	-0.007	0.349
4.008	0.176	0.090	1.965	0.050	0.000	0.352
4.250	0.215	0.083	2.577	0.010	0.051	0.378
4.525	0.258	0.077	3.354	0.001	0.107	0.409
4.800	0.302	0.072	4.190	0.000	0.160	0.443
5.075	0.346	0.069	5.031	0.000	0.211	0.480
5.350	0.389	0.067	5.796	0.000	0.257	0.521
5.625	0.433	0.068	6.404	0.000	0.300	0.566
5.900	0.477	0.070	6.813	0.000	0.339	0.614
6.175	0.520	0.074	7.025	0.000	0.375	0.666
6.450	0.564	0.080	7.082	0.000	0.407	0.720
6.725	0.608	0.086	7.034	0.000	0.438	0.777
7.000	0.651	0.094	6.923	0.000	0.466	0.836

图 6-27

（3）保留“MY”“effect”“LLCI”“ULCI”列数据，如图 6-28 所示。

2	MY	Effect	LLCI	ULCI
3	1.5	-0.222	-0.571	0.127
4	1.775	-0.178	-0.507	0.15
5	2.05	-0.135	-0.443	0.173
6	2.325	-0.091	-0.379	0.196
7	2.6	-0.047	-0.315	0.22
8	2.875	-0.004	-0.252	0.244
9	3.15	0.04	-0.189	0.269
10	3.425	0.084	-0.128	0.295
11	3.7	0.127	-0.067	0.321
12	3.975	0.171	-0.007	0.349
13	4.008	0.176	0	0.352
14	4.25	0.215	0.051	0.378
15	4.525	0.258	0.107	0.409
16	4.8	0.302	0.16	0.443
17	5.075	0.346	0.211	0.48
18	5.35	0.389	0.257	0.521
19	5.625	0.433	0.3	0.566
20	5.9	0.477	0.339	0.614
21	6.175	0.52	0.375	0.666
22	6.45	0.564	0.407	0.72
23	6.725	0.608	0.438	0.777
24	7	0.651	0.466	0.836

图 6-28

（4）打开 SPSS，选择“文件”，单击“打开”按钮，如图 6-29 所示。

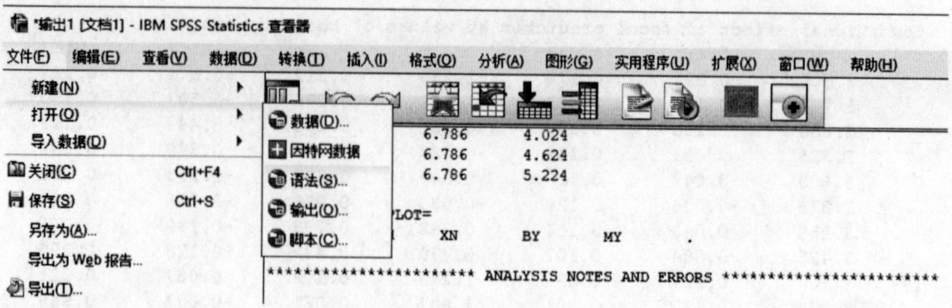

图 6-29

（5）选择以下程序“JN.sps”，单击“打开”按钮，如图 6-30 所示。

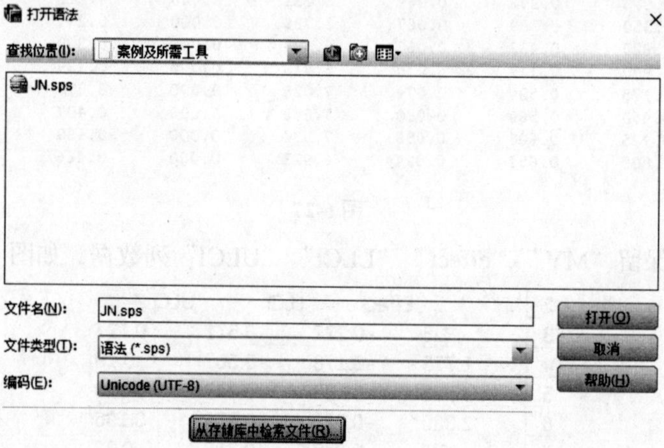

图 6-30

（6）将整理后的数据粘贴至语法程序栏中，并单击绿色箭头按钮，如图 6-31 所示。

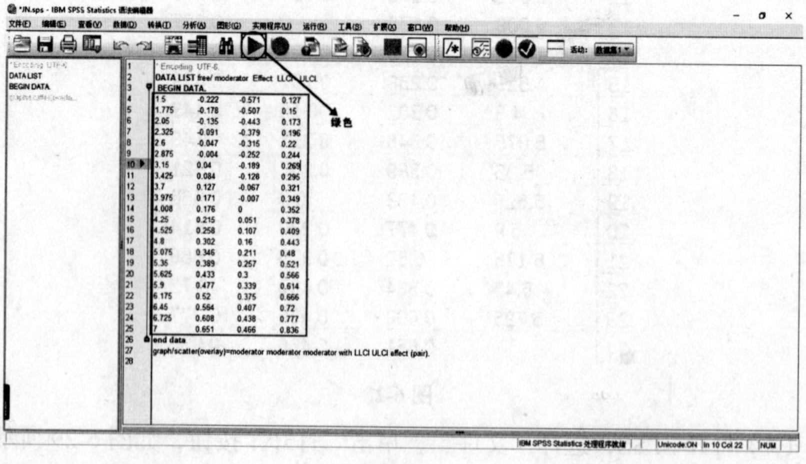

图 6-31

（7）调节效应图形生成后，双击图片可设置内插线，以及调节效应显著区间，如图 6-32 所示。

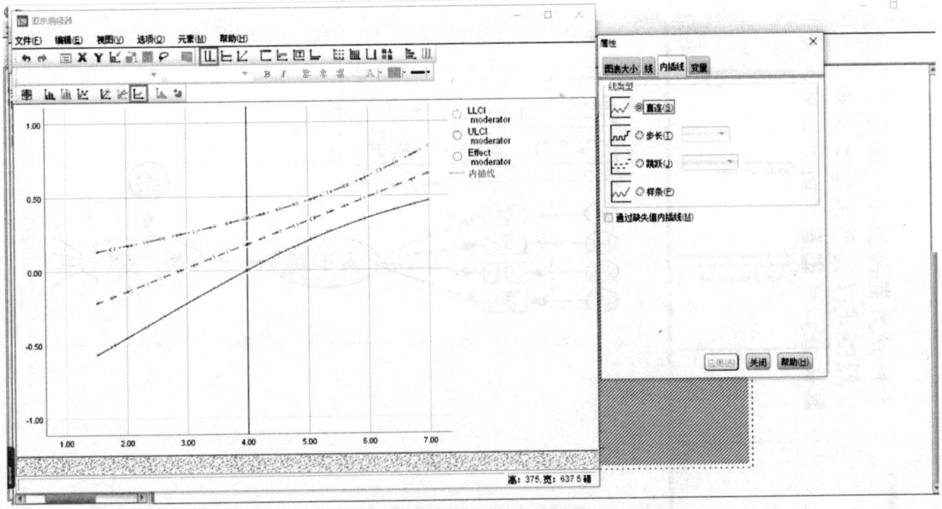

图 6-32

第三节　调节变量为类别变量（观测变量）、自变量和因变量为连续型变量（潜变量）的调节效应分析

本节例题以体育教师变革型领导行为（对应图 6-33 中的“变革型”）为自变量，性别为调节变量，大学生持续体育锻炼意愿（对应图 6-33 中的“持续意愿”）为因变量。其中，性别也是类别变量。

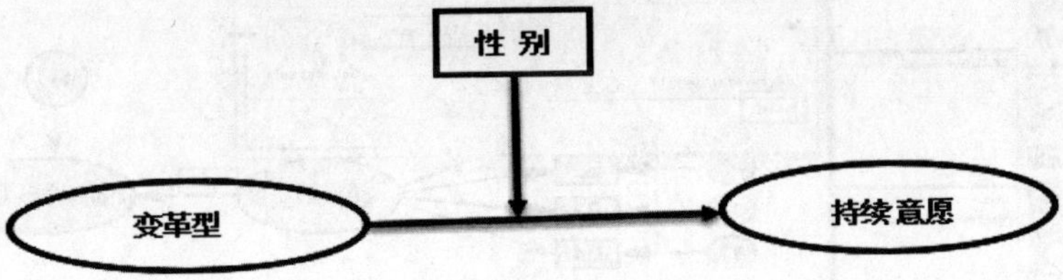

图 6-33

一、具体分析步骤

（1）测量模型检验略。

（2）双击“Group number1”出现对话框后，修改调节变量的某一类别名称，比如调节变量是性别，就需要分别输入男性和女性，最好以英文字母输入，不要

采用数字命名。输入完成一个类别后，单击“New”按钮，依次将另一类别名称输入，如图 6-34 所示。

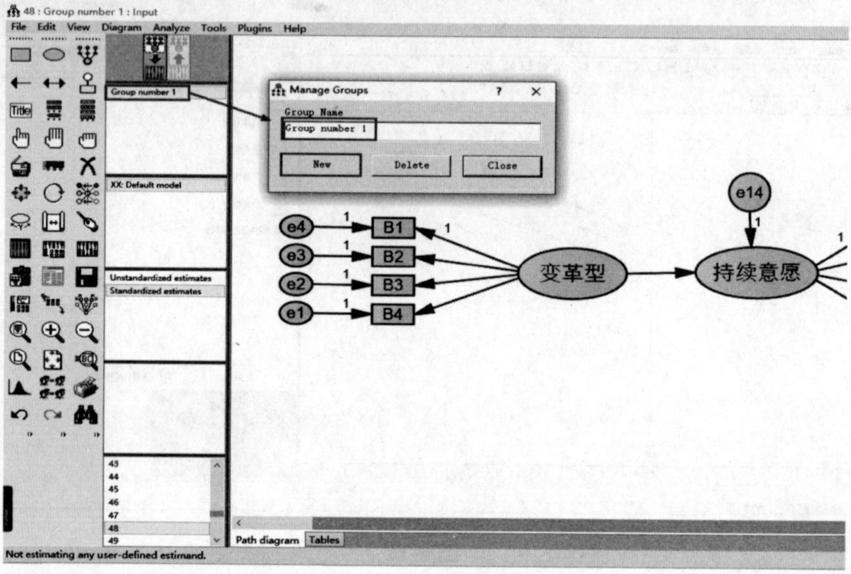

图 6-34

（3）单击“变革型”到“持续意愿”的箭头，出现对话框后在“Regression weight”下面的方框内输入“male”，同时切记将“All groups”复选框前的“√”取消，如图 6-35 所示。

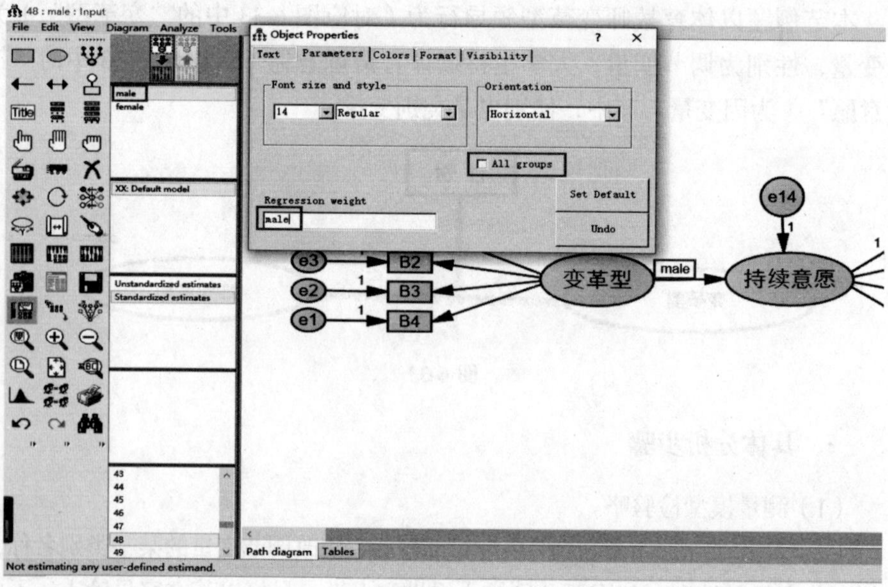

图 6-35

（4）单击群组比较栏内的“female”选项，出现对话框后在“Regression weight”下面的方框内输入“female”，如图 6-36 所示。

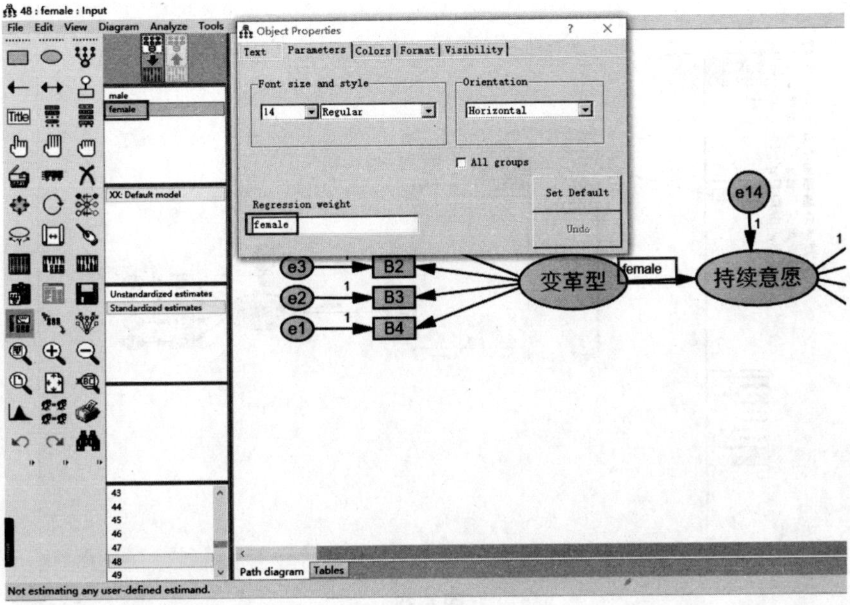

图 6-36

（5）双击模型展示栏内的“Default model”选项，出现对话框后单击“New”按钮，如图 6-37 所示。

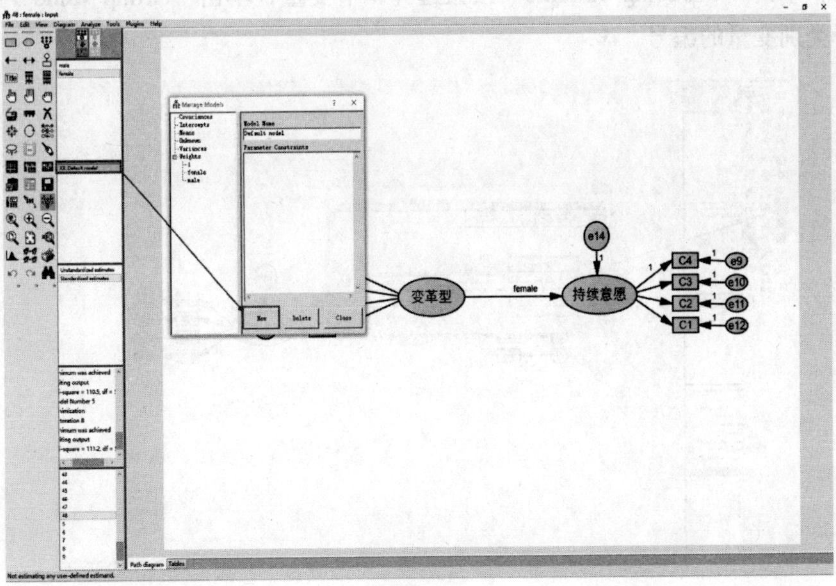

图 6-37

（6）双击模型展示栏内的“Model Number2”选项，出现对话框后可修改“Model Name”，先后双击“female”和“male”选项，然后关闭对话框，如图 6-38 所示。

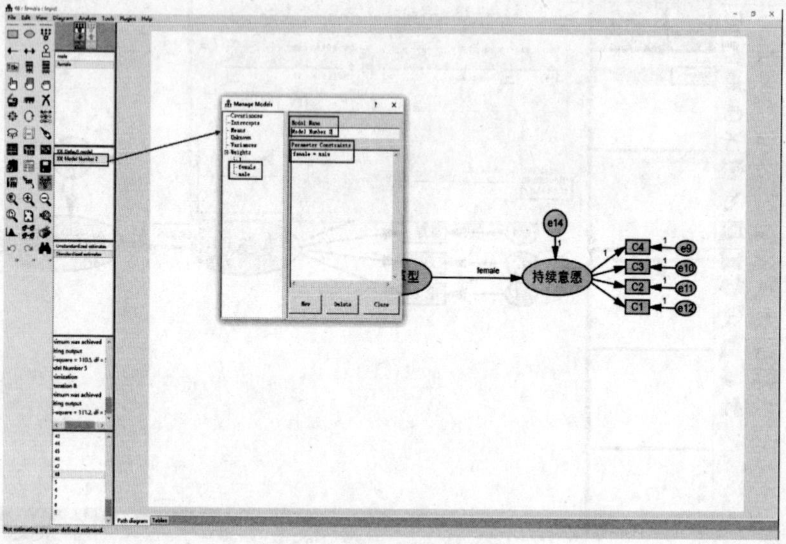

图 6-38

（7）单击选择资料图标按钮，分别将“male”和“female”对应的数据资料进行导入，如图 6-39 所示。依次单击“File Name”按钮找到将要分析的数据资料，单击“Grouping Variable”按钮选择调节变量，单击“Group Value”按钮选择类别变量的编号。

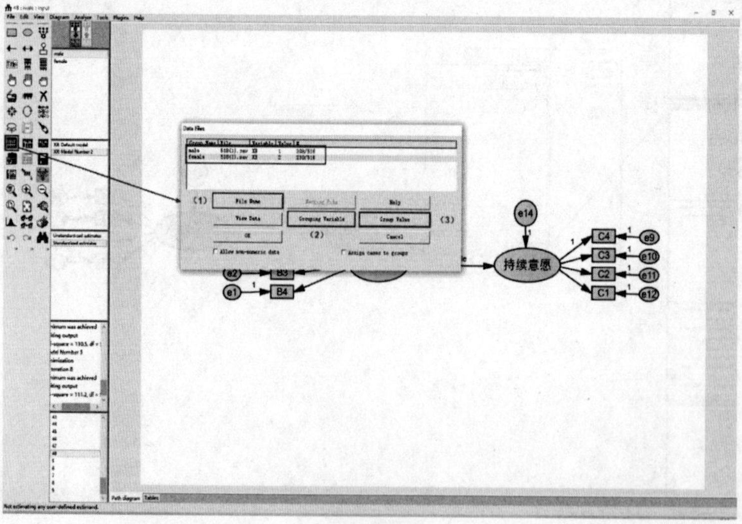

图 6-39

（8）单击执行计算图标按钮，确认分析结果，如图 6-40 所示。

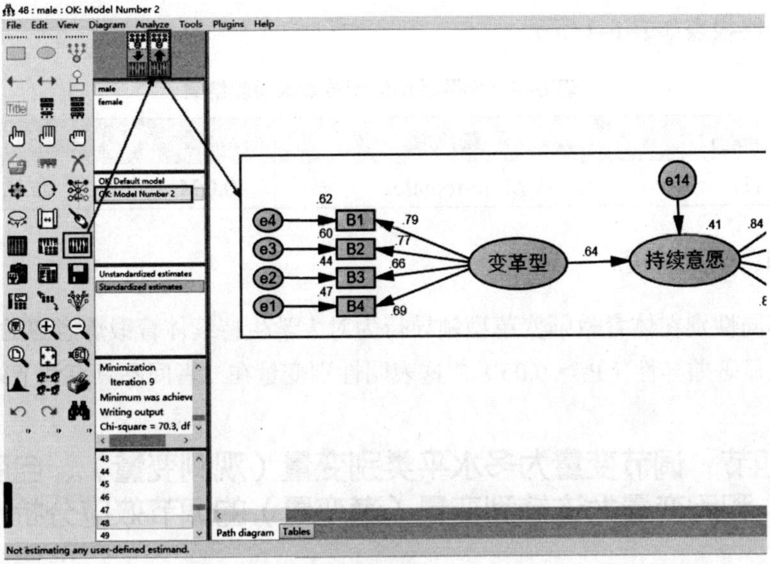

图 6-40

二、分析结果

男生和女生在变革型对持续意愿的影响上不存在显著差异性（P ＞ 0.05），如图 6-41 所示。

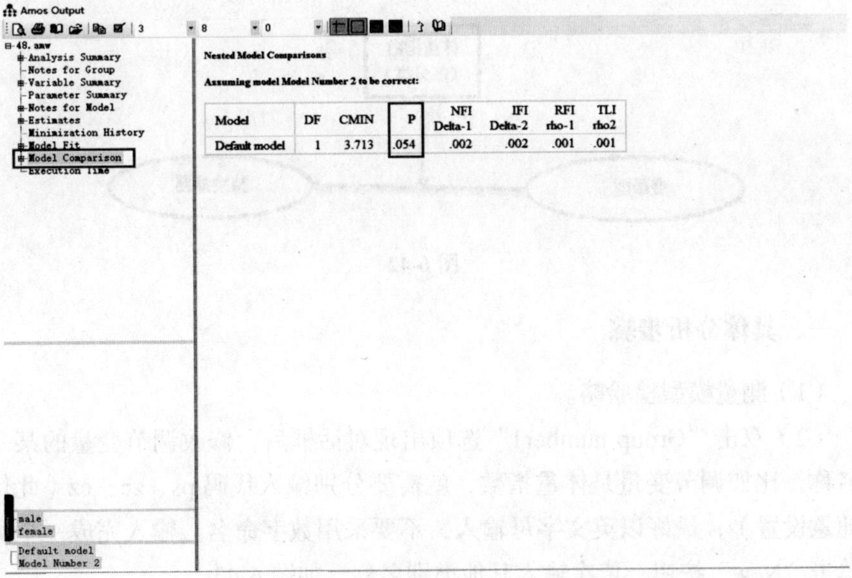

Model	DF	CMIN	P	NFI Delta-1	IFI Delta-2	RFI rho-1	TLI rho2
Default model	1	3.713	.054	.002	.002	.001	.001

图 6-41

三、报表制作

最终报表如表 6-4 所示。

表 6–4　例题模型的调节效果检验结果

研究假设	群组比较	P	假设结果
H1	Male-female	0.054	拒绝

四、结果解读

不同性别在体育教师变革型领导行为对大学生持续体育锻炼意愿的影响上不存在显著差异性（P ＞ 0.05），这表明性别变量在二者间不具有调节效应。

第四节　调节变量为多水平类别变量（观测变量）、自变量和因变量为连续型变量（潜变量）的调节效应分析

本节例题以体育教师变革型领导行为（对应图 6-42 中的“变革型”）为自变量，大学生体重指数［对应图 6-42 中的“体重指数（多分类）”］为调节变量（此变量选择纯粹为介绍方法设置，实际中并不合适），大学生持续体育锻炼意愿（对应图 6-42 中的“持续意愿”）为因变量。体重指数分为偏瘦、正常和超重三个水平。

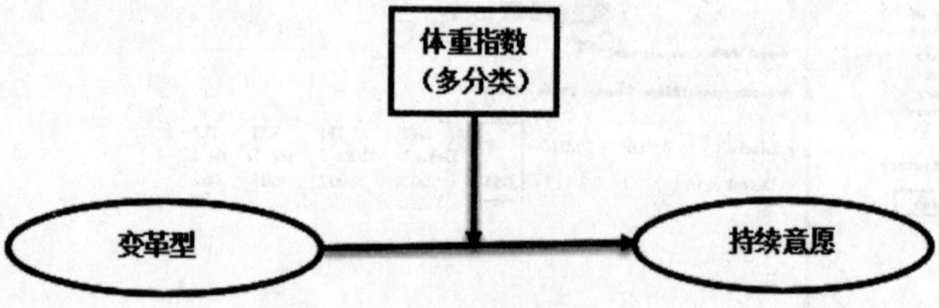

图 6-42

一、具体分析步骤

（1）测量模型检验略。

（2）双击“Group number1”选项出现对话框后，修改调节变量的某一类别名称，比如调节变量是体重指数，就需要分别输入代码 ps、zc、cz（此代码可随意设置），最好以英文字母输入，不要采用数字命名。输入完成一个类别后单击“New”按钮，依次输入其他类别名称，如图 6-43。

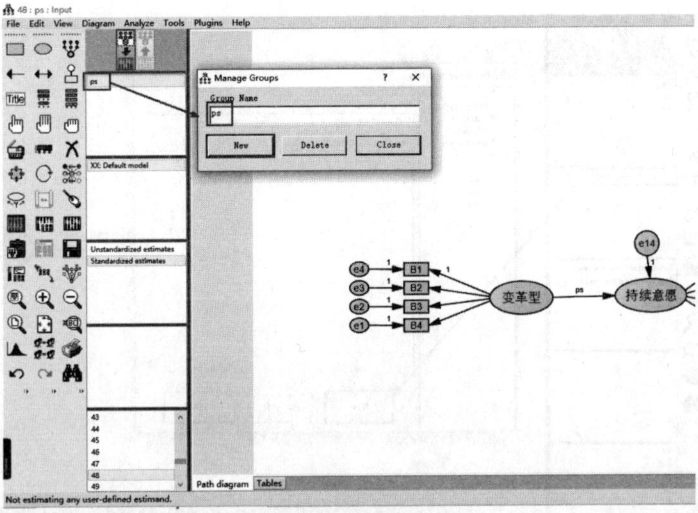

图 6-43

（3）单击“变革型”到“持续意愿”的箭头，出现对话框后在“Regression weight”下面的方框内依次输入 ps、zc、cz，同时切记将“All groups”复选框前的“√”取消，如图 6-44 所示。

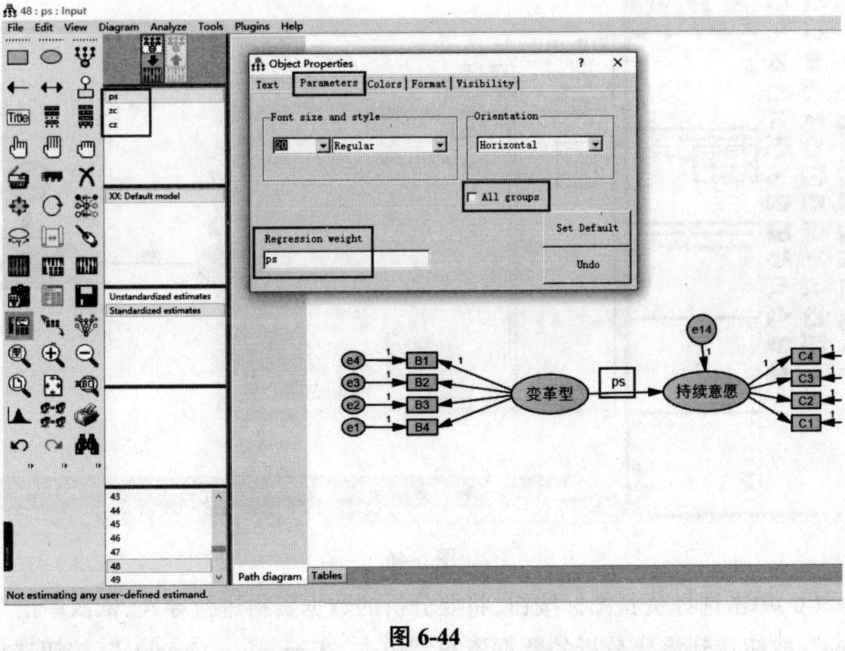

图 6-44

（4）双击模型展示栏内的“Default model”，出现对话框单击“New”按钮，如图 6-45 所示。

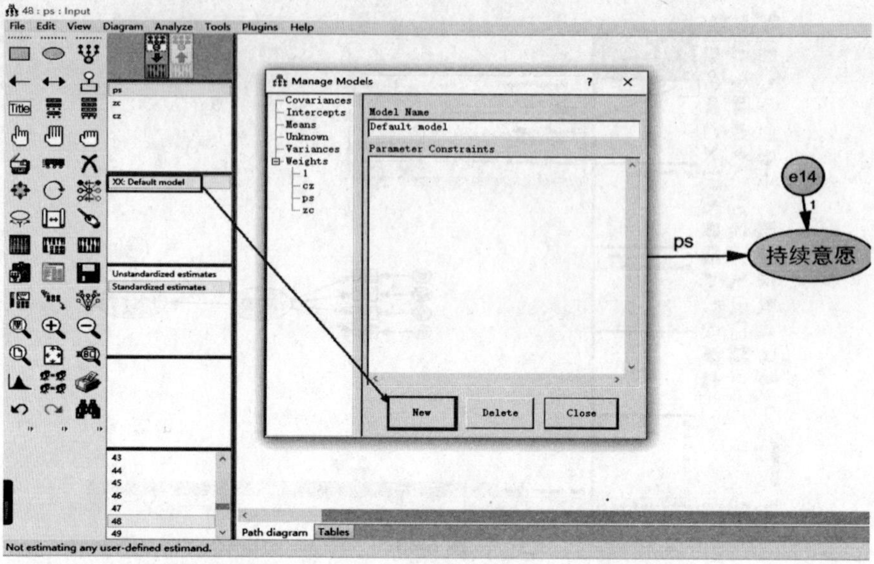

图 6-45

（5）依次设置调节变量下的两两比较模型，如图 6-46 所示。

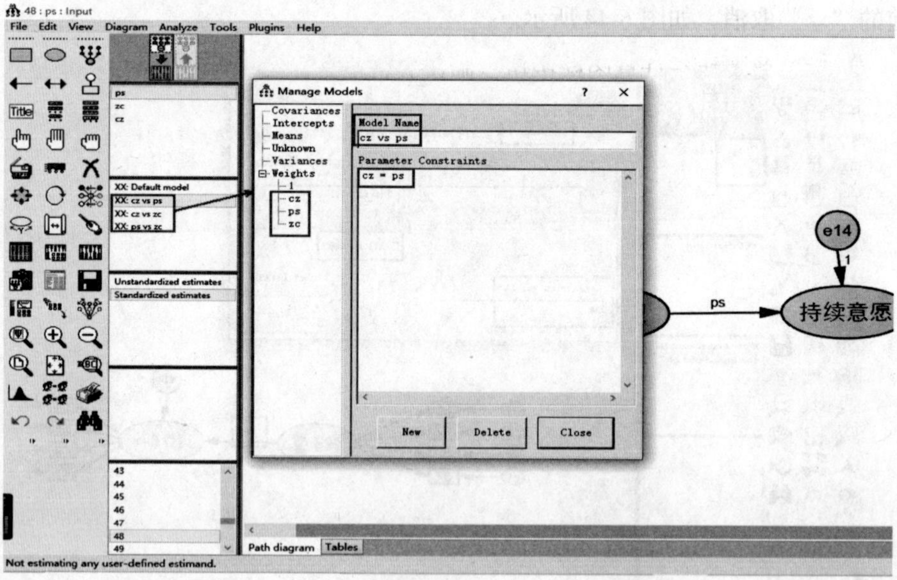

图 6-46

（6）单击选择资料图标按钮，将要分析的数据资料进行导入。依次单击“File Name”按钮找到将要分析的数据资料，单击“Grouping Variable”按钮选择调节变量，单击“Group Value”按钮选择类别变量的编号，如图 6-47 所示。

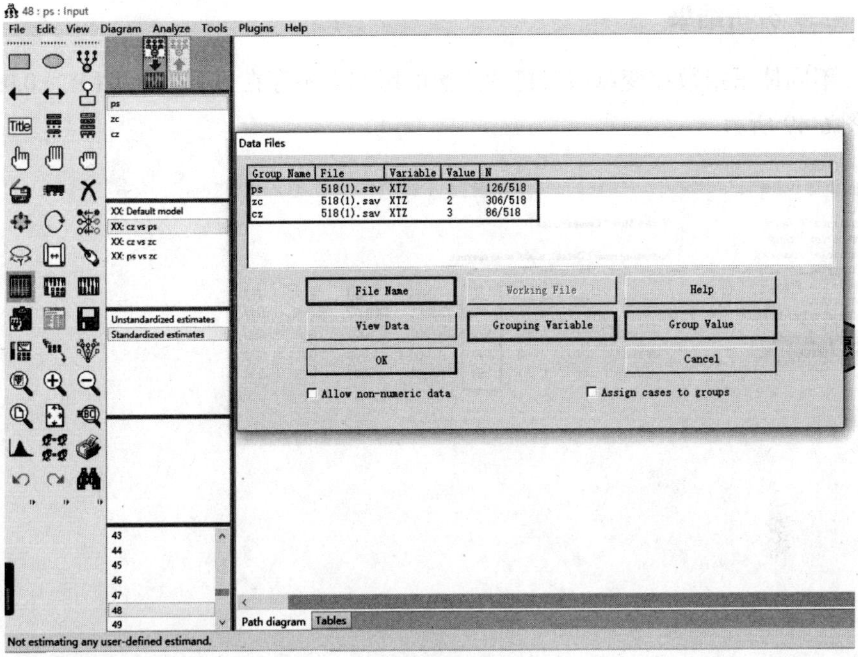

图 6-47

（7）单击执行计算图标按钮，确认分析结果，如图 6-48 所示。

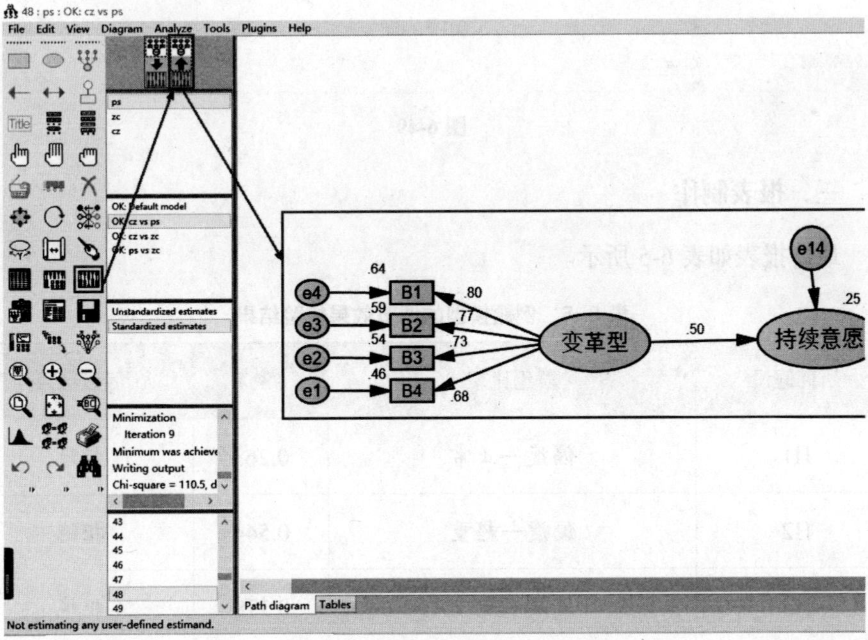

图 6-48

二、分析结果

不同体重指数在变革型对持续意愿的影响上不存在显著差异性（P＞0.05），如图 6-49 所示。

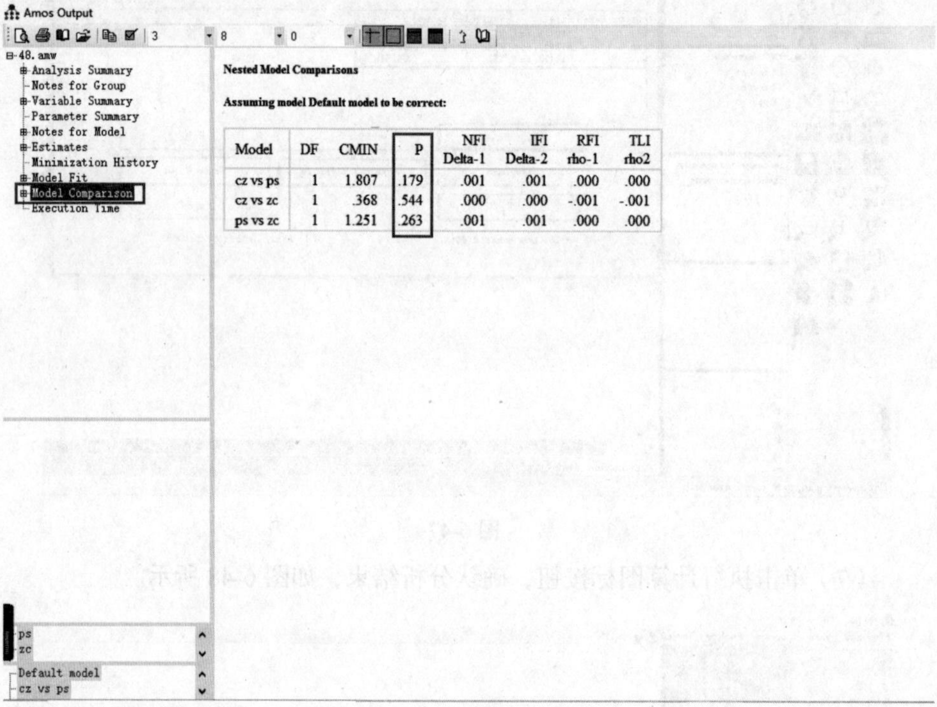

图 6-49

三、报表制作

最终报表如表 6-5 所示。

表 6–5　例题模型的调节效果检验结果

研究假设	群组比较	P	假设结果
H1	偏瘦—正常	0.263	拒绝
H2	偏瘦—超重	0.544	拒绝
H3	正常—超重	0.179	拒绝

四、结果解读

不同体重指数学生在体育教师变革型领导行为对大学生持续体育锻炼意愿的影响上不存在显著差异性（$P > 0.05$），这表明体重指数变量在二者间不具有调节效应。

第五节　中介效应的调节效应分析

无论是调节效应的中介效应分析，还是中介效应的调节效应分析，其核心目的都是检验某一调节变量对含有中介变量模型的中介效应的调节效应，所以目前研究者从量化研究角度普遍都是采取一样的检验分析方法。由于该模型的检验既涉及了中介效应，同时又融合了调节效应的检验，所以为了更好地学习本节内容，我们应熟练掌握与中介效应和调节效应相关的各种检验方法。

本节以体育教师变革型领导行为（对应图 6-50 中的“变革型”）为自变量，大学生体育课满意感（对应图 6-50 中的“满意感”）为中介变量，大学生持续体育锻炼意愿（对应图 6-50 中的“持续意愿”）为因变量，性别为调节变量，重点探讨大学生体育课满意感在体育教师变革型领导行为和大学生持续体育锻炼意愿之间的中介效应是否受性别变量的调节。

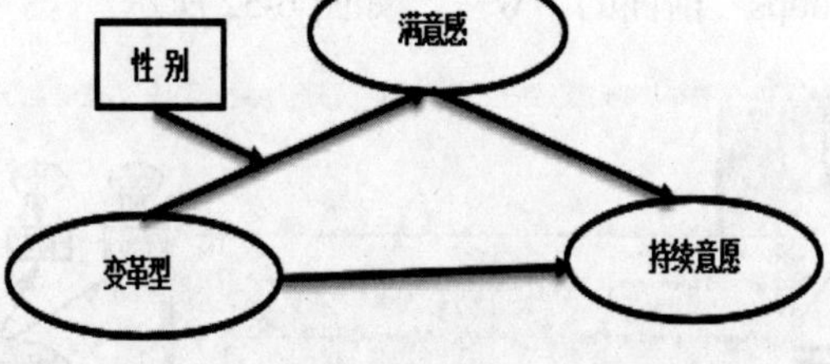

图 6-50

一、具体分析步骤

（1）测量模型检验略。

（2）双击“Group number1”出现对话框后，修改调节变量的某一类别名称，比如调节变量是性别，就需要分别输入男性和女性，最好以英文字母输入，不要采用数字命名。输入完成一个类别后单击“New”按钮，依次输入其他类别名称，如图 6-51 所示。

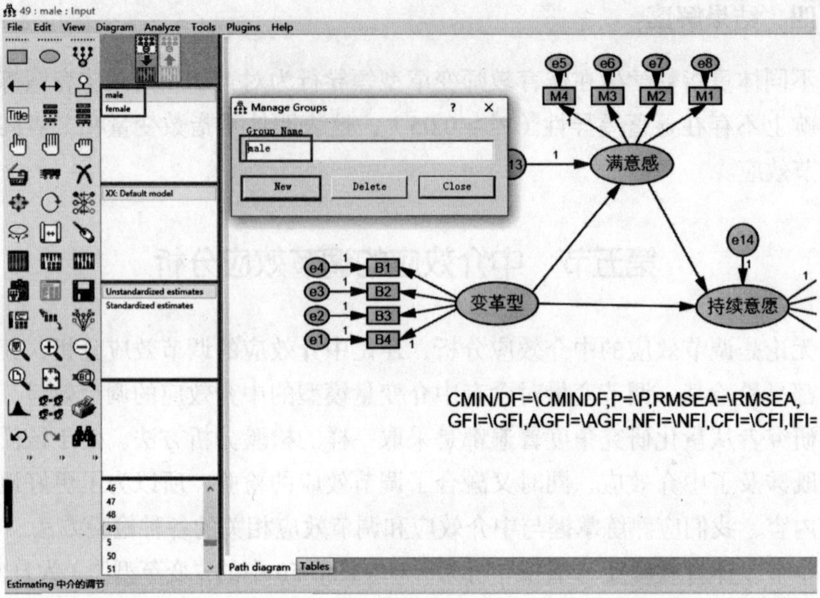

图 6-51

（3）在“male”下单击“变革型”指向“满意感”的箭头，出现对话框后在“Regression weight”下面的方框内输入“a1”，单击“满意感”指向“持续意愿”的箭头，出现对话框后在“Regression weight”下面的方框内输入“a2”，切记取消“ALL groups”前面的“√”，如图 6-52 所示。

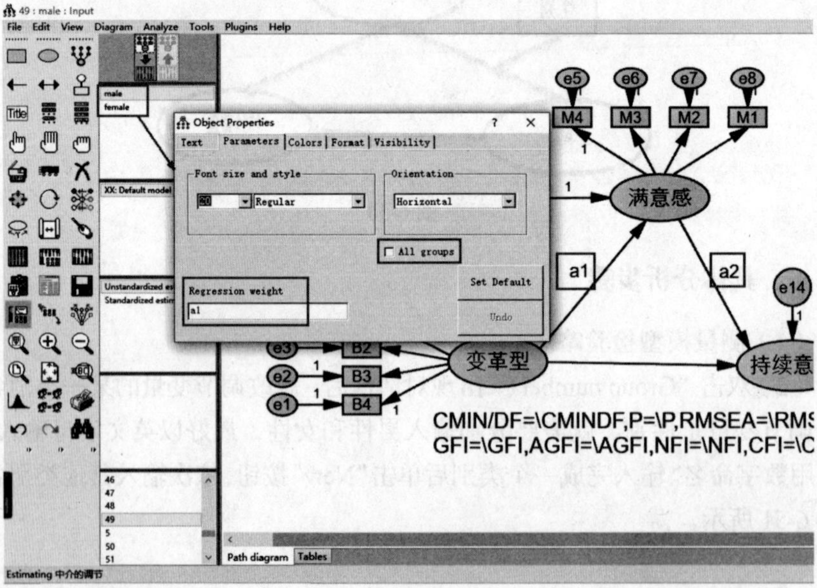

图 6-52

（4）在“female”下单击“变革型”指向“满意感”的箭头，出现对话框后在“Regression weight”下面的方框内输入“b1”，单击“满意感”指向“持续意愿”的箭头，出现对话框后在“Regression weight”下面的方框内输入“b2”，如图 6-53 所示。

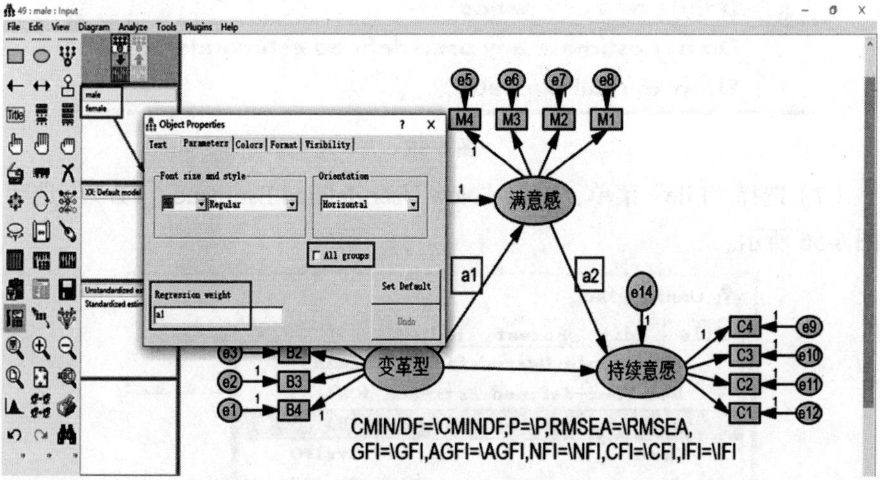

图 6-53

（5）单击选择资料图标按钮，将要分析的数据资料进行导入。依次单击“File Name”按钮找到将要分析的数据资料，单击“Grouping Variable”按钮选择调节变量，单击“Group Value”按钮选择类别变量的编号，如图 6-54 所示。

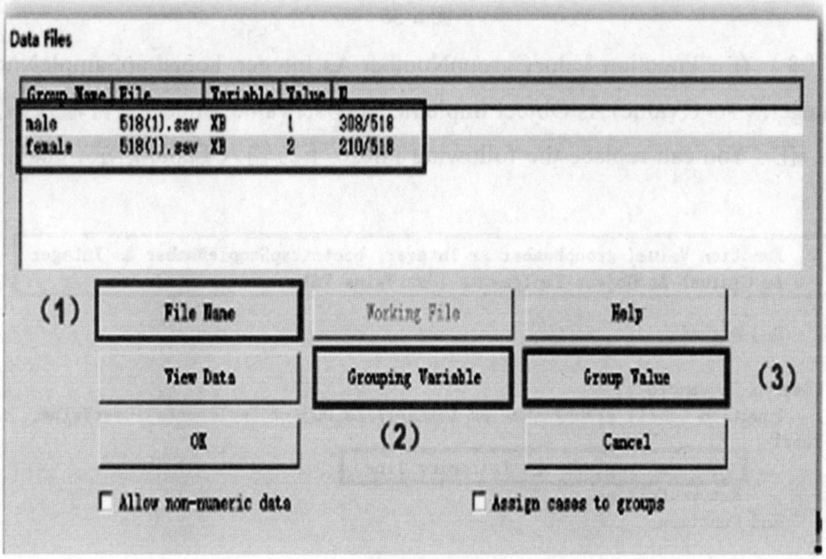

图 6-54

（6）用鼠标单击左下角边框页面，选择“Define new estimands”进入语法编写界面，如图 6-55 所示。

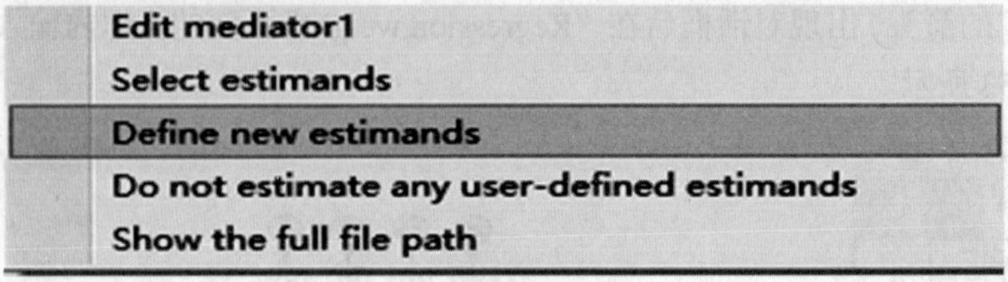

图 6-55

（7）选择“File”菜单，单击“New User-defined Estimand（VB）”选项，如图 6-56 所示。

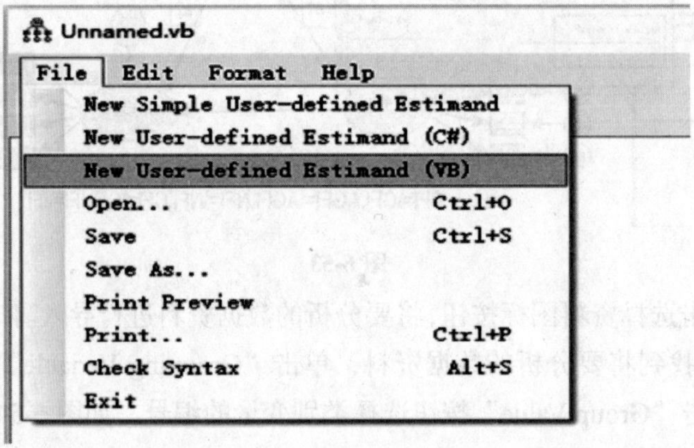

图 6-56

（8）在“Function Value(groupNumber As Integer, bootstrapSampleNumber As Integer, v As CValue) As Object Implements IUserValue.Value”下方输入语法。另外，在“You can replace the following line.”下方输入 Label 语法，如图 6-57 所示。

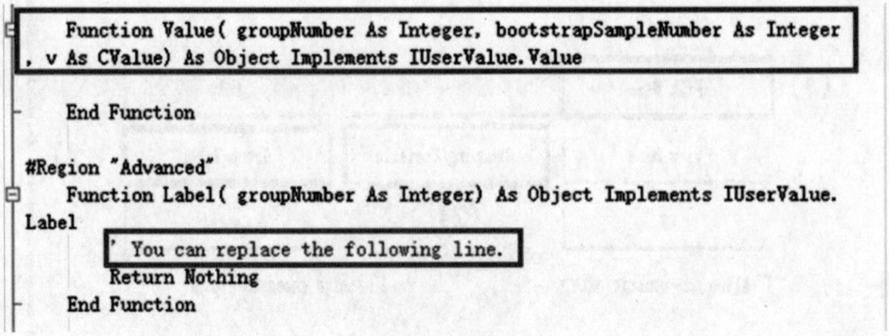

图 6-57

（9）输入以下语法，认真核对后，单击关闭按钮系统将自动存档，如图 6-58 所示。（可将本例题的变量名称更换为自己的研究变量名称）

Dim x(2) As Double x(0)=v.ParameterValue(“a1”)*v.ParameterValue(“a2”) x(1)=v.ParameterValue(“b1”)*v.ParameterValue(“b2”) x(2)=x(0)-x(1) Return x
Dim labels(2)As String labels(0)=” male” labels(1)=” female” labels(2)=” male-female” Return labels

图 6-58

（10）单击分析设置图标按钮，选择并打开“Bootstrap”标签页，勾选“Perform bootstrap”，输入“1000”；勾选“Percentile confidence intervals”，输入“95”；勾选“Bias-corrected confidence intervals”，输入 95，如图 6-59 所示。

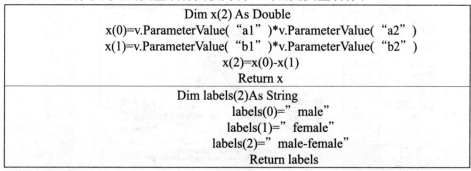

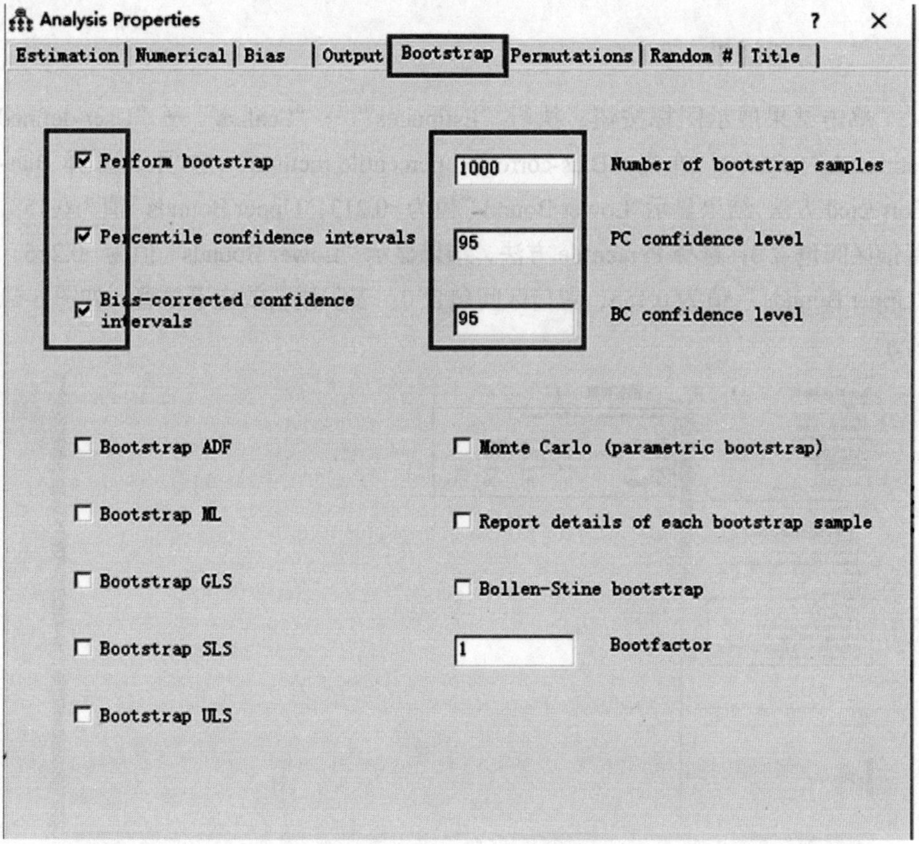

图 6-59

（11）单击执行计算图标按钮，确认分析结果，如图 6-60 所示。

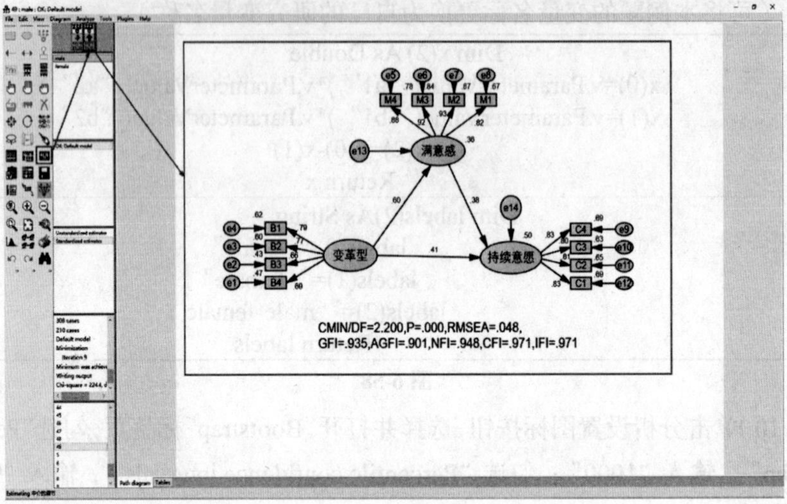

图 6-60

二、分析结果

单击结果展示图标按钮，执行“Estimates”→“Scalars”→“User-defined estimands”命令，单击“Bias-corrected percentile method”选项：选择 Bias-Corrected 方法，结果显示“Lower Bounds”值为 -0.213、“Upper Bounds ”值为 0.158，置信区间包含 0；选择 Percentile 方法，结果显示“Lower Bounds”值为 -0.216、“Upper Bounds ”值为 0.155，置信区间包含 0。表明调节效应不显著，如图 6-61 所示。

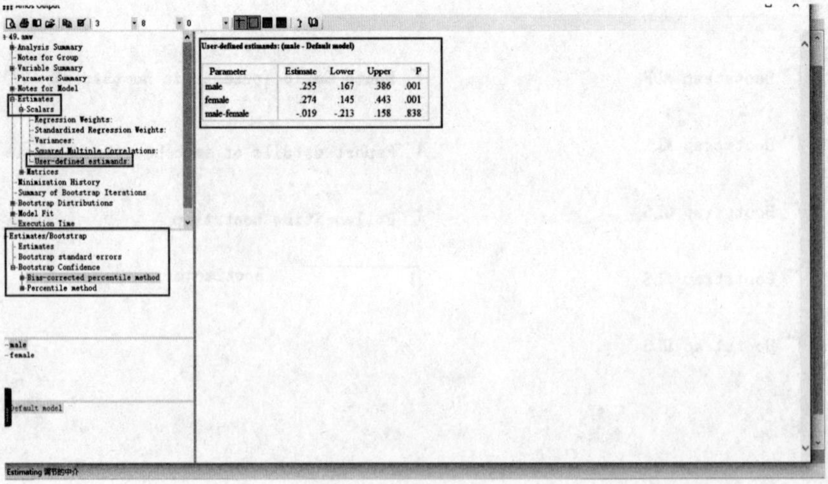

图 6-61

三、报表制作

最终报表如表 6-6 所示。

表 6-6　例题模型的 Bootstrapping 中介效应检验结果

中介效应	调节变量	Bootstrapping			
		Bias95%		Percentile95%	
		Lower	Upper	Lower	Upper
变革型→满意感→持续意愿	性别	−0.213	0.158	−0.216	0.155

四、结果解读

不同性别对大学生体育课满意感在体育教师变革型领导行为和大学生持续体育锻炼意愿之间的中介效应的调节作用不具有显著差异。在 95% 置信水平下 Bias-Corrected 方法的置信区间和 Percentile 方法置信区间均包含 0，所以性别对大学生体育课满意感在体育教师变革型领导行为和大学生持续体育锻炼意愿之间的中介效应不具有调节作用。

本章要点：

（1）掌握调节变量、自变量及因变量的数据类型，正确选择不同数据类型所对应的调节效应检验方法。

（2）掌握 SPSS 的基本统计分析方法，由于 AMOS 与 SPSS 在功能上存在一定相辅相成，所以在学习 AMOS 前应了解部分 SPSS 统计分析功能。

（3）学习掌握多群组比较的意义，并练习操作过程。

（4）掌握中介效应的调节效应分析与调节效应分析的中介效应的意义及操作流程。

第七章　共同方法偏差检验

共同方法变异（Common Method Variance，CMV）是社会科学实证研究中被反复提及的重要方法学问题。任何变量都会带有一些由特定测量方法引起的系统变异即方法变异，如果两个变量用同一方法测量或测量方法有某些共同之处（如数据来自同一受测者），就会共享一部分方法变异，形成共同方法变异，进而造成构念的信度、效度估计偏差和构念间观测相关系数的估计偏差。共同方法偏差（Common Method Bias，CMB）是共同方法变异衍生出的概念，它是指观测相关系数偏离真实相关系数的程度，多数情况下表现为观测相关系数的膨胀或高估导致错误的因果关系推论。换言之，若同时检测两个或两个以上的构面，所得的结果显示构面之间的相关性非常高，但实际上，构面之间的高相关的结果极有可能并非是构面之间真正的相关系数，而是由测量工具本身问题所导致的，也就是方法变异同时出现在构面的测验结果中，衍生出 CMV，因而导致构面间相关系数的膨胀。

例如，当我们的研究是探讨变量间相关关系时，往往需要采用自陈式问卷对样本在同一时间点进行调查，在面对题型极为一致，譬如所有题型皆为李克特量表，而且语意皆为正向时，尤其容易出现 CMV 的问题。由于认知上，人在接收信息及处理时，会以一些准则快速分编、归纳信息，导致信息处理的概化及类化。因此，被调查者的回答结果因为信息的类化，可能会表现出变量间相关系数的膨胀，从而导致估计偏差，所以有必要对变量间关系的科学性进行检验。

目前，国外期刊已经对该方法的检验做出了明确要求，而国内期刊还并不多见，但也有一些心理学期刊已经做出了硬性要求本章主要介绍目前较为常用的两种共同方法偏差检验，一种是哈门氏单因子检验，另一种是单因子 CFA 的 CMV 检验。

第一节　哈门氏单因子检验

哈门氏单因子检验具有操作简单、要求相对宽松的特点，目前是广大研究者最为常用的检测测量工具本身是否有CMV问题的方法之一，主要在SPSS内进行。

本节以探讨体育教师变革型领导行为（对应图7-1中的“变革型”），大学生锻炼自我效能感、体育课满意感及持续体育锻炼意愿（分别对应图7-1中的“锻炼效能”“满意感”及“持续意愿”）4个变量间的关系为例进行介绍。

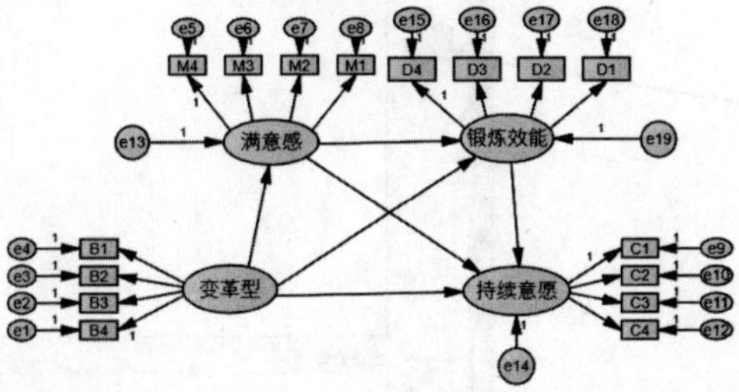

图 7-1

一、具体分析步骤

（1）打开SPSS软件，执行“分析”→“降维”命令，选择“因子”选项，如图7-2所示。

图 7-2

（2）将“变革型”“满意感”“锻炼效能”“持续意愿”下各自的观测变量选入右侧“变量”对话框内，不做任何设置，直接单击“确定”按钮，如图 7-3 所示。

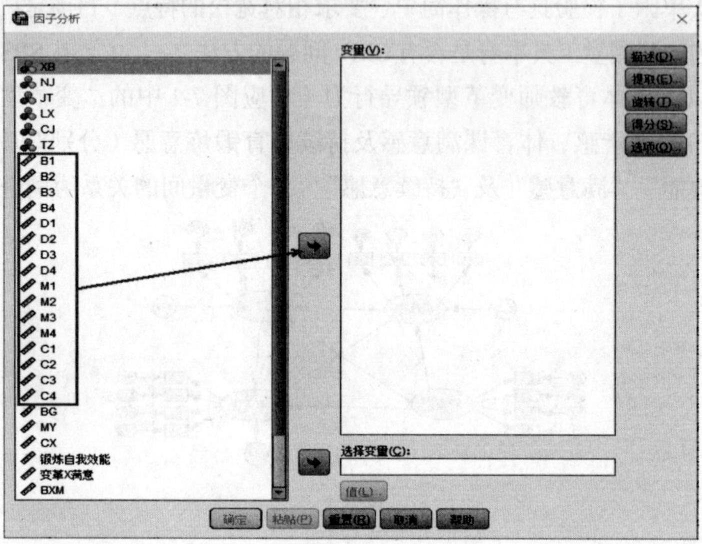

图 7-3

二、分析结果

采用未旋转的主成分分析法，提取特征值大于 1 的 4 个因子，累计解释方差为 75.033%，其中因子 1 的解释方差为 48.397%，小于学者提出的 50% 标准，因此本例题的研究数据无严重的共同方法变异现象，如图 7-4 所示。

总方差解释

	初始特征值			提取载荷平方和		
成分	总计	方差百分比	累积 %	总计	方差百分比	累积 %
1	7.744	48.397	48.397	7.744	48.397	48.397
2	1.700	10.624	59.021	1.700	10.624	59.021
3	1.365	8.533	67.554	1.365	8.533	67.554
4	1.197	7.479	75.033	1.197	7.479	75.033
5	0.522	3.264	78.297			
6	0.476	2.973	81.270			
7	0.453	2.830	84.100			
8	0.402	2.509	86.609			
9	0.366	2.288	88.897			
10	0.349	2.182	91.079			
11	0.337	2.108	93.186			
12	0.314	1.963	95.149			
13	0.248	1.547	96.696			
14	0.217	1.356	98.053			
15	0.193	1.203	99.256			
16	0.119	0.744	100.000			

提取方法：主成分分析法。

图 7-4

第二节　单因子 CFA 的 CMV 检验

单因子 CFA 的 CMV 检验主要在 AMOS 软件内实现，因此其结果也较为直观。单因子 CFA 的 CMV 检验思路主要是将所有变量的观测指标设置为一阶因素模型和多因素相关模型，比较二者的卡方值，只要差异达到显著水平，便认为共同方法变异不存在。

一、具体分析步骤

（1）将所有潜变量的观测变量打包，绘制成 1 个一阶因素，并将数据导入，如图 7-5 所示。

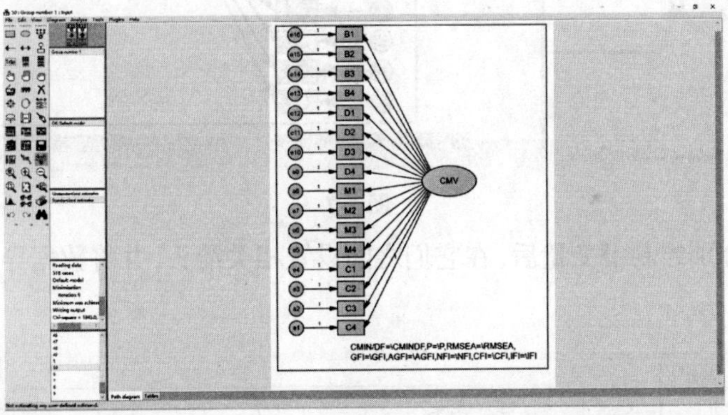

图 7-5

（2）单击分析属性图标按钮，选择并打开“Output”标签页，分别将“Minimization history”“Standardized estimates”选中，如图 7-6 所示。

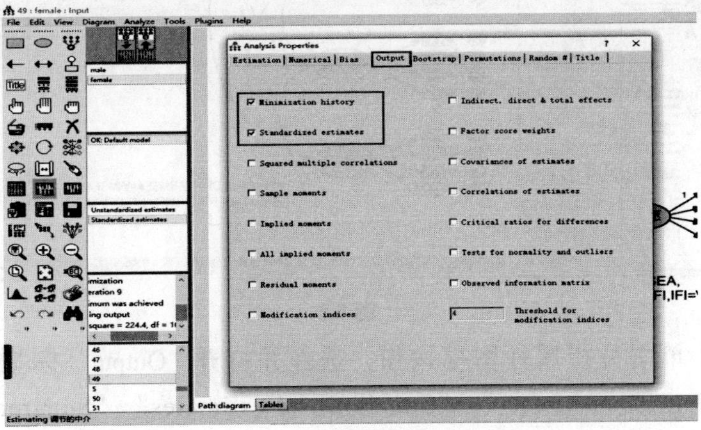

图 7-6

（3）单击执行计算快捷键，然后单击红色箭头了解结构模型卡方值、自由度及模型拟合，如图 7-7 所示。

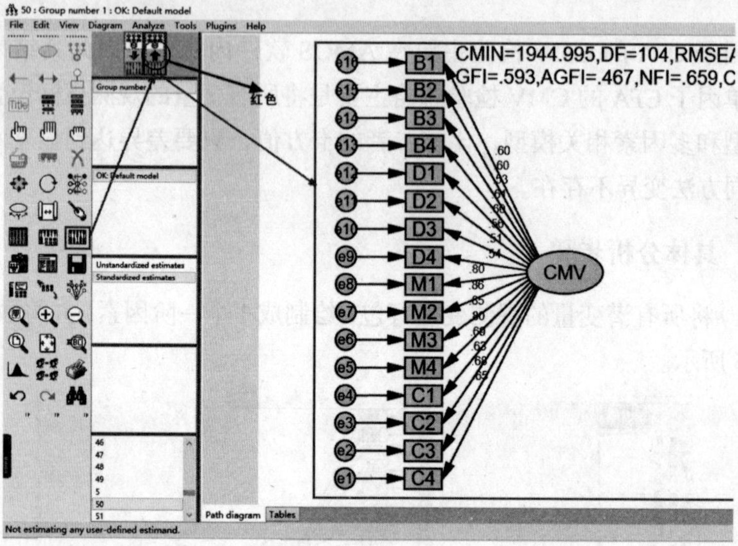

图 7-7

（4）分别绘制潜变量后，在它们之间设置相关箭头，并将数据导入，如图 7-8 所示。

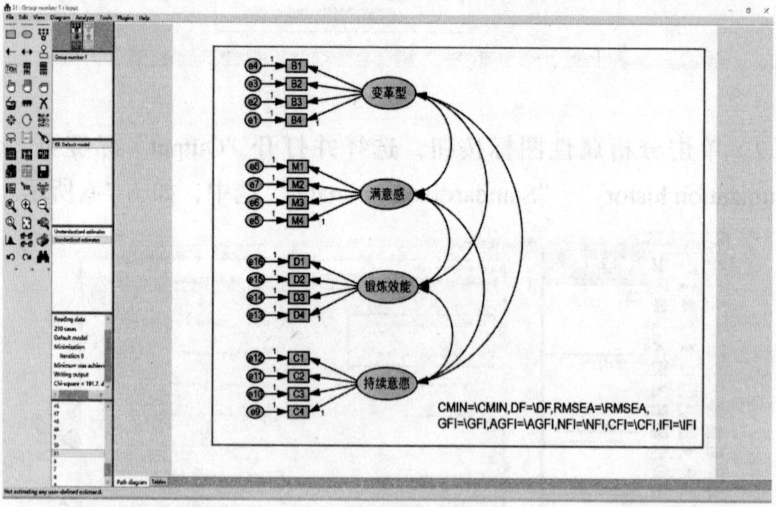

图 7-8

（5）单击分析属性图标按钮，选择并打开“Output”标签页，分别将“Minimization history”“Standardized estimates”“Squared multiple correlations”选中，如图 7-9 所示。

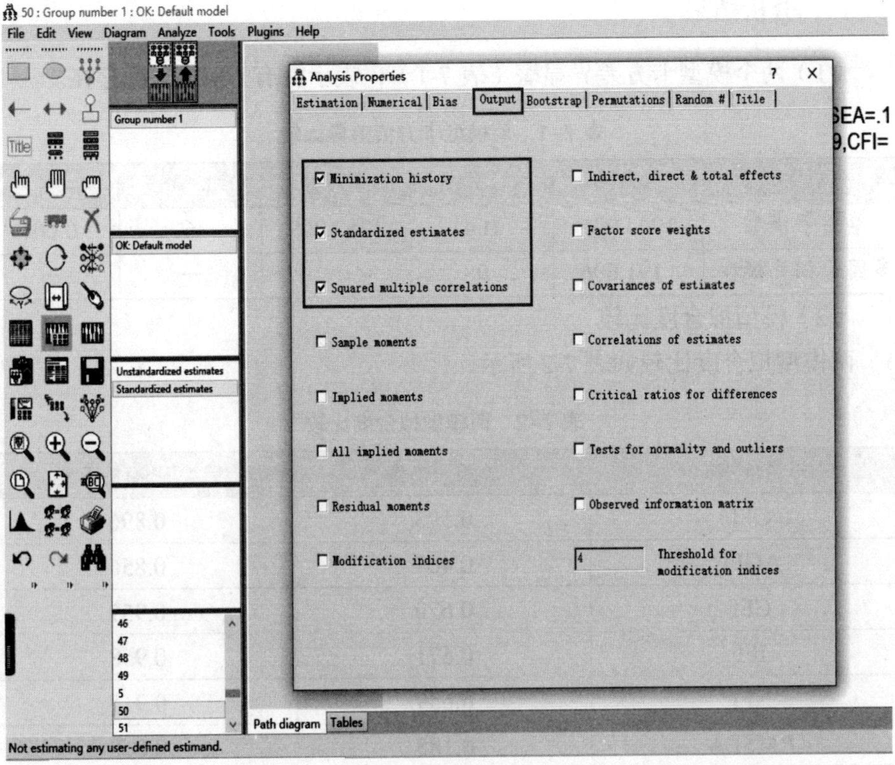

图 7-9

（6）单击执行计算快捷键，然后单击红色箭头了解结构模型卡方值、自由度及模型拟合，如图 7-10 所示。

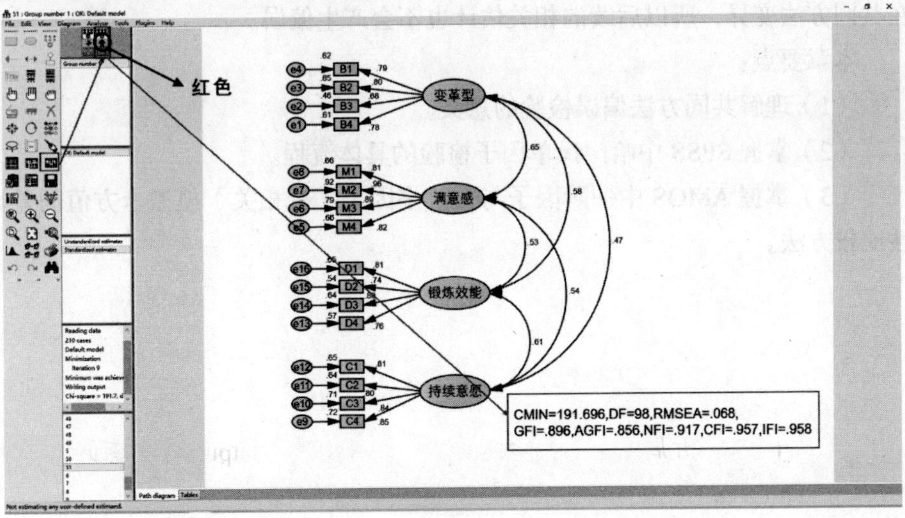

图 7-10

二、分析结果

（1）两个模型卡方差异显著（表 7-1），表示没有 CMV 问题存在。

表 7-1　两模型卡方值差异比较

模型	卡方值	DF	卡方差	自由度差	P
单因子模型	1944.995	104	1753.299	6	0.001
多因子相关模型	191.696	98	—	—	—

（2）模型拟合度比较

两模型拟合度比较如表 7-2 所示。

表 7-2　两模型拟合度比较

拟合度指标	单因子模型	多因子相关模型
GFI	0.593	0.896
AGFI	0.467	0.856
CFI	0.670	0.957
IFI	0.671	0.958
NFI	0.659	0.917
RMSEA	0.185	0.068
SRMR	0.111	0.047

以上结果显示，单因子模型的拟合度各项指标都不及多因子相关模型符合学者建议标准。同时，结合以上的卡方值差异，可知本例题的研究变量间不存在共同方法变异，所以后续的相关估计也不会产生偏误。

本章要点：

（1）理解共同方法偏误检验的意义。

（2）掌握 SPSS 中哈门氏单因子检验的具体流程。

（3）掌握 AMOS 中一阶因子与一阶多因子（有相关）模型卡方值的差异性比较方法。

第八章　结构方程模型拟合度修正

AMOS结构方程模型分析之所以被学界广泛认可，主要是因为该分析方法的严谨性和科学性，该分析方法对数据形态有多样化的要求，从而保证了分析结果的真实性和客观性。但这也增加了初学者使用该方法的难度，初学者往往由于对结构方程模型分析方法的各种统计前提了解不足，导致构建的模型架构即使通过了测量模型的信效度检验，但在后面的结构方程模型分析中仍会问题频频。本章主要针对模型拟合度不佳时，该如何合理解决才能保证样本协方差矩阵与模型协方差矩阵的一致性，从而实现研究架构的科学性这一问题展开研究。

第一节　删除题项法

通过删除题项的方法来提升模型拟合度，无论是在测量模型环节还是在结构模型环节，都是最基本的也是最常用的方法。但有时如果某潜变量下的观测指标设置较少，则需要从整个模型综合考量，尽量保证每个潜变量下至少有3个观测指标。

本节以大学生体育课满意感（对应图8-1中的“满意感”）在体育教师变革型领导行为（对应图8-1中的“变革型”）对大学生持续体育锻炼意愿（对应图8-1中的“持续意愿”）影像中的中介效应研究为例进行介绍。

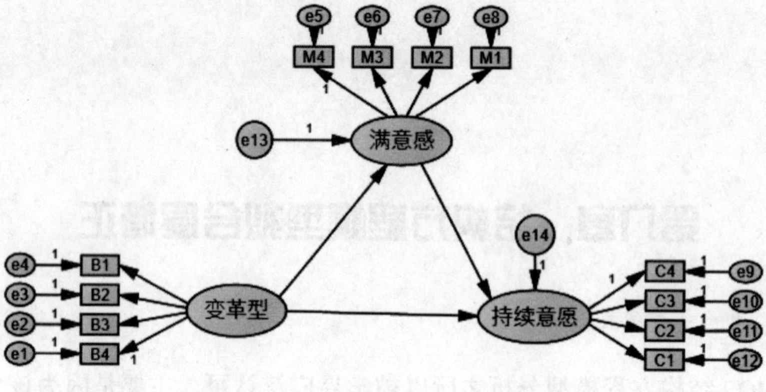

图 8-1

一、测量模型拟合度修正

（一）具体分析步骤

（1）绘制各潜变量及观测指标，将数据导入，并设置相关箭头，同时输入拟合度指标，如图 8-2 所示。

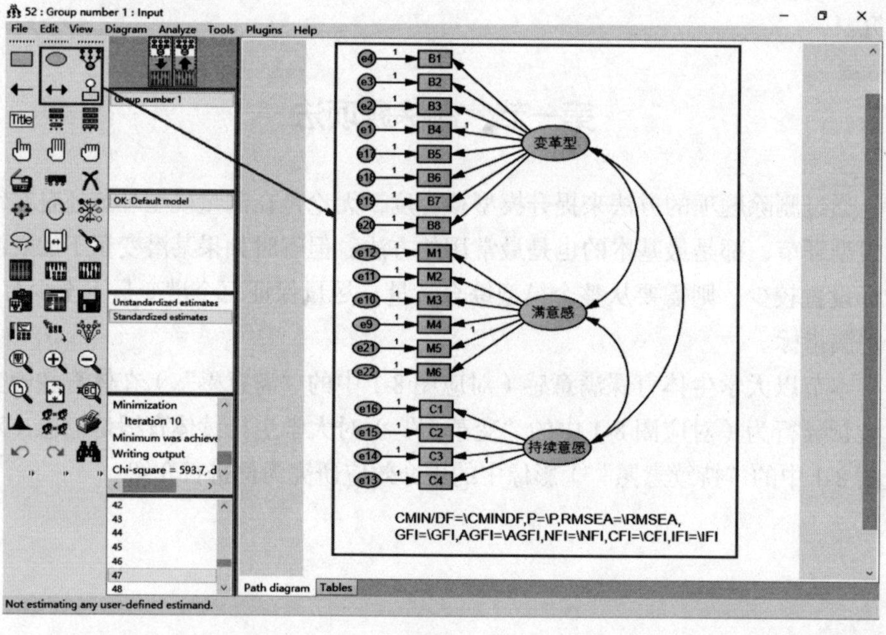

图 8-2

（2）在正式分析之前需对分析属性进行设置，选择并打开“Output”标签页，分别将“Minimization history”“Standardized estimates”“Squared multiple correlations” “Modification indices”选中，如图 8-3 所示。

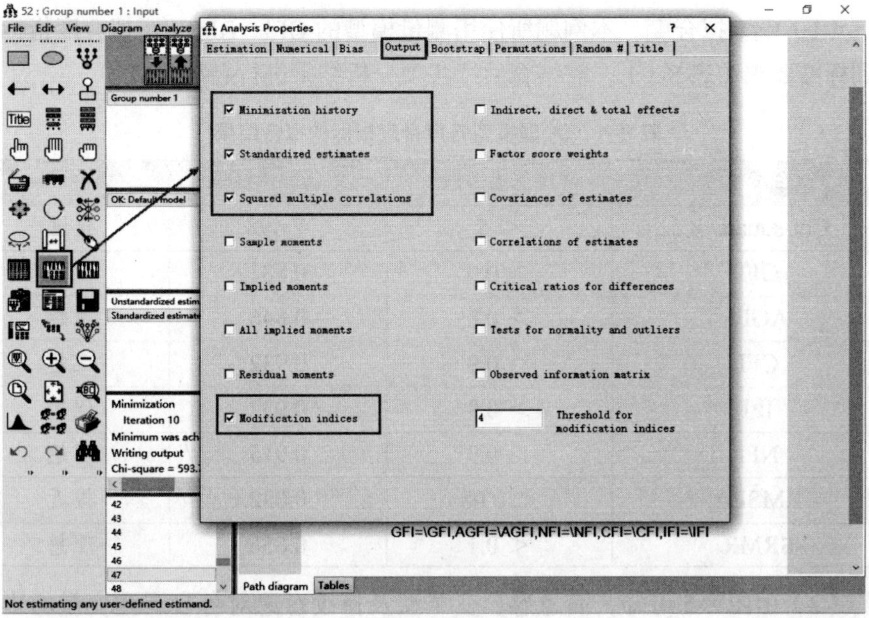

图 8-3

（3）执行计算后，单击红色箭头可了解具体观测变量的标准化和非标准化因子载荷系数，以及误差系数，如图 8-4 所示。

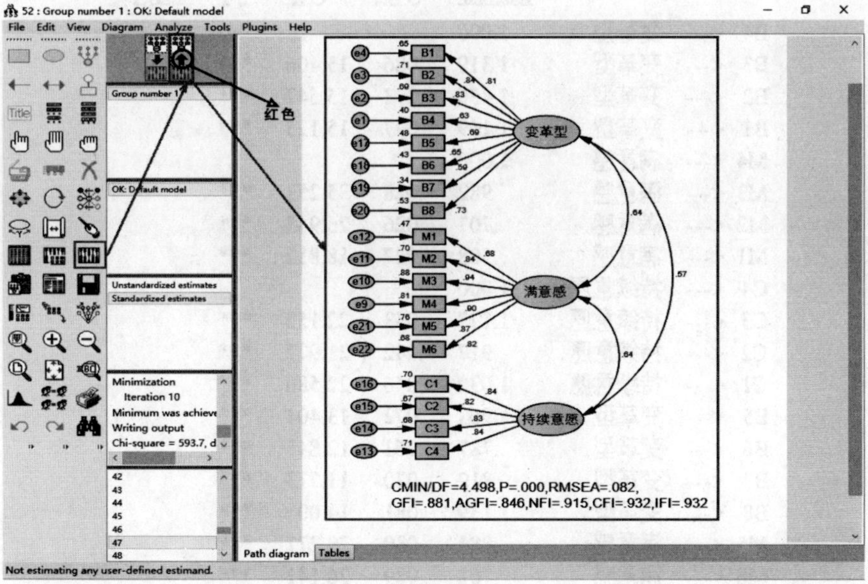

图 8-4

（二）分析结果

（1）模型拟合度。本例题所使用测量模型的 GFI、RMSEA 拟合度指标未达到标准要求（表 8-1），需结合后续各项分析结果进行题项删减。

表 8–1　例 题模型各拟合度指标的拟合结果

拟合度指标	建议指标值	本模型指标值	拟合评价
Chi-square/df	＜5	4. 498	接近
GFI	＞0.9	0.881	理想
AGFI	＞0.8	0.846	理想
CFI	＞0.9	0.932	理想
IFI	＞0.9	0.932	理想
NFI	＞0.9	0.915	理想
RMSEA	＜0.08	0.082	接近
SRMR	＜0.1	0.056	理想

（2）由图 8-5 可知，满意感、变革型及持续意愿对各自观测变量的影响全部显著。

Regression Weights: (Group number 1 - Default model)

			Estimate	S.E.	C.R.	P	Label
B4	<---	变革型	1.000				
B3	<---	变革型	1.319	.086	15.406	***	
B2	<---	变革型	1.456	.094	15.547	***	
B1	<---	变革型	1.169	.077	15.125	***	
M4	<---	满意感	1.000				
M3	<---	满意感	.982	.028	35.253	***	
M2	<---	满意感	.707	.026	26.945	***	
M1	<---	满意感	.508	.027	18.812	***	
C4	<---	持续意愿	1.000				
C3	<---	持续意愿	1.177	.053	22.152	***	
C2	<---	持续意愿	.917	.042	21.977	***	
C1	<---	持续意愿	1.030	.046	22.580	***	
B5	<---	变革型	.963	.072	13.404	***	
B6	<---	变革型	.787	.061	12.845	***	
B7	<---	变革型	.819	.070	11.713	***	
B8	<---	变革型	1.139	.081	14.001	***	
M5	<---	满意感	.884	.030	29.277	***	
M6	<---	满意感	.762	.029	26.141	***	

图 8-5

（3）由图 8-6 可知，除 B7 外，各潜变量的标准化因素负荷量均高于 0.6。

Standardized Regression Weights: (Group number 1 - Default model)

			Estimate
B4	<---	变革型	.631
B3	<---	变革型	.830
B2	<---	变革型	.840
B1	<---	变革型	.809
M4	<---	满意感	.898
M3	<---	满意感	.937
M2	<---	满意感	.837
M1	<---	满意感	.683
C4	<---	持续意愿	.841
C3	<---	持续意愿	.826
C2	<---	持续意愿	.821
C1	<---	持续意愿	.837
B5	<---	变革型	.690
B6	<---	变革型	.654
B7	<---	变革型	.585
B8	<---	变革型	.729
M5	<---	满意感	.869
M6	<---	满意感	.825

图 8-6

（4）由图 8-7 可知，变异数与误差皆为正值且显著。

Variances: (Group number 1 - Default model)

	Estimate	S.E.	C.R.	P	Label
变革型	.664	.086	7.743	***	
满意感	2.081	.159	13.076	***	
持续意愿	.983	.086	11.452	***	
e1	1.002	.066	15.125	***	
e2	.524	.041	12.871	***	
e3	.586	.047	12.583	***	
e4	.481	.036	13.339	***	
e9	.497	.039	12.714	***	
e10	.277	.027	10.306	***	
e11	.445	.031	14.232	***	
e12	.613	.040	15.397	***	
e13	.408	.034	11.946	***	
e14	.636	.051	12.413	***	
e15	.399	.032	12.540	***	
e16	.447	.037	12.076	***	
e17	.679	.046	14.770	***	
e18	.550	.037	15.002	***	
e19	.855	.056	15.331	***	
e20	.758	.053	14.438	***	
e21	.525	.039	13.617	***	
e22	.568	.039	14.403	***	

图 8-7

（5）由图 8-8 可知，B4、B5、B6、B7、M1 的 SMC 值小于 0.5。综合以上，考虑将其删除后重新估计。

Squared Multiple Correlations: (Group number 1 - Default model)

	Estimate
M6	.680
M5	.756
B8	.532
B7	.342
B6	.428
B5	.476
C1	.700
C2	.674
C3	.681
C4	.706
M1	.467
M2	.700
M3	.879
M4	.807
B1	.654
B2	.706
B3	.688
B4	.399

图 8-8

（6）分别将 B4、B5、B6、B7、M1 删除，如图 8-9 所示。

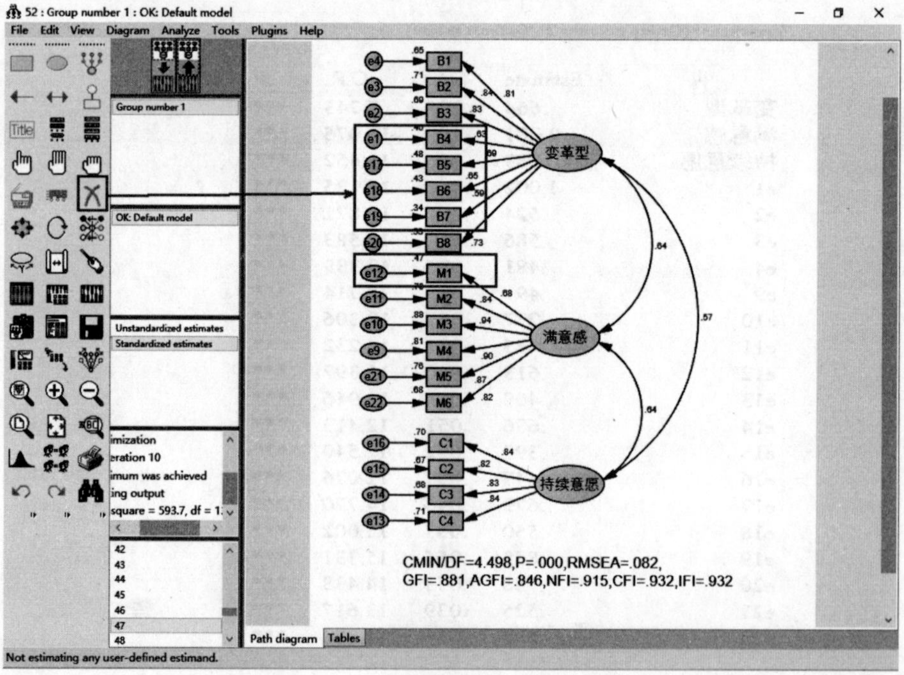

图 8-9

（7）删除后重新估计，如表 8-2 所示，拟合度指标全部达到学者建议。

表 8–2　例题模型各拟合度指标的拟合结果

拟合度指标	建议指标值	本模型指标值	拟合评价
Chi-square/df	＜5	3.907	理想
GFI	＞0.9	0.932	理想
AGFI	＞0.8	0.900	理想
CFI	＞0.9	0.966	理想
IFI	＞0.9	0.966	理想
NFI	＞0.9	0.955	理想
RMSEA	＜0.08	0.075	理想
SRMR	＜0.1	0.046	理想

二、结构模型拟合度修正

（一）具体分析步骤

（1）绘制结构模型导入数据，设置变量间关系箭头，增加误差项，如图 8-10 所示。

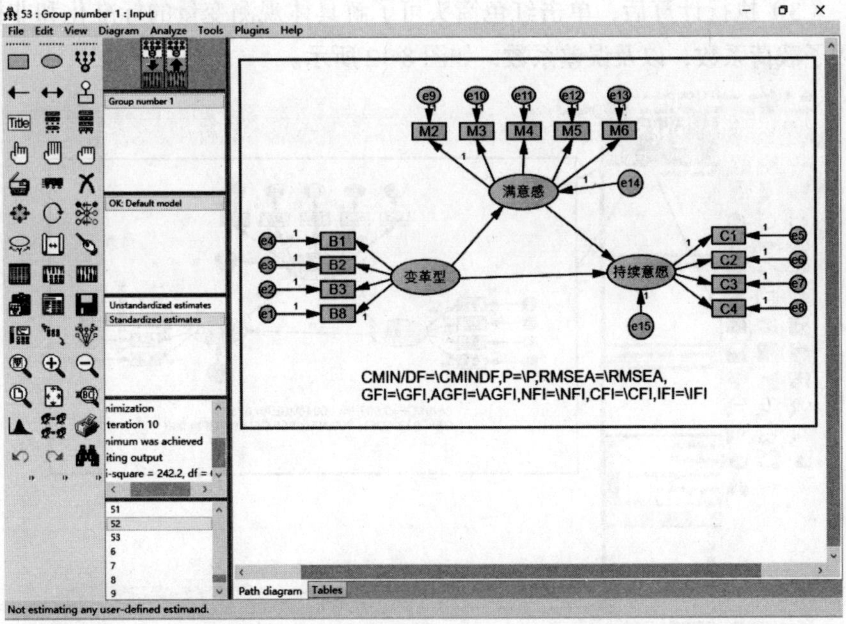

图 8-10

（2）在正式分析之前需对分析属性进行设置，选择并打开“Output”标签页分别将“Minimization history”“Standardized estimates”“Squared multiple correlations”“Modification indices”选中，如图 8-11 所示。

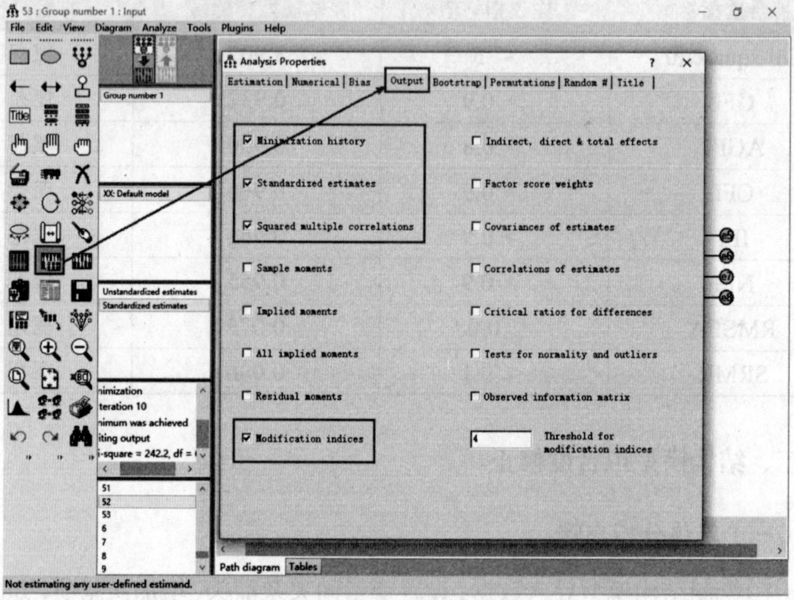

图 8-11

（3）执行计算后，单击红色箭头可了解具体观测变量的标准化和非标准化因子载荷系数，以及误差系数，如图 8-12 所示。

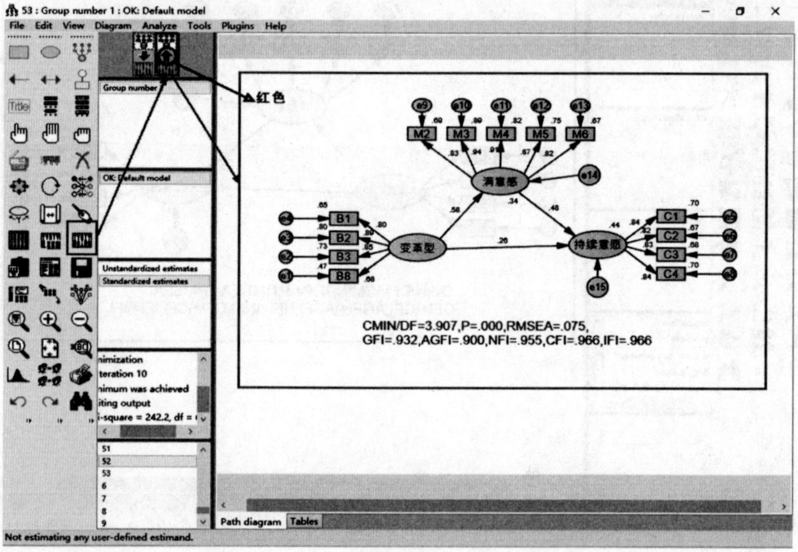

图 8-12

（二）分析结果

（1）模型拟合度。本例题所使用结构模型各拟合度指标均符合标准要求（表8-3），这表明样本与模型间拟合良好，适合进行后续分析。

表 8–3 例题模型各拟合度指标的拟合结果

适配度指标	建议指标值	本模型指标值	拟合评价
Chi-square/df	＜5	3.907	理想
GFI	＞0.9	0.932	理想
AGFI	＞0.8	0.900	理想
CFI	＞0.9	0.966	理想
IFI	＞0.9	0.966	理想
NFI	＞0.9	0.955	理想
RMSEA	＜0.08	0.075	理想
SRMR	＜0.1	0.046	理想

（2）由图 8-13 可知，变革型、满意感对持续意愿的影响均显著，且各变量对各自的观测变量影响也均显著。

Regression Weights: (Group number 1 - Default model)

			Estimate	S.E.	C.R.	P	Label
满意感	<---	变革型	.672	.060	11.258	***	
持续意愿	<---	满意感	.489	.052	9.417	***	
持续意愿	<---	变革型	.303	.060	5.094	***	
B8	<---	变革型	1.000				
B3	<---	变革型	1.270	.073	17.279	***	
B2	<---	变革型	1.446	.081	17.830	***	
B1	<---	变革型	1.089	.066	16.458	***	
C1	<---	持续意愿	1.000				
C2	<---	持续意愿	.889	.041	21.821	***	
C3	<---	持续意愿	1.144	.052	22.074	***	
C4	<---	持续意愿	.969	.043	22.535	***	
M2	<---	满意感	1.000				
M3	<---	满意感	1.411	.049	28.582	***	
M4	<---	满意感	1.441	.054	26.704	***	
M5	<---	满意感	1.261	.051	24.856	***	
M6	<---	满意感	1.083	.048	22.720	***	

图 8-13

（3）由图 8-14 可知，所有变量的标准化因素负荷均在 0.6 以上。

Standardized Regression Weights: (Group number 1 - Default model)

			Estimate
满意感	<---	变革型	.580
持续意愿	<---	满意感	.483
持续意愿	<---	变革型	.259
B8	<---	变革型	.684
B3	<---	变革型	.853
B2	<---	变革型	.892
B1	<---	变革型	.805
C1	<---	持续意愿	.837
C2	<---	持续意愿	.820
C3	<---	持续意愿	.827
C4	<---	持续意愿	.839
M2	<---	满意感	.828
M3	<---	满意感	.942
M4	<---	满意感	.905
M5	<---	满意感	.868
M6	<---	满意感	.820

图 8-14

（4）由图 8-15 可知，变异数与误差皆为正值且显著。

Variances: (Group number 1 - Default model)

	Estimate	S.E.	C.R.	P	Label
变革型	.758	.089	8.536	***	
e14	.676	.062	10.974	***	
e15	.580	.055	10.605	***	
e1	.862	.059	14.611	***	
e2	.457	.040	11.347	***	
e3	.408	.044	9.358	***	
e4	.489	.038	12.914	***	
e5	.446	.037	12.055	***	
e6	.401	.032	12.547	***	
e7	.631	.051	12.360	***	
e8	.412	.034	11.980	***	
e9	.466	.033	14.328	***	
e10	.256	.027	9.632	***	
e11	.465	.038	12.313	***	
e12	.531	.039	13.606	***	
e13	.580	.040	14.431	***	

图 8-15

（5）由图 8-16 可知，变革型对满意感的 SMC 值为 0.34，变革型和满意感对持续意愿的 SMC 值为 0.44。（0.19 为小、0.33 为中、0.67 为大）。另外，B8 的 SMC 值小于 0.5，为了使模型拟合更佳可考虑删除后，重新估计。

Squared Multiple Correlations: (Group number 1 - Default model)

	Estimate
满意感	.336
持续意愿	.445
M6	.673
M5	.753
M4	.820
M3	.888
M2	.686
C4	.704
C3	.684
C2	.673
C1	.700
B1	.648
B2	.795
B3	.728
B8	.468

图 8-16

（6）删除 B8，再重新计算，如图 8-17 所示。

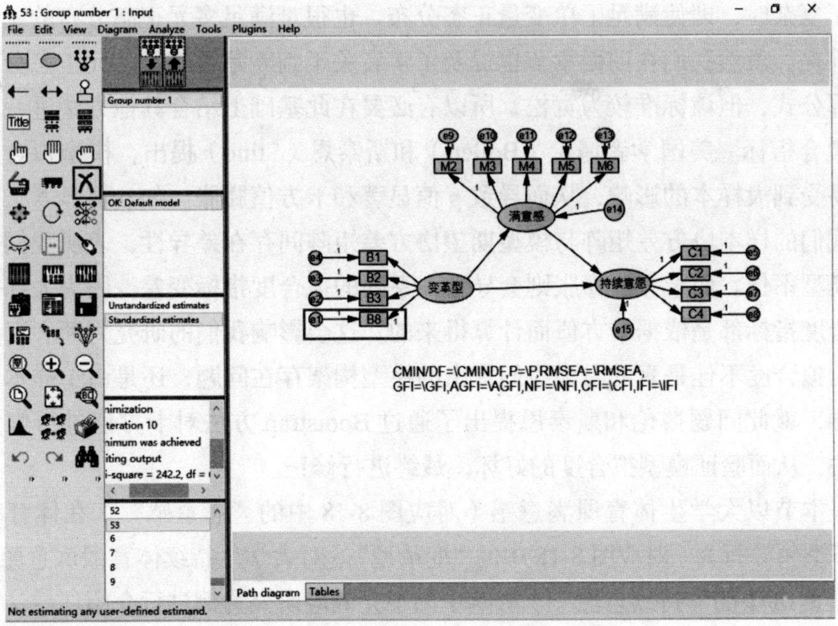

图 8-17

（7）删除后重新估计拟合度指标，相比之前有进一步改善，如表 8-4 所示。

表 8–4　例题模型各拟合度指标的拟合结果

拟合度指标	建议指标值	本模型指标值	拟合评价
Chi-square/df	＜ 5	3.815	理想
GFI	＞ 0.9	0.941	理想
AGFI	＞ 0.8	0.910	理想
CFI	＞ 0.9	0.971	理想
IFI	＞ 0.9	0.971	理想
NFI	＞ 0.9	0.962	理想
RMSEA	＜ 0.08	0.074	理想
SRMR	＜ 0.1	0.037	理想

（8）总结：在测量模型删除了 B4、B5、B6、B7、M1 五个题项；在结构模型删除了 B8 一个题项。

第二节　Bollen-Stine p correction 模型拟合度修正法

当我们调查的样本量过大（一般超过 300 以上，没有绝对的标准）或架构过于复杂时，即使满足了单变量正态分布，也很难满足多元正态分布的统计分析前提。虽然我们在前面章节也提及了学者关于判断是否满足多元正态分布的计算公式，但该标准较为宽松，所以有必要在此基础上结合其他方法进一步完善拟合指标。美国学者博伦（Bollen）和斯泰恩（Stine）提出，模型拟合度很容易受到大样本的影响，从而导致 p 值显著和卡方值膨胀。如 p 值显著，则说明我们的样本协方差矩阵与模型期望协方差矩阵间存在差异性，表明我们提出的模型不佳。而卡方值膨胀则会导致一系列的拟合度指标变差，因为大部分的拟合度指标都是依据卡方值而计算得来的。这会影响我们的研究判断。究竟研究的拟合度不佳是真的因为我们提出的模型构架存在问题，还是由于样本量过大导，就此问题博伦和斯泰恩提出了通过 Bootstrap 方法对卡方值进行修正的方法，从而验证模型拟合度的好坏，最终进行修正。

本节以大学生体育课满意感（对应图 8-18 中的“满意感”）在体育教师变革型领导行为（对应图 8-18 中的“变革型”）对大学生持续体育锻炼意愿（对应图 8-18 中的“持续意愿”）影响中的中介效应研究为例进行介绍。

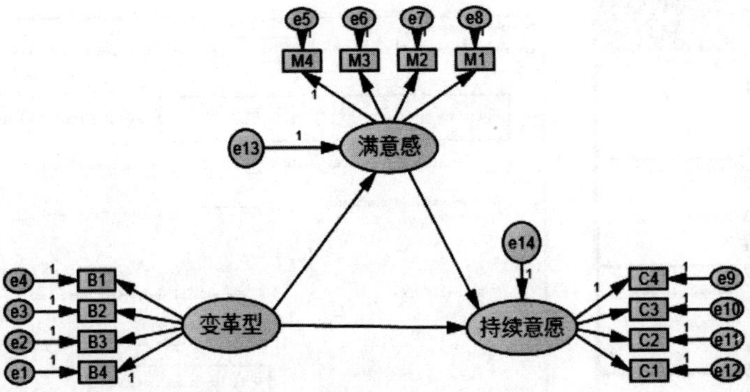

图 8-18

一、具体分析步骤

（1）当通过测量模型的检验，来到最后的结构模型验证时，发现模型拟合各指标不佳，而且 p 值显著，此时可以采用前面介绍的题项删减法来提升拟合度程度，但当我们的题项较少，无法持续删减题项时，可采用博伦和斯泰恩的方法，如图 8-19 所示。

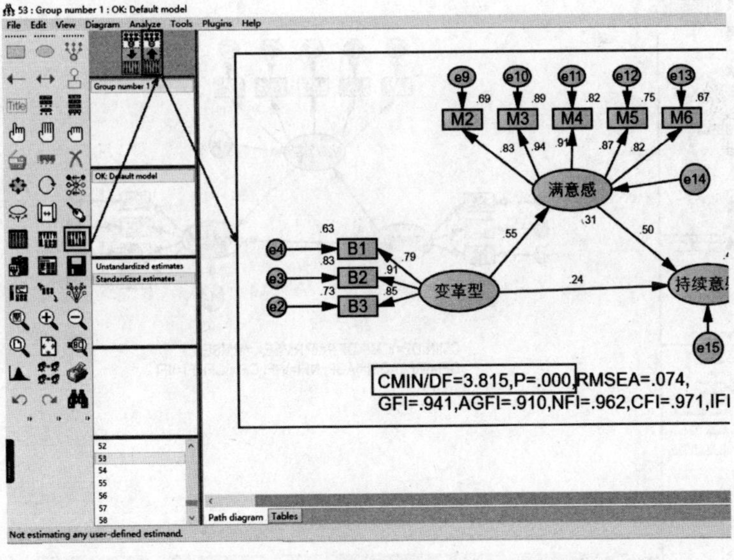

图 8-19

（2）单击分析属性图标按钮，选择并打开“Bootstrap”标签页，勾选“Perform bootstrap”选项输入“1000”，并勾选“Bollen-Stine bootstrap”选项，如图 8-20 所示。

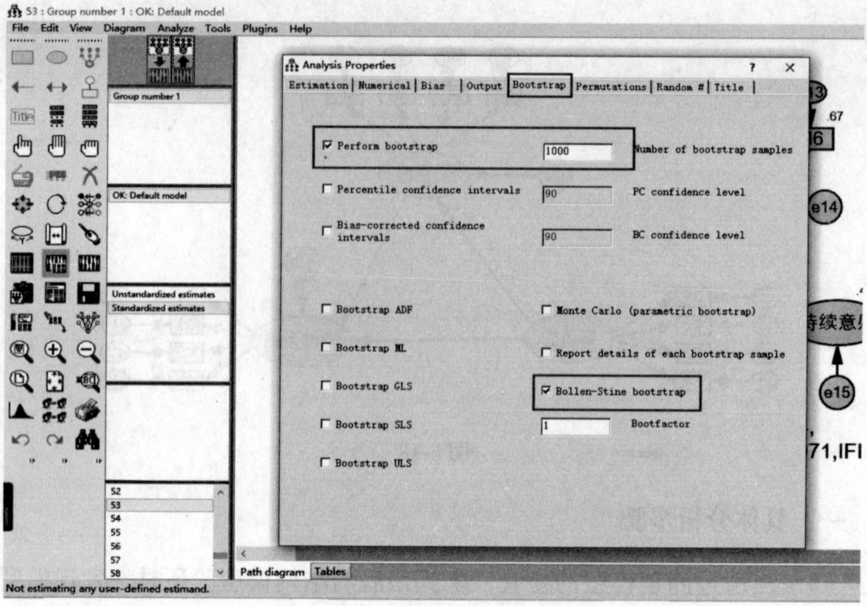

图 8-20

（3）单击分析图标按钮，如图 8-21 所示。

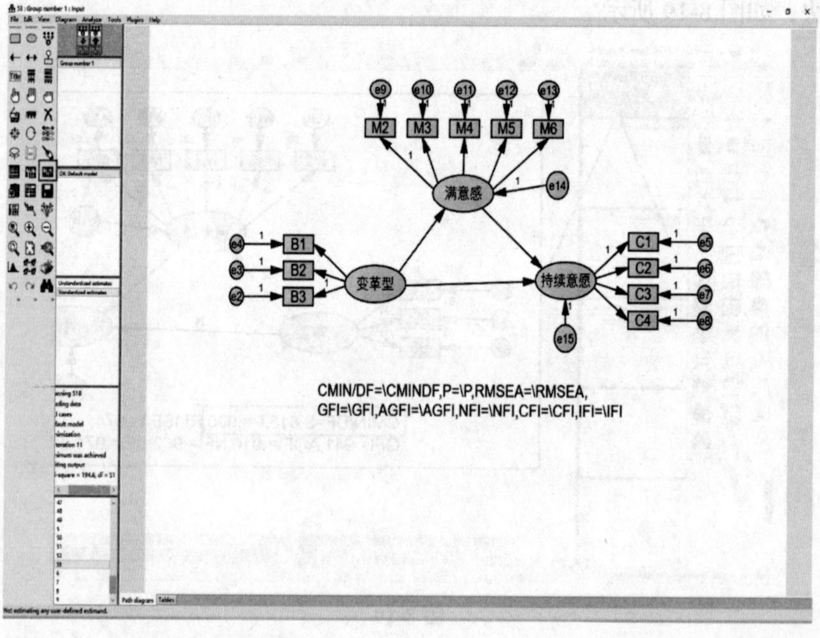

图 8-21

（4）单击分析结果图标按钮，选择“Bootstrap Distributions”选项，确认 Mean 值，如图 8-22 所示。

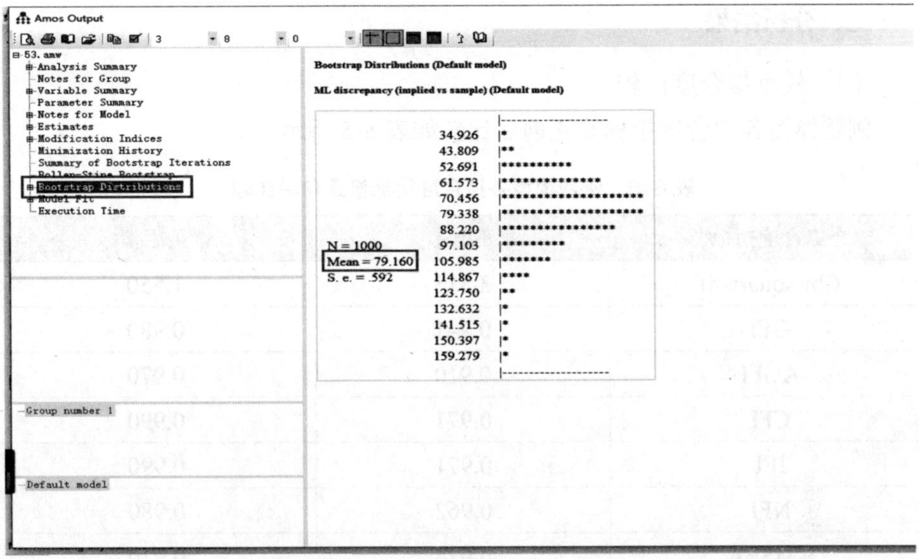

图 8-22

（5）打开由张伟豪制作的 Bollen-Stine p correction 模型拟合度修正 EXCEL 文件，分别将修正的 Mean 值、Independence model、估计模型自由度、估计参数、独立模型自由度、样本数填入文档中，结果将自动计算出来，如图 8-23 所示。

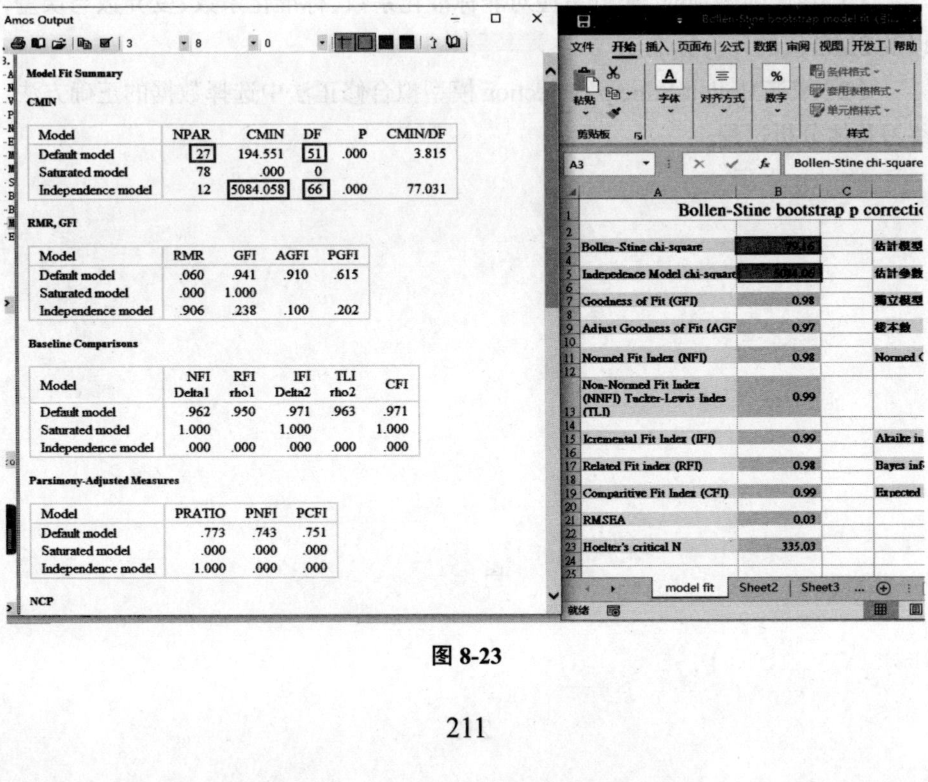

图 8-23

二、分析结果

（1）模型拟合度比较。

例题模型各拟合度指标修正前后比较如表 8-5 所示。

表 8–5　例题模型各拟合度指标修正前后比较

拟合度指标	修正前指标	修正后指标
Chi-square/df	3.815	1.550
GFI	0.941	0.980
AGFI	0.910	0.970
CFI	0.971	0.990
IFI	0.971	0.990
NFI	0.962	0.980
RMSEA	0.074	0.030

（2）修正后的模型拟合度指标大幅改善，全部满足学者建议要求，这也表明之前的模型拟合度完全是受到了大样本的影响，并不是真实的模型拟合度，同时也证明了本模型与样本的拟合情况良好。

本章要点：

（1）在删除题项时，充分掌握对非标准化系数、标准化系数、变异数与误差，以及 SMC 值的评价标准。

（2）掌握 Bollen-Stine p correction 模型拟合修正法中选择数据的正确方法，练习具体分析过程。

参考文献

[1] 吴明隆. 结构方程模型：AMOS 的操作与应用［M］. 重庆：重庆大学出版社，2009.

[2] 张伟豪，徐茂洲，苏荣海. 与结构方程模型共舞：曙光初现［M］. 厦门：厦门大学出版社，2020.